# 플라톤의 대화편

국립중앙도서관 출판시도서목록(CIP)

플라톤의 대화편 / 플라톤 지음 ; 최명관 옮김.
 -- 개정판. -- 서울 : 창, 2008    p. ;    cm

원저자명: Platon

ISBN  978-89-7453-151-5 04100 : ₩13000
플라톤의 철학 사상[--哲學思想]
160.23-KDC4
128-DDC21     CIP2008001922

# 플라톤의 대화편

플라톤 지음 / 최명관 옮김

창
Chang Books

# 옮긴이의 머리말

플라톤은 B.C. 429년경에 아테나이에서 태어났다. 이보다 4년 전에 펠로폰네소스 전쟁이 시작되었고, 2년 전에는 아테나이의 위대한 민주적 정치가 페리클레스가 페스트에 걸려 죽었다. 펠로폰네소스 전쟁은 B.C. 404년, 즉 플라톤이 23세 되던 해에 아테나이의 패배로 끝났다. 그리고 스파르타 점령군의 후원으로 해외 망명에서 돌아온 크리티아스 등의 30인이 독재 정권을 세웠다. 이 정권은 국외로 도망갔던 민주파가 국내로 들어와 내란을 일으키고, 또 스파르타의 국론이 분열됨으로써 약 8개월 만에 타도되고 민주제가 회복되었다. 이 혼란한 시기에 소크라테스는 위험 인물로 처형되었다. 크리티아스와 가깝게 지낸 것이 민주파의 오해를 샀던 것 같다. 크리티아스는 또 플라톤의 외사촌 형이기도 했다. 아무튼 플라톤은 청년 시대에 가혹한 정치적 경험을 했던 것이다.

젊은 플라톤은 크리티아스의 권고로 정치에 관여할 생각이 있었으나, 아무 죄 없는 소크라테스가 사형을 당하는 현실을 보고, "오늘날 모든 국가의 정치 체제가 나쁘다는 것을 알게 되었습니다"라고 말하고 있다. 그리고 참된 앎을 사랑하는 철학적 정신을 가진 사람이 국정에 참여할 때에만 정의의 정치가 실현될 수 있다는 생각을 갖게 되었다.

소크라테스는 플라톤의 일생에 전기(轉機)가 되었다. 플라톤의 혼은 소크라테스의 사상과 삶의 자세에 매혹되었다. "그저 사는 것이 아니라, 잘 사는 것"이 중요함을 소크라테스를 통하여 배웠다. 여기 수록 한 플라톤의 초기·중기 작품에서 철학은 잘 사는 것, 옳게 사는 것의 탐구라고도 할 수 있을 것이다. 우리는 어떻게 잘 살아야 하는가? "잘 산다는 것"의 의미는 무엇인가?

　플라톤은 특히 초기 작품들을 통하여 소크라테스의 모습을 생생하게 그려냄으로써 영원한 생명을 얻었다. 여기 그려진 소크라테스의 모습은 역사적 진실이 아닐지도 모른다. 그러나 "시는 역사보다 더 진실하다"라고 하듯이, 그것은 하나의 살아있는 전체로서의 소크라테스의 인간상을 예술적으로 훌륭하게 그려내고 있는 것이다.

## 일러두기

(1) 여지껏 본문의 난외 좌우에 있는 숫자와 알파벳 글자는 가장 오래된 활자본(活字本)의 하나인 스테파누스(Stephanus)판 ≪플라톤 전집≫의 페이지 번호와 각 페이지의 단락을 가리켰으나, 이번 판에서는 제외하였다. 플라톤의 저작으로부터의 인용할 때는 이 스테파누스 판에 의거하는 것이 관례로 되어 있다.

(2) 각 대화편의 부제목은 로마 시대의 ≪플라톤 전집≫ 이래의 관례인데 그 중에는 이미 플라톤 학파 내부에서 쓰인 것도 있다.

(3) ē, ō는 각기 e, o의 장음이다.

# 차 례

에우튀프론 ......................................................... 9
(경건에 대하여)

소크라테스의 변론 ........................................ 41

크 리 톤 ............................................................ 89
(어떻게 행동할 것인가?)

파 이 돈 ............................................................ 113
(영혼에 대하여)

향 연 ................................................................. 221
(에로스[사랑]에 대하여)

# 에우튀프론

## 경건에 대하여

## 대화하는 사람

에우튀프론(Euthyphron)  아테나이의 프로스파르타 구 출신. 신화(神話)를 잘 알고 있고, 또 사실로 믿고 있는 경건한 인물이며, 또 예언자로 자처하고 있다. 소크라테스보다 30세 가량 젊은 사람으로 취급되고 있음.

소크라테스(Sōkratēs)

## 곳

바실레우스(Basileus)의 관아(官衙) 앞  바실레오스는 아테나이의 주요한 9인의 공무원 중 둘째가는 공무원의 직위. 본래 '바실레우스'는 '임금'을 의미하는 말이지만, 이 당시는 한갓 공무원의 칭호였다. 옛날에 임금의 권한에 속해 있던, 신에 관한 일을 이 공무원이 맡게 된 것이다. 따라서 독신죄(瀆神罪)에 관한 소송 업무도 이 공무원의 관할이었다.

---

에우튀프론은 자기 아버지를 독신죄로 바실레우스에 고소하고 나오는 길이고, 소크라테스는 독신죄로 고소당하여 바실레우스에 호출되어 가는 길에 서로 만나게 된 것이다.

에우튀프론 : 무슨 새로운 사건이라도 생겼나요, 오오 소크라테스? 당신이 뤼케이온1)을 떠나 바실레우스의 관아 앞에서 서성거리니, 설마 당신도 저처럼 바실레우스에 무슨 소송이라도 하는 건 아니겠지요?

소크라테스 : 물론 그런 건 아니야, 에우튀프론. 다만 아테나이 사람들이 소송이라 부르지 않고 공소(公訴)2)라 부르는 것 때문일세.

에우튀프론 : 뭐라구요? 누가 당신을 공소한 모양이군요. 당신이 남을 공소할 리는 만무하니까요.

소크라테스 : 물론 그렇지.

에우튀프론 : 그럼 누가 당신을 공소한 거로군요.

소크라테스 : 그러하이.

에우튀프론 : 그게 누굽니까?

소크라테스 : 나도 잘 모르는 사람이야, 에우튀프론. 세상에는 거의 알려져 있지 않은 젊은이 같네. 이름은 멜레토스라 하고, 핏테우스구 출신이라더군. 아마 자네는 머리털이 쭉 뻗고 수염은 엉성하고 매부리코인 핏테우스구의 멜레토스란 사람을 알는지 모르겠네.

에우튀프론 : 모르는데요, 소크라테스. 그런데 도대체 무엇 때문에 그 사람이 당신을 공소했나요?

소크라테스 : 무엇 때문이냐고? 내 생각으로는, 아주 대단한 일이야. 젊은 사람이 그런 대단한 일을 알게 되었으니, 제법이지. 그 사람은

---

1) 뤼케이온(Lukeion) : 아테나이 교외에 있던 세 개의 큰 운동장의 하나. 소크라테스가 즐겨 간 곳. 후에 아리스토텔레스가 여기에 학교를 세웠다.
2) 여기서 소송이란 시민 상호 간의 범죄에 관한 고소를 의미하고, 공소란 국가 공공의 일에 대한 범죄에 관한 고소를 의미한다.

청년들이 어떻게 부패하며, 또 누가 부패시키는지 자기는 알고 있다고 하더군. 그 사람은 지자(知者)인 것 같아. 내 무지를 보고, 또 내가 그와 같은 또래 청년들을 부패시킨다고 생각하여, 마치 어머니에게 이르듯이, 나를 나라에 고발하고 있으니 말이야. 내가 보기엔 모든 정치가들 중 오직 그 사람만이 올바르게 시작하는 것 같으이. 먼저 젊은이들을 생각하고 그들을 될 수 있는 한 훌륭하게 하려고 하니 말일세. 그것은 마치 좋은 농부가 어린 식물을 먼저 돌보고 그 다음에 다른 것들을 돌보는 것과도 같다네. 멜레토스도 젊은이들의 싹을 부패시키는 우리를 먼저 깨끗이 치워 버리려는 것이지. 이것은 그의 주장이지만 말이야. 그 다음엔 물론 나이가 많은 사람들의 일을 돌보고, 나라를 위하여 썩 좋은 일을 아주 많이 하게 될 걸세. 그렇게 시작하면 이렇게 되는 것은 당연한 일이야.

에우튀프론 : 그렇게 되었으면 좋겠군요. 오오 소크라테스. 그러나 그 반대가 될지도 모르죠. 제 생각으로는, 그 사람이 나라를 밑바닥부터 흔들어서 해를 끼치려고 당신에게 옳지 못한 일을 저지르려 하고 있으니까요. 그런데 도대체 어째서 당신이 청년들을 부패시킨다는 겁니까?

소크라테스 : 놀라운 비난을 나에게 하는 걸세. 그의 말을 들으면 기가 막히지. 내가 신들을 지어내는 시인으로서, 새로운 신들을 지어내고 예부터 내려오는 신들을 부인한다는 거야. 이것이 그의 공소 이유라네.

에우튀프론 : 알았습니다, 소크라테스. 그건 필경 당신이 가끔 다이몬[3] 같은 것이 나타난다고 말하기 때문이예요. 그는 당신을 신들의

---

[3] 다이몬(daimōn) : 신과 인간의 중간에 있는 영적인 것이다.

일에 관하여 혁신하려는 사람이라 생각하고 그런 공소장을 쓴 거예요. 그리고 그는 중상하기 위하여 재판소로 가는데, 그런 일이 대중에 대하여는 중상하기에 좋은 것임을 알고 있기 때문이지요. 제가 사람들 앞에서 신들에 관하여 말하고 미래의 일을 예언할 때에도 사람들은 저를 미친 사람으로 여기고 비웃고 있으니 말입니다. 하지만 제가 예언한 말 가운데는 진실 아닌 것이 하나도 없습니다. 그러나 그들은 우리와 같은 사람들을 모두 시기하는 겁니다. 우리는 용감하게 부딪쳐 나아가야 해요.

**소크라테스** : 오오 친애하는 에우튀프론, 그러나 비웃음을 당하는 건 대수로운 일이 아니야. 내가 보기엔, 아테나이 사람들은 어떤 사람이 지혜가 있다 해도 그 지혜를 남에게 가르치지만 않는다면 상관하지 않으니 말일세. 그러나 그 사람이 남에게 지혜를 넣어 줘서 자기처럼 만든다고 생각하면, 자네 말대로, 시기에서건 어떤 다른 이유에서건 아무튼 화를 내는 거야.

**에우튀프론** : 그런 일로 그들이 저에게 화를 내게 하고 싶진 않군요.

**소크라테스** : 그야 그렇지. 자네는 몸가짐도 조심성스러운데다가 자신의 지혜를 남에게 가르치려는 것으로 여겨지고 있지도 않으니까. 그런데 나는 사람을 사랑하는 성미가 있어서 내가 가지고 있는 것을 모두 누구에게나 쏟아 주면서 보수를 받기는커녕 내 말을 듣기를 원하는 사람이 있으면 대접까지 해가면서 얘기를 해준다고 생각되는 게 탈이야. 그러니 아까 말한 것처럼, 만일 그들이 나를 조소하려고만 한다면 — 그들이 자네를 조소한다고 자네는 말하고 있지만 — 법정에서 시간을 보내는 것도 즐거울 걸세. 그러나 그들이 심각하게 생각하고 있다면, 결과가 어떻게 될지는 자네 같은 예언자들만이 알 걸

세.

에우튀프론 : 아니예요, 오오 소크라테스. 아마 대단한 일은 없을 겁니다. 오히려 당신은 뜻대로 그 재판을 치루어 낼테고, 저는 저대로 재판에 이길 겁니다.

소크라테스 : 그런데 자네 재판이란 건 뭔가, 에우튀프론? 자네가 고소한 건가, 그렇지 않으면 고소를 당한 건가?

에우튀프론 : 제가 고소한 거예요.

소크라테스 : 누굴 고소했나?

에우튀프론 : 그걸 말씀드리면 미쳤다고 여기실 겁니다.

소크라테스 : 도대체 누군데? 날개 돋친 것이라도 고소하고 있나?

에우튀프론 : 날개 돋친 거라뇨. 그 사람은 아주 나이가 많은데요.

소크라테스 : 그게 누군가?

에우튀프론 : 제 아버지예요.

소크라테스 : 자네 아버지라고? 그럴 수가 있나?

에우튀프론 : 사실입니다.

소크라테스 : 무슨 죄를 지어서 무슨 재판을 하는 건데?

에우튀프론 : 살인죄지요, 오오, 소크라테스.

소크라테스 : 놀라운 일이로군, 에우튀프론. 대부분의 사람들은 그런 일이 어째서 옳은지 잘 몰라. 그런 일은 아무나 할 수 있는 게 아니고, 지혜가 상당히 앞선 사람이라야 할 수 있을 테니까.

에우튀프론 : 상당히 앞선 게 분명하지요, 소크라테스.

소크라테스 : 그런데 자네 아버지가 죽인 사람은 친척인가? 그것도 분명한가? 그 사람이 남이라면 자네가 자네 아버지를 고소할 리는 만무할 테니 말이야.

**에우튀프론** : 우스운 말씀을 하시는군요, 소크라테스. 당신은 죽은 사람이 친척인지 남인지 구별하려 하시지만, 주의해야 할 것은 오직 죽인 것이 옳은 일인가 아닌가 하는 점뿐이에요. 옳다면 문제 삼을 것도 없지만, 그렇지 않다면 고소해야지요. 살해자가 당신과 같은 지붕 아래 살고 있건 같은 식탁에서 밥을 먹건 마찬가지예요. 당신이 사실을 알고 있으면서 그 사람과 함께 살고, 그 사람을 고소하고 재판을 받게 하여 당신 자신과 그 사람의 죄를 깨끗이 씻지 않는다면, 더러워지는 것은 당신이나 그 사람이나 매한가지예요. 그런데 그 죽은 사람은 저한테 고용된 사람이었어요. 그리고 우리가 나크소스 섬에서 농사를 짓고 있었을 때에는 우리 농장에서 삯일을 하고 있었지요. 그런데 어느 날 술에 취하여 우리 집 노예와 다투고 그 노예를 쳐 죽였어요. 그러자 제 아버지는 그 사람의 손발을 묶고 도랑에 처넣은 후 점쟁이에게 사람을 보내 어떻게 처리하면 좋을지 물었습니다. 그러는 동안, 아버지는 그 사람에게 가 보지도 않았고 돌보지도 않았어요. 살인자니까 죽어도 괜찮을 거라고 생각했죠. 그래서 그 사람은 죽었어요. 춥고 굶주리고 또 묶여 있어서, 점쟁이한테 갔던 사람이 돌아오기도 전에 죽은 거죠. 그런데 제가 살인자 편을 들어 아버지를 고소했다고 아버지와 친척들이 저에게 노여워하고 있어요. 그들은 아버지가 그 사람을 죽인 것도 아니고, 설사 죽였다 하더라도 그 사람은 살인자니까 고소할 필요가 없다고 합니다. 필요가 없다는 것은 자식이 아버지를 고소하는 것이 불경스런 일이기 때문이라는 거예요. 이건, 오오 소크라테스, 경건한 것과 불경한 것에 대하여 신들이 어떻게 생각하는지 그들이 모른다는 것을 보여 주는 거예요.

**소크라테스** : 그러면, 오오 에우튀프론, 제우스 앞에서 묻겠는데, 자

네는 신들에 관해서나 경건한 것과 불경한 것에 관해서나 매우 정확하게 알고 있으므로, 그 일이 자네가 말한 대로 일어났다면, 아버지를 재판에 회부하여 불경한 일을 하는 것은 아닌지 조금도 염려하지 않는단 말인가?

에우튀프론 : 오오 소크라테스, 그런 것들을 제가 모두 정확하게 알지 못한다면 이 에우튀프론은 아무 소용도 없는 사람일 테고, 또 남들과 다른 점이 없을 겁니다.

소크라테스 : 오오 놀라운 에우튀프론, 그러면 내가 자네 제자가 되어, 멜레토스를 상대로 하는 공소에 앞서 그를 한번 골려 주는 것이 가장 좋겠네. 나는 지금까지 늘 신들에 관해서 아는 것을 매우 귀하게 여겨 왔는데, 그는 내가 신들에 관해서 엉뚱한 생각을 하고 새로운 일을 꾸며 죄를 짓고 있다고 그가 말하기 때문에 자네 제자가 되었노라고 말하면서 말이야. 나는 이렇게 말할 걸세. ㅡ"오오 멜레토스, 만일 자네가 에우튀프론을 신들에 관해서 잘 아는 사람으로 인정한다면, 나도 올바른 신앙을 가지고 있다고 보고 소송을 그만두어 주게. 그러나 만일 그렇게 인정하지 않는다면 먼저 내 선생인 그를 고소해야 할 걸세. 나 자신은 그가 가르침으로써, 그리고 그의 아버지는 그가 비난하고 경치게 함으로써 이 늙은이들을 파멸케 하는 자로서 말이야". ㅡ그리고 만일 그가 내 말을 듣지 않고 끝내 재판을 하려 하거나, 나대신 자네를 공소하지도 않는다면, 법정에서 다시 이 말을 되풀이하는 것이 제일 좋겠지?

에우튀프론 : 정말 그렇지요, 소크라테스. 만일 그가 저를 공소하려 한다면 저는 그의 약점을 반드시 발견할 것입니다. 그렇게 되면 법정에서는 저보다도 그에게 할 말이 더 많을 겁니다.

**소크라테스** : 오오 경애하는 친구여. 그것을 내가 알고 있으니, 아무래도 자네 제자가 되고 싶군. 아무도 자네를 알아주지 않고, 멜레토스도 자네를 알아주지 않는다는 것을 내가 알고 있으니 말일세. 그런데 그의 날카로운 눈은 대뜸 나를 알아보고 불경죄로 공소했단 말이야. 그러니 자네가 그렇게도 잘 알고 있다고 방금 말한 경건과 불경이 살인에 관해서나 그 밖의 다른 일에 관해서 어떤 것인지 나에게 말해 주게. 경건이란 모든 행위에 있어서 언제나 같은 것이 아닐까? 또 불경은 경건의 정반대로서, 그 자체로 언제나 동일하며, 불경한 모든 일에 대해서 하나의 이데아4)가 있는 것이 아닐까?

**에우튀프론** : 바로 그렇지요, 소크라테스.

**소크라테스** : 그러면 자네는 도대체 경건이란 무엇이며 불경이란 무엇이라고 주장하는 건가?

**에우튀프론** : 경건이란 바로 제가 지금 하고 있는 행위와 같은 것이지요. 즉 살인을 하거나 신전의 물건을 훔치거나 혹 그 밖의 어떤 죄를 범하든, 어쨌든 부정을 행하는 사람을 자기 아버지이든, 어머니이든, 다른 어떤 사람이든 고소하는 것이에요. 그런 사람을 고소하지 않는 것은 불경입니다. 제 말이 옳다는 것을 훌륭하게 보여 주는 증거를 댈 테니, 오오 소크라테스, 한번 잘 생각해 보세요. 불경한 자는 그 누구건 반드시 처벌받아야 한다는 것 — 이것이 법인데, 이것이 바로 그 증거지요. 이 증거는 제가 다른 사람들에게는 벌써 보여 준 것입니다. 사람들은 제우스를 가장 훌륭하고 가장 옳은 신이라고 여기고 있습니다. 그러면서도 그들은 또한 이 신이 자식들을 부당하게 삼

---

4) 이데아(i)de/a, idea) : 영원불변하고 완전한 본. 가령 아름다움의 이데아는 모든 아름다운 것들이 그것을 본땀으로써 아름답게 되는 유일하고 완전한 아름다움이다.

켜 먹었다 하여 자기 아버지5)를 결박하였고, 또 그 아버지는 비슷한 이유로 또한 자기 아버지6)를 제거했다는 것을 인정하고 있어요. 그런데 그들은 제가 부정한 일을 저지른 아버지를 고소했다고 화를 내고 있어요. 이렇게 그들은 신들에 관해서나 저에 관해 스스로 반대되는 말을 하고 있어요.

소크라테스 : 그러고 보니, 오오 에우튀프론, 그게 바로 내가 공소당한 이유인가 보군? 즉 사람들이 신들에 관해서 이야기하는 것을 잘 받아들이지 않은 것 말이야. 이 때문에 사람들은 내가 죄를 짓고 있다고 주장하는 것 같네. 그런데 신들에 관해서 잘 아는 자네마저 그것이 사실이었다고 생각한다면, 나도 자네 생각에 동의할 수밖에 없네. 그런 일에 대해서 아무것도 모른다는 것을 잘 아는 내가 또 무슨 말을 할 수 있겠는가? 아무튼 그런 일이 사실이었다고 생각하는지 자네 생각을 솔직하게 말해 주게나.

에우튀프론 : 오오 소크라테스, 저는 신들에 관해서 사람들이 말하는 것뿐만 아니라 그보다 훨씬 더 놀라운 일까지도 사실이라고 생각해요. 그걸 세상 사람들은 몰라도 말이예요.

소크라테스 : 그럼 자넨 저 시인들이 노래하는 것처럼 신들 사이에

---

5) 제우스의 아버지 크로노스. 자신의 어머니 가이아가 그가 자식 중 하나에게 왕위를 빼앗기리라고 한 예언 때문에 아내 레아와의 사이에 태어난 자식들을 삼켜 먹었으나, 막내아들 제우스는 어머니 레아의 기지로 구출되었다. 제우스는 장성하여, 삼켜 먹혔던 형제들을 토해 내게 하고, 그들과 협력하여 아버지를 땅 속 깊이 감금하였다 한다.

6) 크로노스의 아버지 우라노스. 그는 어머니요 아내였던 가이아와의 사이에 태어난 자식들을 햇빛을 보지 못하게 땅 속 깊이 가두었다. 이에 노한 가이아는 자식들을 선동하고, 막내아들 크로노스에게 낫을 주어, 아버지의 남근(男根)을 베어 버리게 했는데 그 피가 땅에 떨어져 복수의 여신들과 거인들이 생겨나고, 바다에 떨어진 남근 둘레에 일어난 거품에서 미의 여신 아프로디테가 생겨났다 한다.

전쟁이 일어나고, 신들이 서로 다툰다는 것을 정말로 믿는단 말인가? 또 위대한 화가들이 알록달록 그린 그 밖의 여러 가지 것들도? 신전은 이런 것들이 그득하지. 특히 판아테나이아 대제(大祭)7) 때에는 이런 것들을 수(繡) 놓은 아테나의 옷이 아크로폴리스 언덕으로 운반되기도 하고 말이야. 신들에 관한 이 모든 이야기가 사실이었을까, 에우튀프론?

에우튀프론 : 그뿐만이 아니에요, 소크라테스. 아까도 말씀드렸지만, 원하신다면 그밖에도 신들에 관한 이야기를 많이 해드리지요. 이런 이야기를 들으시면 아주 놀라실 거예요.

소크라테스 : 난 놀라지 않을 걸세. 그 이야기는 한가할 때 한번 들려주게나. 지금은 내가 아까 물은 일에 대해 좀더 분명한 답을 듣고 싶네. 아까 도대체 경건이란 무엇인가 물었는데, 자넨 충분히 가르쳐 주지 않고, 다만 경건이란 자네가 지금 하고 있는 일, 즉 아버지를 살인죄로 고소하는 것이라고 대답했을 뿐이야.

에우튀프론 : 제가 말한 것은 진리에요, 소크라테스.

소크라테스 : 그럴 테지. 그러나 자네는 그밖에도 경건한 일이 많다고 주장하고 있어.

에우튀프론 : 사실 많이 있으니까요.

소크라테스 : 내가 자네에게 부탁한 것은 많은 경건한 일들 가운데 하나나 둘이 아니라, 모든 경건한 것을 경건한 것이 되게 하는 에이도스8)가 무엇인지 가르쳐 달라는 것이었는데, 기억하나? 자넨 한 이데아에 의해서 불경한 것들은 불경한 것이 되고, 경건한 것들은 경건

---

7) 아테나이의 수호 여신 아테나를 위하여 4년마다 지내던 제사이다.

8) 에이도스(ei=doj, eidos) : 흔히 형상이라고 옮긴다. 본질적이고 정신적인 것. idea와 같은 의미로 쓰이고 있음.

한 것이 된다는 것을 인정했으니까. 생각나지 않나?

에우튀프론 : 생각납니다.

소크라테스 : 이 이데아가 도대체 어떤 것인지 가르쳐 주게. 그것을 주시하고 또 본으로 삼아 자네나 다른 사람들이 하는 일이 그것을 닮았으면 경건하다 하고 닮지 않았으면 경건하지 않다고 말하니 말이야.

에우튀프론 : 그렇게 원하신다면, 오오 소크라테스, 얘기해드리죠.

소크라테스 : 원하고말고.

에우튀프론 : 신들을 기쁘게 하는 것은 경건이고, 기쁘게 하지 않는 것은 불경이죠.

소크라테스 : 아주 훌륭해, 에우튀프론. 지금은 내가 원했던 답을 해주었네. 그러나 그 답이 옳은지 옳지 않은지는 나로서는 아직 뭐라고 말할 수 없네. 자네 말이 옳다는 것을 증명해 줄 테지?

에우튀프론 : 물론이지요.

소크라테스 : 자 그럼, 우리가 무슨 얘기를 하고 있는 건지 살펴보세. 신이 좋아하는 것이나 좋아하는 사람은 경건한 것이며, 또 경건한 사람이고, 신이 미워하는 것이나 미워하는 사람은 불경한 것이며 불경한 사람이란 말이지. 그리고 경건과 불경은 정반대되는 것이고. 그렇지 않은가?

에우튀프론 : 그래요.

소크라테스 : 그게 옳게 말한 거라고 생각되나?

에우튀프론 : 전 옳다고 생각해요, 소크라테스.

소크라테스 : 그러면 에우튀프론, 또 신들은 서로 싸우고 서로 미워하고 서로 생각을 달리한다고들 하지 않던가?

에우튀프론 : 그랬죠.

소크라테스 : 그러면 생각이 어떻게 달라서 서로 싸우고 노여워하는 것일까? 가령 자네와 내가 어떤 수(數)에 관해서 생각이 다르다고 생각해 보세. 생각이 다르다고 해서 그런 일로 우리가 서로 싸우고 서로 노여워하게 될까? 그럴 때에는 대뜸 계산해보고 화해하는 것 아닐까?

에우튀프론 : 물론 그렇죠.

소크라테스 : 또 큰 것과 작은 것에 대해서 생각이 다르면 측정해보고 금방 그 의견차를 해소하는 것 아닐까?

에우튀프론 : 그렇지요.

소크라테스 : 또 무거운 것과 가벼운 것에 대해서는 저울로 달아 봐서 논쟁을 종결시키지 않을까?

에우튀프론 : 그렇습니다.

소크라테스 : 그러면 어떤 일로 서로 생각이 달라서 판가름할 수 없을 때에 서로 싸우고 노여워하는 것일까? 여기 대해서는 자네가 대뜸 대답을 못할지도 모르니, 내가 먼저 말해 보겠네. 옳은 것과 옳지 않은 것, 아름다운 것과 추한 것, 선과 악에 관해서 서로 생각이 다를 때 싸움이 일어난다고 말이야. 이런 일들에 관해서 생각이 서로 다르고 또 의견 차를 충분히 해소할 수 없을 때 자네나 나나 또 다른 모든 사람이 서로 다투게 되는 것 아닐까?

에우튀프론 : 그래요, 소크라테스. 바로 그런 일들에 관해서 생각이 다르면 서로 다투게 되지요.

소크라테스 : 그러면 에우튀프론, 신들이 서로 다투는 것도 그런 일들에 관해서가 아닐까?

에우튀프론 : 분명히 그렇습니다.

소크라테스 : 오오 에우튀프론, 자네 말을 따르면, 신들은 정(正)과 부정(不正), 미(美)와 추(醜), 선과 악에 관해서 서로 생각을 달리하는 것이로군. 이런 것들에 관해서 생각이 서로 다르지 않으면 다투는 일도 없을 테니 말이야. 그렇지 않은가?

에우튀프론 : 옳은 말씀입니다.

소크라테스 : 신들은 각기 아름답고 좋고 옳다고 생각하는 것을 사랑하고, 그렇지 않은 것을 미워하지 않은가?

에우튀프론 : 그렇지요.

소크라테스 : 그러나 자네의 주장으로는, 동일한 것을 어떤 신들은 옳다고 보고, 다른 어떤 신들은 옳지 않다고 보아 서로 다투고, 나아가서는 서로 싸우고, 전쟁을 하는 것이 되는군. 그렇지 않은가?

에우튀프론 : 그렇죠.

소크라테스 : 그렇다면 동일한 것이 신들에게 증오를 받기도 하고 사랑을 받기도 하는 것 같군 그래. 동일한 것이 신에게 가증스런 것이기도 하고 반가운 것이기도 하고 말이야.

에우튀프론 : 그럴 것 같군요.

소크라테스 : 그렇게 보면, 동일한 것이 경건하기도 하고 불경하기도 하겠군 그래, 에우튀프론.

에우튀프론 : 그렇겠지요.

소크라테스 : 그렇다면 자넨 내가 물은 것에 대답하지 않은 셈이야, 이상하게도 말이야. 왜냐하면 내가 물은 것은 경건한 동시에 불경한 것이라든가, 신이 반기는 동시에 미워하는 것이 무엇인가 하는 것이 아니었으니까. 따라서 에우튀프론, 자네는 지금 자네 아버지를 징벌

함으로써 제우스는 기뻐하지만 크로노스나 우라노스는 못마땅하게 여기는 일을 하고 있고, 또 헤파이스토스는 좋아하지만 헤라는 싫어하는 일을 하고 있는 걸세. 여기 대해서는 다른 신들도 서로 생각을 달리할 걸세.

에우튀프론 : 그러나 소크라테스, 적어도 그런 일로 신들이 서로 생각이 달라서, 옳지 않게 살인한 자가 벌을 받지 않아도 되는 일은 없을 거예요.

소크라테스 : 그렇지만 에우튀프론, 자넨 지금까지 살인자나 그 밖의 어떤 악행을 한 사람이 벌을 안 받아도 좋다는 말을 들어 봤나?

에우튀프론 : 그건 다른 곳에서도 그렇지만, 특히 법정에서 사람들이 늘 서로 반론하는 문제지요. 온갖 죄를 짓고도 벌을 받지 않으려고 별짓을 다하고 무슨 말이든 다 하지요.

소크라테스 : 또 에우튀프론, 스스로 부정한 짓을 한 것을 인정하면서도, 벌 받을 까닭이 없다고 주장하겠지?

에우튀프론 : 그렇지는 않아요.

소크라테스 : 그러면 그들은 무슨 일이나 다 하고 무슨 말이나 다 하는 건 아니군 그래. 그들은 부정한 일을 하고도 벌 받을 까닭이 없다고는 감히 말하지도 않고, 또 그런 반론은 하지 않으며 다만 스스로 부정한 일을 했다는 것을 부인하기만 하는 것 같으니 말이야. 그렇지 않은가?

에우튀프론 : 옳은 말씀입니다.

소크라테스 : 그러면 그들은 부정한 일을 한 사람이 벌을 받지 않아도 좋다고 반론하는 것이 아니고, 누가 부정한 일을 했으며, 그 부정한 일이 무엇이며, 언제 그 일을 했는가 반론하는 것이겠군.

에우튀프론 : 옳은 말씀입니다.

소크라테스 : 그건 신들도 마찬가지가 아닐까? 자네 말대로 옳은 일과 옳지 않은 일에 관해서 신들이 서로 다툰다고 하면 말이야. 어떤 신이 부정이라고 주장하는 것을 다른 신은 그렇지 않다고 부인하는 것이 아닐까? 신이건 사람이건 부정한 일을 하고도 벌을 받지 않아도 된다고는 감히 아무도 말하지 못할 테니까.

에우튀프론 : 그건, 소크라테스, 대체로 옳은 말씀입니다.

소크라테스 : 그러나 에우튀프론, 사람이나 신이 반론을 한다면, 반론을 하는 것은 행위의 구체적 내용을 두고 하는 거야. 어떤 행위에 대해서 서로 생각이 달라서 한쪽은 옳다고 하고 다른 한쪽은 옳지 않다고 하는 거야. 그렇지 않나?

에우튀프론 : 그렇죠.

소크라테스 : 그러면, 오오 친애하는 에우튀프론, 내가 좀 더 현명해지도록 가르쳐 주게. 그 살인한 자네 고용인이 주인에 의해 결박당하고, 그를 결박한 주인이 어떻게 처리할까 신탁을 물으러 보낸 사람이 돌아오기도 전에 그 결박 때문에 죽었는데, 자네는 무슨 증거로 모든 신이 그 고용인이 옳지 않게 살해되었다고 생각한다는 건가? 또 그런 사람 때문에 아들이 아버지를 고소하는 것이 옳은 일인지? 어떻게 모든 신이 이런 행위를 옳다고 여긴다는 건지 밝혀 주게나. 이것을 충분히 밝혀 준다면, 나는 언제까지나 자네의 지혜를 찬양하겠네.

에우튀프론 : 그건 쉬운 일이 아닐 겁니다, 소크라테스. 명료하게 밝힐 수 있기는 해도 말이에요.

소크라테스 : 알았네. 자네는 내가 재판관들만큼 금방 이해하지 못한다고 생각한단 말이지. 그야 그런 일이 옳지 않고 신들에게 가증한

일임을 자네가 그들에게 분명히 밝힐 수 있을 테니까.

에우튀프론 : 정말로 아주 분명히 밝힐 수 있죠, 소크라테스. 적어도 그들이 제 말에 귀를 기울이기만 하면 말이에요.

소크라테스 : 귀를 기울이다마다. 자네가 말을 잘 한다고 생각하기만 하면 말이야. 그러나 자네가 말하고 있는 동안 나는 이런 생각이 들었네. "아무리 에우튀프론이 신들은 모두 이런 살인 행위를 부정하다고 생각하고 있다는 것을 나에게 가르쳐 준다 해도, 도대체 나는 에우튀프론으로부터 경건과 불경에 대해 무엇을 더 배웠단 말인가? 하긴 이런 행위는 신이 미워하는 것인 듯싶기는 하죠. 그러나 신이 미워한다는 것으로는 경건과 불경이 아직 충분히 규정되지 않았어. 신이 미워하는 것은 또한 신이 기뻐하는 것임이 분명해졌으니까." 그러니 에우튀프론, 나는 자네에게 이걸 밝혀 달라고는 않겠네. 자네가 원한다면 모든 신이 그것을 부정한 일이라고 생각하고 미워한다고 치세. 그러나 우리가 말한 것을 나는 다음과 같이 고쳐 보고 싶군. ─ 모든 신이 미워하는 것은 불경이고, 모든 신이 사랑하는 것은 경건이다. 어떤 신은 사랑하고 어떤 신은 미워하는 그런 것은 그 어느 것도 아니고, 혹은 그 어느 것이기도 하다 ─ 라고 말이야. 이렇게 경건과 불경을 정의하는 것은 어떨까?

에우튀프론 : 괜찮겠지요, 소크라테스.

소크라테스 : 나한테는 물론 괜찮은 일이지만, 에우튀프론, 그렇게만 말하지 말고, 자네 일로 알고 생각해 주게. 그런 전제 아래 자네가 약속한 대로 나를 잘 가르쳐 줄 수 있는지 말이야.

에우튀프론 : 저도 경건이란 모든 신이 사랑하는 것이요, 불경이란 모든 신이 미워하는 것이라고 말하겠습니다.

소크라테스 : 그러면 에우튀프론, 그것이 잘 말한 것인지 따져 봐야 하지 않을까? 그렇지 않으면, 누가 그렇게 말한다고 그저 옳다고 받아들이면 되는 것일까? 그 말뜻이 무엇인지 더 검토해 봐야 하지 않을까?

에우튀프론 : 검토해 봐야 하겠죠. 하지만 전 그건 잘 말한 거라고 생각해요.

소크라테스 : 가만있게. 곧 더 잘 알게 될 테니까. 그런데 이걸 좀 생각해 보게. 경건한 것은 경건하기 때문에 신들에게 사랑을 받는 것인지, 그렇지 않고 신들의 사랑을 받기 때문에 경건한 것인지?

에우튀프론 : 무슨 말씀인지 모르겠군요, 소크라테스.

소크라테스 : 그럼 좀 더 분명히 설명해 보겠네. 우리는 어떤 것이 '운반된다' 혹은 '운반한다', 또, '인도된다' 혹은 '인도한다', 또 '보인다' 혹은 '본다'라고 말하지. 이 모든 경우에 서로 다른 점이 있고, 또 어떤 점에서 다른지 자네는 알고 있지?

에우튀프론 : 알고 있다고 생각하는데요.

소크라테스 : 그러면 사랑을 받는 무엇이 있을 때 그것은 사랑을 하는 것과 다르지 않을까?

에우튀프론 : 그야 그렇지요.

소크라테스 : 그러면 말해 주게. '운반되는 것'은 그것이 운반되기 때문에 운반되는 것인가, 그렇지 않고 다른 어떤 일 때문에 그런 건가?

에우튀프론 : 다른 일로 그런 것이 아니고, 운반되기 때문이지요.

소크라테스 : 인도되는 것은 인도되기 때문이고, 보이는 것은 보이기 때문이지?

에우튀프론 : 네, 그래요.

소크라테스 : 따라서 '보이는 것'은 '보이는 것'이기 때문에 보이는 게 아니고, 보이기 때문에 '보이는 것'이지. 또 '인도되는 것'은 '인도되는 것'이기 때문에 인도되는 게 아니라, 인도되기 때문에 '인도되는 것'이며, '운반되는 것'은 '운반되는 것'이기 때문에 운반되는 게 아니라, 운반되기 때문에 '운반되는 것'이고 말이야. 이제는 에우튀프론, 내가 무엇을 말하려는지 알겠지? 내가 말하려는 것은 무엇인가가 생기거나 무슨 일을 당하거나 하면, 그것이 '생기는 것'이기 때문에 생기는 게 아니고, 생기니까 '생기는 것'이 되는 거고, '당하는 것'이니까 당하는 게 아니라, 당하니까 '당하는 것'이 된다는 거야. 여기에 동의하지 않나?

에우튀프론 : 동의합니다.

소크라테스 : 사랑을 받는다는 것은 무엇인가가 생기는 것이거나 무엇에 의하여 어떤 일을 당하는 것이 아닐까?

에우튀프론 : 그렇죠.

소크라테스 : 이것도 앞서 말한 것들과 같은 거야. '사랑받는 것'은 '사랑받는 것'이기 때문에 사랑받는 게 아니고, 사랑받으니까 '사랑받는 것'이 아닐까?

에우튀프론 : 그래요.

소크라테스 : 자 그러면, 에우튀프론, 경건에 관해서는 어떻게 말할까? 자네 말대로 그건 모든 신에게 사랑받는 것이 아닌가?

에우튀프론 : 그렇지요.

소크라테스 : 그것이 '경건한 것'이기 때문인가, 그렇지 않으면 다른 무슨 이유 때문인가?

에우튀프론 : 바로 '경건한 것'이기 때문이지요.

소크라테스 : 따라서 경건한 것이기 때문에 사랑받는 것이지, 사랑받기 때문에 경건한 것은 아니지?

에우튀프론 : 그럴 것 같군요.

소크라테스 : 그런데 '신들에게 사랑받는 것'은 신들에게 사랑받고 또 신들이 사랑하는 것이기 때문에 '신들에게 사랑받는 것'이야.

에우튀프론 : 물론이지요.

소크라테스 : 따라서 에우튀프론, 자네가 말한 것처럼, 신들이 사랑하는 것이 경건한 것이 아니요, 또 경건한 것이 신의 사랑하는 것은 아니야. 이 둘은 서로 달라.

에우튀프론 : 어째서 그렇지요, 소크라테스?

소크라테스 : 경건한 것은 경건한 것이기 때문에 사랑받는 것이지, 사랑받기 때문에 경건한 게 아니라는 데 우리가 합의를 보았기 때문이야. 그렇지 않아?

에우튀프론 : 그렇군요.

소크라테스 : 그런데 신이 사랑하는 것은 신에게 사랑받으니까 그런 것이지, 그것이 신이 사랑하는 것이니까 그것이 사랑받는 건 아니지.

에우튀프론 : 옳은 말씀입니다.

소크라테스 : 그러나 친애하는 에우튀프론, 만일 신이 사랑하는 것과 경건한 것이 같은 것이라면, 한편으론, 만일 경건한 것이 경건한 것이기 때문에 사랑받는다고 하면, 신이 사랑하는 것도 신이 사랑하는 것이기 때문에 사랑을 받는다고 하게 될 테고, 다른 한편으론, 만일 신이 사랑하는 것이 신이 사랑하는 것이기 때문에 신들에게 사랑받는 것이라면 경건한 것도 사랑받는 것이기 때문에 경건하다고 하게 될 거야. 그러나 자네가 보다시피 사실은 이와 정반대고, 이 둘은 서

로 아주 다른 걸세. 즉 신이 사랑하는 것은 사랑받으니까 그런 것이요, 경건한 것은 사랑받을 만하므로 사랑받는 거야. 그리고 에우튀프론, 난 도대체 경건이란 무엇인가 자네가 그 본질을 밝혀 주기를 바랐는데, 자넨 그 속성, 즉 모든 신에게 사랑받는다는 속성만을 말한 것 같네. 아직 그 본질이 무엇인지는 말하지 않았어. 그러니, 마음이 내킨다면, 숨기지 말고 처음부터 다시, 경건이란 뭐길래 신들에게 사랑받는 건지, 혹은 다른 어떤 일을 당하는 건지 — 여기 대해서는 우리가 생각을 달리하지 않지 — 아무튼, 경건과 불경이 무엇인지 자진해서 말해 주게나.

에우튀프론 : 그러나 오오 소크라테스, 제 생각을 어떻게 말해야 할지 잘 모르겠어요. 무슨 얘기를 하고 거기 머물려 하면, 그게 빙빙 돌면서 멀리 떠나가 버리니 말이에요.

소크라테스 : 오오, 에우튀프론, 자네가 하는 말은 우리 조상 다이달로스9)가 지은 말 같군. 그리고 만일 내가 그런 말을 내어 놓았더라면, 자넨 내가 다이달로스의 후손인 까닭에 내가 말한 것이 있던 자리에 가만있지 않고 나에게서 도망쳐버린다고 조롱해도 괜찮을 걸세. 그러나 그 전제들은 실상 자네 것이야. 그러니 다른 어떤 조롱거리가 있어야 할 걸세. 자네도 인정하겠지만, 그 전세들이 자네를 위해서 한 군데 가만있으려 하지 않으니 말이야.

에우튀프론 : 하지만, 소크라테스, 제가 그런 조롱을 한 것은 당연한 일이예요. 가만있지 않고 돌아다니는 이런 말을 한 것은 제가 아니라 다이달로스인 당신이니까요. 제가 한 말은 제자리에 머물러 있을 거

---

9) 다이달로스(Daidalos) : 조각 및 목공의 명장. 크레테 섬의 미궁(迷宮) 라비린토스를 지었다는 전설의 인물이다. 아리스토텔레스는 그가 아프로디테의 목상 속에 수은을 부어 넣어 움직이게 했다고 말하고 있다.

예요.

　소크라테스 : 그럼, 오오 친구여, 내가 저 다이달로스보다 기술이 더 뛰어난 셈이 되겠군. 그는 자기가 만든 것만을 움직이게 했는데, 나는 남이 만든 것까지도 움직이게 하니까 말이야. 그리고 내 기술에서 가장 묘한 것은, 내가 원치도 않았는데 내가 그 기술에 능하다는 거야. 난 다이달로스의 지혜에다 다시 탄탈로스[10]의 재산을 얻기보다는 오히려 그 말들이 한군데 머물러 움직이지 않는 것을 더 원하고 있으니 말일세. 그건 그렇고, 자네가 주춤거리고 있는 것처럼 보이니, 자네가 경건에 관해서 가르쳐 줄 수 있도록 나도 함께 힘써 보겠네. 중도에 그만두지는 말게나. 자 그럼, 경건한 것은 모두 또한 반드시 옳은 것이 아닌지 생각해 보게.

　에우튀프론 : 그렇게 생각되는군요.

　소크라테스 : 그럼 또 옳은 것은 모두 경건한 건가? 그렇지 않고 경건한 것은 모두 옳은 것이지만, 옳은 것은 모두 경건한 것이 아니고 일부만 경건한 것이고 다른 일부는 그렇지 않은 것인가?

　에우튀프론 : 오오, 소크라테스, 말씀하시는 것을 잘 따라갈 수 없군요.

　소크라테스 : 하지만 자네가 나보다 젊은 만큼 나보다 더 현명하다는 것을 아네. 자넨 지혜가 너무 많아 주춤거리고 있는 거라네. 자, 행복한 사람아, 힘써 보게나. 내 말은 이해하기 어려운 게 아니니까. 내 말은 다음과 같은 시를 지은 시인[11]이 말한 것과 반대되는 거야.

---

10) 탄탈로스(Tantalos) : 프뤼기아 지방의 부유한 왕이다.
11) B.C. 8세기 경 퀴프로스 섬 출신의 스타시노스(Stasinos)이다.

이 모든 것을 만들고 생기게 한 제우스를
욕하려고는 못하리라.
두려움이 있는 곳엔 부끄러움도 있으니.

난 이 시인과 달리 생각한다네. 어떤 점에선지 말해줄까?

**에우튀프론** : 말씀해 주세요.

**소크라테스** : 나는 "두려움이 있는 곳엔 부끄러움도 있다"고는 생각하지 않아. 왜냐하면 많은 사람들이 병이나 가난이나 그밖에 이와 같은 것을 모두 두려워하지만, 그렇다고 해서 그들이 두려워하는 이런 것들을 부끄러워하지는 않는다고 생각하니까. 자네도 그렇게 생각하지 않나?

**에우튀프론** : 그렇게 생각합니다.

**소크라테스** : 그러나 부끄러움 있는 곳엔 두려움도 있다네. 도대체 부끄럽고 창피한 일을 하고도 나쁜 소문이 도는 것을 두려워하지 않을 사람이 있을까?

**에우튀프론** : 없을 거예요.

**소크라테스** : 그렇다면 "두려움 있는 곳엔 또한 부끄러움도 있다"는 것은 옳은 말이 아니야. 오히려 부끄러움 있는 곳엔 두려움도 있지만, 두려움 있는 곳엔 언제나 부끄러움이 있는 것은 아니라고 말하는 것이 옳아. 두려움이 부끄러움보다 더 범위가 넓으니까. 부끄러움은 두려움의 일부야. 마치 홀수가 수의 일부인 것처럼 말이야. 수가 있는 곳엔 홀수가 있는 것은 아니지만 홀수가 있는 곳엔 수가 있지. 이젠 내 얘기를 따라올 수 있겠나?

**에우튀프론** : 네.

소크라테스 : 내가 물은 건 바로 그런 것이었어. 옳은 것이 있는 곳엔 경건한 것도 있는지? 그렇지 않고, 경건한 것이 있는 곳엔 옳은 것이 있으나, 옳은 것이 있는 곳엔 어디에나 경건한 것이 있는 것은 아닌 게 아닌가라고 말이야. 왜냐하면 경건한 것은 옳은 것의 일부가 아닐까? 이렇게 말하는 것이 좋을까 혹은 달리 말할까?

에우튀프론 : 그렇게 말하는 것이 좋을 거예요. 옳은 말씀이라고 생각합니다.

소크라테스 : 그럼 다음에 이걸 생각해 보세. 경건한 것이 옳은 것의 일부라면 경건한 것이 옳은 것의 어떤 부분인지 찾아내어야 할 것 같군. 그런데 만일 자네가 조금 전의 어떤 것, 가령 짝수가 무엇이며, 그것이 수의 어떤 부분인가 묻는다면, 난 부등변적(不等邊的)인 것이 아니라 등변적(等邊的)인 거라고 말할 걸세. 그렇게 생각하지 않나?

에우튀프론 : 그렇게 생각합니다.

소크라테스 : 그럼 자네도 그와 같이, 경건한 것이 옳은 것의 어떤 부분인지 가르쳐 주게나. 그러면 난 자네한테서 신을 잘 섬기는 것과 경건한 것을 충분히 배웠으니까, 우리가 옳지 않은 일을 해서도 안 되고 독신죄(瀆神罪)로 공소해서도 안 된다고 멜레토스에게 일러줄 수 있을 걸세.

에우튀프론 : 제 생각으론, 오오 소크라테스, 신을 잘 섬기는 일이라든가 경건한 것은 옳은 것의 일부분, 즉 신들에 관한 일을 돌보는 것이고, 사람들에 관한 일을 돌보는 것은 옳은 것의 나머지 부분일 것 같아요.

소크라테스 : 아주 훌륭한 말이야, 에우튀프론. 그러나 나에겐 조금 부족하네. '돌본다'고 했는데 무엇을 말하는 건지 아직 모르니 말일

세. 다른 것들에 관해서도 우리는 '돌본다'는 말을 쓰지만, 그 때의 의미는 신들에 관한 일을 '돌본다'고 할 때의 의미와는 다를 걸세. 가령, 우리는 말들을 돌본다고 말할 때의 의미와는 다를 거야. 가령 말들을 돌본다고 말하지만, 아무나 말들을 돌볼 수 있는 것은 아니고, 오직 마부만이 돌볼 줄 알지. 그렇지 않아?

에우튀프론 : 그렇죠.

소크라테스 : 마부의 기술은 말들을 돌보는 거니까.

에우튀프론 : 네.

소크라테스 : 또 개를 돌볼 줄 아는 사람은 개를 가지고 사냥하는 사람이야.

에우튀프론 : 그렇지요.

소크라테스 : 개를 데리고 사냥하는 것은 또한 개를 돌보는 것이기도 하니까.

에우튀프론 : 네.

소크라테스 : 또 소를 치는 것은 소를 돌보는 거야.

에우튀프론 : 그렇지요.

소크라테스 : 마찬가지로 경건이라든가 신을 잘 섬긴다든가 하는 것은 신들을 돌보는 것이겠지, 에우튀프론. 자넨 이렇게 말하는 거지?

에우튀프론 : 네, 그래요.

소크라테스 : 그런데 돌본다는 것은 모두 똑같은 것을 이루어내는 것이 아닐까? 즉 돌보아지는 것의 어떤 선이나 이익이 되는 것을 이루어내려는 거야. 마치 말을 돌보면 말이 이익을 얻어 더 좋아지는 것처럼 말이야. 그렇게 생각하지 않나?

에우튀프론 : 그렇게 생각합니다.

소크라테스 : 개들은 개를 데리고 사냥하는 일로 인해 더 나아지고, 소들은 소치는 일로 인해 더 나아지고, 다른 경우도 모두 마찬가지야. 그렇지 않고 해(害)가 되라고 돌보는 것일까?

에우튀프론 : 절대로 그렇지는 않아요.

소크라테스 : 이익을 위해서지?

에우튀프론 : 그럼요.

소크라테스 : 경건이라는 것이 신들을 돌보는 것이라면 그것 또한 신들에게 이익이 되고 신들을 더 낫게 하는 것이겠지? 즉 어떤 경건한 일을 하면 신들 가운데 누군가가 더 훌륭하게 되겠지? 자네도 여기 대해서 찬성할 테지.

에우튀프론 : 아니에요. 절대로 그렇지 않아요.

소크라테스 : 나도, 오오 에우튀프론, 설마 그게 자네가 말하려는 것이라고는 생각지 않네 — 그럴 수가 없지 — 자네가 그렇게 말하려 하지 않는다는 것을 알기에, 신들을 돌본다는 자네 말이 무슨 뜻인지 물어본 걸세.

에우튀프론 : 옳습니다, 소크라테스, 저는 그런 의미에서 돌본다고 말한 게 아니에요.

소크라테스 : 좋아. 그럼 경건이란 신들을 어떻게 돌보는 걸까?

에우튀프론 : 그건, 오오 소크라테스, 종이 주인을 섬기듯이 하는 거예요.

소크라테스 : 알겠네. 말하자면 신들에게 봉사하는 거로군.

에우튀프론 : 네, 그래요.

소크라테스 : 그럼 의사들에게 봉사하는 것은 무엇을 성취하려는 거라고 말할 수 있을까? 건강을 성취하는 것이 아닐까?

에우튀프론 : 그렇지요.

소크라테스 : 그럼 조선기술자에게 봉사하는 것은 어떤가? 무슨 일을 성취하려는 것이지?

에우튀프론 : 그야 물론, 소크라테스, 배를 만드는 일이지요.

소크라테스 : 건축가에게 봉사하는 것은 집을 짓는 걸 성취하려는 거겠지?

에우튀프론 : 네.

소크라테스 : 그럼, 오오 훌륭한 친구여, 말해 주게. 신들에게 봉사하는 것은 어떤 일을 성취하려는 건지? 자넨 신들에 관해서라면 세상에서 제일 잘 알고 있노라고 말하고 있으니, 물론 이것도 알고 있을 테지.

에우튀프론 : 제가 말하고 있는 것은 진리입니다, 소크라테스.

소크라테스 : 그럼 성의껏 말해 주게. 신들이 우리의 봉사를 받아 성취하는 그 아주 훌륭한 일은 무엇인가?

에우튀프론 : 아주 많은 훌륭한 일이지요, 소크라테스.

소크라테스 : 그건, 오오 친애하는 친구여, 장군들도 마찬가지야. 그러나 그 중에서 가장 중요한 것은 전쟁에서 승리하는 거라고 말할 수 있을 거야. 그렇지 않아?

에우튀프론 : 그야 물론이지요.

소크라테스 : 훌륭한 일을 많이 하는 것은 농부도 마찬가지야. 그러나 그들이 성취하는 가장 중요한 것은 땅에서 곡식을 만들어 내는 거야.

에우튀프론 : 그렇지요.

소크라테스 : 그럼 신들이 성취하는 많은 훌륭한 일들에서는 어떤

가? 그 중 으뜸가는 것은 무엇일까?

**에우튀프론** : 조금 전에 말씀드렸는데요, 소크라테스. 그 모든 일을 정확하게 아는 것은 매우 어렵다는 걸 말이에요. 그러나 간단히 이렇게 말하렵니다. 누군가가 기도를 하거나 제물을 바칠 때에 그가 말하는 것이나 행하는 것이 신들의 마음에 든다면 그것은 경건한 것으로서 개인의 집과 나라를 살리는 거라고 말이에요. 이에 반하여 신들의 마음에 들지 않는 것은 불경한 것으로, 모든 것을 뒤집어엎고 파멸시키지요.

**소크라테스** : 오오 에우튀프론, 만일 자네가 그럴 생각이 있었다면, 내 물음의 요점에 대해서 그보다 훨씬 더 간단히 말했을 걸세. 그러나 자넨 나에게 가르쳐 줄 생각이 없군―이건 분명해. 지금도 자네는 바로 그런 점에 도달했는데, 자넨 슬쩍 피했단 말이야. 만일 대답해 주었더라면 난 자네한테서 경건이 무엇인지 충분히 배웠을 걸세. 하지만 사랑하는 자는 사랑받는 자가 어디로 인도하든 따라가야 할 텐데, 도대체 지금 자네는 무엇이 경건이며 또 경건한 것이라고 말하고 있는 건가? 제물을 바치거나 기도하는 일에 대한 어떤 지식이라고 말하는 게 아닌가?

**에우튀프론** : 그렇습니다.

**소크라테스** : 그런데 제물을 바친다는 것은 신들에게 선물을 드리는 것이고, 기도를 한다는 것은 신들에게 구하는 것이 아닌가?

**에우튀프론** : 그렇지요, 소크라테스.

**소크라테스** : 그렇다면 신들에게 구하는 일과 제물을 바치는 일에 관한 지식이 경건이겠군.

**에우튀프론** : 아주 잘 이해하셨어요, 소크라테스.

소크라테스 : 그건, 오오 친애하는 친구여, 내가 자네의 지혜를 열심히 배우려고 주의를 기울여서 자네가 말하는 것을 하나도 땅에 떨어뜨리지 않은 때문이야. 그런데 신들에게 봉사한다는 긴 무엇인시 말해 주게. 신들에게 구하고 선물을 드리는 거라고 말하는 건가?

에우튀프론 : 그래요.

소크라테스 : 그러면 우리가 신들로부터 얻을 필요가 있는 것을 신들에게 구하는 것은 올바르게 구하는 것이 아닐까?

에우튀프론 : 그렇지요.

소크라테스 : 한편, 신들이 우리로부터 얻을 필요가 있는 것을 우리가 돌려준다는 의미에서 선물을 드리는 것은 올바르게 선물을 드리는 것이 아닐까? 받는 쪽에 아무 필요도 없는 것을 선물로 드린다는 것은 선물을 드리는 기술이 아닐 테니 말이야.

에우튀프론 : 옳은 말씀이에요, 소크라테스.

소크라테스 : 따라서 에우튀프론, 경건이란 신들과 사람들이 서로 무엇인가를 교환하면서 거래하는 기술이로군.

에우튀프론 : 거래지요. 그렇게 부르고 싶으시면 그래도 괜찮아요.

소크라테스 : 그게 사실이면 몰라도, 그렇지 않다면 난 그렇게 부르고 싶지는 않아. 그런데 설명해 주게. 우리가 드리는 제물에서 신들이 얻는 이익이 무엇인지? 신들이 우리에게 주는 것은 누구에게나 명백하지. 우리에게 있는 좋은 것은 모두 신들이 준 것이니까. 그런데 우리로부터 받은 것에서 무슨 이익을 얻는 걸까? 오히려 그 거래로 인해 우리는 신들로부터 모두 좋은 것을 받지만, 신들은 우리한테서 받는 것이 하나도 없는 것 아닐까?

에우튀프론 : 아니, 소크라테스, 당신은 신들이 우리로부터 받는 것

에서 무슨 이익을 얻는다고 생각하세요?

**소크라테스** : 그러나 에우튀프론, 이익을 얻지 않는다면, 우리가 신들에게 드리는 제물이란 도대체 무엇인가?

**에우튀프론** : 존경과 그 표시, 그리고 제가 아까 말씀드린 것, 즉 신들의 마음에 드는 것이 아니고 무엇이겠습니까?

**소크라테스** : 경건이란, 그러니까, 에우튀프론, 신들의 마음에 드는 것이로군. 그리고 신들에게 유익한 것도 아니고 사랑받는 것도 아니지?

**에우튀프론** : 제 생각으론 무엇보다도 더 사랑받는 거예요.

**소크라테스** : 그럼, 경건이란 신들에게 사랑받는 것이라는 주장이 다시 되풀이 되는군 그래.

**에우튀프론** : 바로 그렇지요.

**소크라테스** : 그렇게 말한다면, 자네 말은 분명히 머물러 있는 게 아니고, 빙빙 돌고 있는데, 자넨 이에 놀라 다이달로스인 내가 그렇게 한다고 비난하려는 거지? 사실은 자네가 다이달로스보다 더 교묘한 기술자로서 빙빙 돌아다니게 하면서 말이야. 자넨 그 말이 빙빙 돌아서 제자리에 돌아온 걸 알지 못하나? 자넨 앞서 경건한 것과 신이 사랑하는 것은 같은 것이 아니고 서로 다른 것임이 명백해진 것을 기억할 테지. 기억 못 한단 말인가?

**에우튀프론** : 기억해요.

**소크라테스** : 그럼 지금 자네가 신들에게 사랑받는 것이 경건한 것이라고 말하고 있다는 것을 깨닫지 못하나? 그리고 그것은 또한 신들에게 반가운 것이 아닌가? 그렇지 않나?

**에우튀프론** : 그래요.

소크라테스 : 그렇다면 우리가 앞서 합의한 것이 잘못되었거나, 혹은 그것이 훌륭한 것이었다면 지금 우리가 정의를 내린 것이 옳지 않은 걸세.

에우튀프론 : 그럴 것 같군요.

소크라테스 : 그렇다면 처음부터 다시 경건이란 무엇인가 생각해 보아야 하네. 그걸 알 때까지 나는 지치지 않을 걸세. 그러니 나를 깔보지 말고 할 수 있는 데까지 주의를 기울여 이번에는 참된 것을 말해 주게. 그것을 알고 있는 사람은 자네 밖에 없으니, 말할 때까지는 프로테우스[12]처럼 자넬 놓아줄 수 없네. 만일 자네가 경건한 것과 불경한 것이 무엇인지 분명히 알지 않았더라면 그 하인 때문에 나이 많은 자네 아버지를 살인죄로 고소하지 않았을 것이며, 또 이런 일을 하는 것은 옳지 않은 일이 아닐까하고 신들을 두려워하며 사람들의 생각도 헤아려 감히 그러지는 못했을 것이니 말일세. 이제 나는 자네가 경건한 것과 그렇지 않은 것을 분명히 알고 있다고 보네. 그러니 좋은 친구여, 생각하고 있는 것을 숨기지 말고 말해 주게.

에우튀프론 : 나중에 말씀드리지요, 소크라테스. 바쁜 일이 있어 지금은 가봐야 하니까요.

소크라테스 : 그럴 수 있나, 친구인 자네가. 난 지금까지 큰 희망을 품어왔는데 나를 내동댕이치고 가버리다니. 난 자네한테서 경건한

---

[12] 프로테우스(Protheus) : '바다의 노인'으로 유명한 이 프로테우스는 바다의 신 포세이돈(Poseidon)의 부하 혹은 아들이라 한다. 예언을 잘 하는데, 예언을 해달라고 조르는 자가 많아, 자유자재로 모습을 바꾸어 피하였다 한다. 트로이아 전쟁 후, 개선해 고향으로 가는 메넬라오스(Menelaos)는 이집트 근처의 파로스(Paros)섬에서 역풍을 만나 출범할 수 없어서 애를 먹고 있었는데 그의 딸의 충고로, 낮잠을 자고 있는 프로테우스를 붙잡아, 그 예언의 힘으로 고향에 돌아갈 수 있는 수단을 가르쳐 줄 때까지 놓아 주지 않았다는 이야기가 ≪오뒷세이아≫에 나온다.

것과 그렇지 않은 것을 배워서 멜레토스의 공소에서 빠져 나오려고 했다네. 그 사람에게, "난 에우튀프론한테 배운 바 있어 신들에 관해서는 잘 알게 되었소. 그래서 이제는 무지하게 엉뚱한 생각을 하지도 않고 혁신을 하려고도 하지 않소, 그러니 여생을 좀 더 올바르게 살 것이오"라고 말해 주면서 말일세.

# 소크라테스의 변론

소크라테스는 B.C. 399년 재판을 받았다. 그의 나이는 70세, 펠로폰네소스 전쟁이 끝나고 5년 후의 일이었다. 정계의 실력자 아뉘토스(Anytos)의 앞잡이 멜레토스(Meletos)에 의하여 "청년들을 부패시키고 나라에서 신봉하는 신들을 믿지 않는다" 하여 고소된 것이다. 그러나 이러한 고소의 배후에는 소크라테스와 전쟁 중의 위험인물이었던 알키비아데스, 패전 후 폭정을 행한 30인 정권의 수령 크리티아스와의 관계에 관한 억측 같은 여러 가지 복잡한 정치적 사정이 있었던 것으로 생각된다.

법정은 5백명의 재판관으로 구성되었고, 판결은 다수결에 의하여 결정되었다. 공판석상에서 소크라테스는 재판관과 시민 앞에서 변론을 하였는데, 그 결과는 근소한 차이로 유죄로 결정되었다. 이렇게 되면 피고가 자신의 형량을 제청하게 되어 있었는데, 이 때 소크라테스의 발언이 재판관들의 비위를 상하게 한 탓인지, 원고가 주장한 사형을 대다수가 받아들였다.

이 때 28세였던 플라톤은 이 재판을 직접 목격했던 것 같다. 그리하여 소크라테스가 사형당하고 얼마 후 그 변론을 이 '변론'과 같은 형식으로 발표한 것이다.

소크라테스는 이 변론에서, 자신의 사명이 무엇인지 밝히고 있다. 그리고 무엇보다도 영혼을 소중히 여기며, 자신의 정신을 더욱 훌륭하게 하며, 지혜를 사랑하여 자신과 남을 검토하면서 사는 것이 사람다운 삶임을 역설하고 있다.

오오 아테나이 사람들이여,[1] 저를 고소한 사람들의 말을 지금 들으

---

[1] 소크라테스는 여기서 재판관을 향하여 이렇게 부르고, 자기를 무죄로 투표한 사람에게 "재판관들이여"라고 부르고 있다(40a). 이 사람들만이 재판관의 이름

시고 여러분이 어떻게 느꼈는지 저는 알지 못합니다. 그러나 그들의 말을 듣고 있자니 하마터면 저 자신이 누군지 잊어버릴 뻔했습니다. 그만큼 그들의 말은 그럴 듯했습니다. 그러나 참된 것은 거의 한 마디도 없었다고 해도 과언이 아닐 것입니다. 그들은 거짓말을 많이 했습니다마는, 그 중에서도 가장 어처구니없는 것이 하나 있습니다. 그들이 여러분에게 "조심하시오. 그렇지 않으면 저 사람에게 속을 것이오"라고, 마치 제가 대단한 변론가인 양 말한 것입니다. 제가 이야기를 하기 시작하면 대단한 변론가 같지 않다고 여겨질 것이므로, 이 사실에 의하여 그들의 말이 옳지 않다는 것이 드러날 터인데도, 그런 말을 하는 것은 가장 파렴치한 일이라고 생각됩니다. 물론, 진실을 말하는 사람을 그들이 훌륭한 변론가라고 부른다면 얘기가 다르지요. 만일 그들이 말하는 것이 이런 것이라면, 제가 그들과는 비교도 안 되는 변론가라는 데 동의하실 것입니다, 아무튼, 그 사람들은, 제가 말씀드리는 바와 같이, 진실된 것을 한 마디도 말하지 않았습니다. 그러나 여러분은 저에게서 진실의 전부를 들으실 것입니다 — 제우스신을 두고 말씀드립니다마는, 오오 아테나이 사람들이여, 여러분은 물론, 그 사람들의 변론처럼 아름다운 말로 꾸미고 장식한 웅변을 듣지는 못할 것입니다. 다만 그저 제 머리에 떠오르는 대로 말씀드리는 것을 들으실 것입니다 — 제가 말씀드리고자 하는 것이 옳다고 믿기 때문입니다 — 여러분 가운데 어느 분이나 다른 것을 기대해서는 안 됩니다. 왜냐하면 여러분, 저 같은 늙은이가 여러분 앞에 불려 나와 어린아이처럼 말을 꾸며댄다는 것은 나이 값을 못하는 것이기 때문입니다. 그리고 오오 아테나이 사람들이여, 또 한 가지 꼭 부탁드리

---

에 합당한 사람들이라고 생각했음을 보여 준다.

고 싶은 것이 있습니다. 시장의 환전상 앞에서나 다른 곳에서 평소 이야기하기 때문에 여러분 가운데 많은 사람도 들으신 바와 같은 말로 이제 변론하겠는데, 이 때문에 놀라거나 떠들지 말아 주었으면 하는 것입니다. 여기에는 까닭이 있습니다. 저는 나이가 벌써 일흔인데 법정에 출두해 보기는 오늘이 처음입니다. 여기서 쓰는 말은 저에게는 외국말 같습니다. 그런데 만일 제가 외국 사람이라면, 자랄 때에 배운 말로 이야기하고 그 말투로 이야기한다 해도, 여러분은 사정을 아시고 용서해 주실 것입니다. 지금 바로 그와 같은 것을 부탁드리려 하는데, 부당한 일은 아니라고 생각합니다. 아마 제 말버릇이 좋지 못할지도 모르고, 혹은 괜찮을지도 모르겠습니다마는, 그런 것은 문제 삼지 마시고, 오직 한 가지, 즉 제가 말한 것이 옳은지 옳지 않은지만 주의하여 주시기 바랍니다. 이렇게 하는 것이 재판관의 덕이고, 한편으로는 변론하는 사람의 덕은 진실을 말하는 것이니까요.

그러면 먼저, 오오 아테나이 사람들이여, 저는 저에 대한 첫 번째 거짓된 고소와 고소자들에 대하여 변론하겠습니다. 그 다음에는 두 번째 고소와 고소자들에 대하여 변론할 것입니다. 이렇게 하는 것은, 저를 고소한 사람이 많고, 또 그들은 벌써 여러 해에 걸쳐, 진실이라고는 한 마디도 말하지 않고 있기 때문입니다. 저는 이 사람들을 아뉘토스[2]와 그 일파보다 더 두려워합니다. 이들도 두렵기는 하지만 말입니다. 그러나 여러분, 저들은 더 두려운 사람들입니다. 저들은 여러분의 대부분을 어릴 때부터 손아귀에 넣고, "소크라테스라는 사나

---

2) 원고 멜레토스 측의 변호인. 그러나 여기서 이 소송의 주모자였음이 드러나고 있다. 피혁업자 출신으로, 펠로폰네소스 전쟁 후에 수립된 30인 독재 정권을 타도하고 민주 정치를 재건한 민주파의 주요한 정치가이다. 소크라테스의 민주제 비판을 위험하다고 보는 그의 생각이 이 고소의 진정한 동기였던 듯.

이가 있는데, 그는 하늘에 있는 것들을 살피고, 땅 속에 있는 모든 것을 탐구하며, 약한 논의를 강하게 하는 묘한 지혜를 가지고 있소"라고 조금도 진실이 들어 있지 않은 말을 하여 여러분에게 저를 그릇되이 고소해 왔습니다. 이런 소문을 퍼뜨린 이 사람들이야말로, 오오 아테나이 사람들이여, 저를 고소하고 있는 두려운 사람들입니다. 이런 소문을 듣는 사람은 누구나, 그런 일을 탐구하는 사람은 또한 신들을 인정하지 않을 것이라고 생각하기 때문입니다. 이런 고소인은 많고, 또 오랫동안 고소해 왔습니다. 뿐만 아니라, 그들이 여러분에게 말한 시기가, 여러분이 믿기 쉬운 때, 즉 여러분이 어린 시절이거나 청년 시절이었으므로, 이를 테면 저는 궐석 재판을 받은 셈이고, 그들의 고소에 아무 변론도 하지 못했습니다. 그리고 가장 맹랑한 일은 그들이 누군지 이름조차 모른다는 것입니다. 그 중 희극 작가3) 한 사람이 있다는 것만을 알고 있을 뿐입니다. 그리고 질투 때문에 중상하려고 여러분을 속여 온 사람들이야말로 — 그 중에는 정말 자신도 그렇게 믿고 남을 설득하려는 사람도 있습니다마는 — 모두 가장 골치 아픈 사람들입니다. 왜냐하면 그들 중 한 사람을 여기 끌어내어 따져 물어볼 수도 없고, 그에게 변론한다는 것은 마치 그림자와 싸우는 것과 같으며, 아무도 대답하지 않는데 따져 물어야 하기 때문입니다. 아무튼, 제가 말씀드리는 바와 같이, 저를 고소한 사람들은 두 종류인데, 그 중 하나는 지금 저를 고소하고 있는 사람들이고, 다른 하나는 지금 제가 이야기하고 있는 예전부터의 고소자들이라는 것을 기억해 주시기 바랍니다. 그리고 제가 먼저 변론해야 할 것은 후자에

---

3) 아리스토파네스(Aristophanēs) : 그가 지은 ≪구름≫은 B.C. 423년, 즉 이 재판보다 24년 전에 상연되었는데, 소크라테스를 여기 말한 바와 같은 사람으로 그리고 있다.

대해서임을 양해해 주시기 바랍니다. 여러분은 이 사람들의 고소를 지금 저를 고소하고 있는 사람들의 고소보다 먼저 그리고 더 많이 들으셨기 때문입니다.

 그건 그렇고, 오오 아테나이 사람들이여, 이제는 변론을 시작하여, 그들의 중상으로 여러분이 오랫동안 품어 온 것을 짧은 시간 안에 제거하도록 하지 않으면 안 됩니다. 그것을 제거하는 것이 여러분에게도 좋고 저에게도 좋은 일이라면, 제 변론이 성공하여 그렇게 할 수 있기를 간절히 바랍니다. 그러나 그것은 어려운 일이라고 생각됩니다. 그리고 저는 그것이 어떤 일인지 전혀 모르는 바 아닙니다. 그러나 아무튼 어떻게 될지는 신에게 맡기고, 다만 법률을 따라 변론하지 않으면 안 될 줄 압니다.

 자 그러면, 처음부터 다시 시작하여, 저에 대한 중상을 낳고 이 중상을 믿음으로써 멜레토스가 공소하게 된 첫 번째 고소가 무엇인지 살펴보기로 합시다. 좋습니다. 그러면 저를 중상한 사람들은 뭐라고 말하였나요? 그들을 고소인으로 보고, 그들이 선서한 구술서(口述書)를 읽어 보도록 하지요. "소크라테스는 천상과 지하의 일을 탐구하고, 약한 주장을 강변하며, 또 그런 일을 다른 사람들에게 가르치는 범죄자요, 공연한 짓을 하고 있습니다." 대강 이런 것이지요. 이것은 여러분이 아리스토파네스의 연극을 직접 보시고 알고 있는 바입니다. 거기서는 소크라테스라는 인물이 둥지에 들어 앉아 운반되면서 공중을 걷고 있다고 뽐내고, 그 밖에도 엉뚱한 소리를 많이 늘어놓고 있습니다만, 저는 한 마디도 알아들을 수 없는 소리입니다. 이렇게 말씀드린다고 해서, 누군가가 그런 일에 관한 지식을 가지고 있다고 하면 그런 지식을 경멸하려는 것은 아닙니다―저는 이런 큰 죄로 멜레토스에게 고소당하기를 원치 않습니다—다만, 오오 아테나이 사람들이여, 저는 그런 일에 아무 상관도 하지 않을 따름입니다. 여기 대해서는 여러분 대부분이 증인이 되어 주시길 바랍니다. 여러분 중에는 제가 대화한 것을 들으신 분이 많으므로 그런 분들은 서로 터놓고 이야기하고 서로 알려, 제가 그런 일들에 관하여 조금이라도 이야기한 적이 있는지 서로 말씀해 주세요. 그렇게 하시면 여러분께서는 저에 관해서 많은 사람들이 말하고 있는 다른 일들도 바로 이런 종류의 것임을 아시게 될 것입니다.

 그러나 그런 일들은 하나도 사실이 아닙니다. 그리고 제가 사람들을 교육하려 하고 거기서 돈을 받는다는 말을 여러분이 들으셨다 해도 그것 또한 사실이 아닙니다. 물론, 레온티노이의 고르기아스, 케오스의 프로디코스, 엘리스의 힛피아스처럼,4) 누군가가 사람들을 교육할 수 있다면, 그것도 좋은 일이라고 저는 생각합니다. 여러분, 이 사람들은 어느 나라에 가든지, 그 곳 청년들을 설득하여—이 청년들은 자기 나라 사람이라면 누구든지 자기가 좋아하는 사람과 돈 안 들이고 사귈 수 있는데—자기 나라 사람과 사귀지 않고, 오히려 그들과 사귀게 하고, 여기 대해서 돈을 내게 하고, 심지어 감사하는 마음까지 품게 할 수 있습니다. 또 한 사람, 파로스 사람으로 지금 이 고장에 와 있는 지자(知者)5)도 있습니다. 저는 그 사람이 이 곳에 있다는 말을 들었습니다. 이것은, 마침 제가, 지자들에게 다른 사람들이 지불한 돈 전부보다도 더 많은 돈을 지불한 힛포니코스의 아들 칼리아스를 만나서 들은 것입니다. 그 사람에게 아들이 둘 있으므로 저는 이

---

4) 이 세 사람은 당시의 유명한 소피스트(智者)이다.

5) 소피스테스(Sophistēs) : 소피스트, 지자. B.C 5세기에 처음으로 문법, 논리학, 수사학, 논쟁술, 변증법을 가르치고 많은 돈을 받은 사람들이다.

렇게 물었습니다.—"오오 칼리아스, 만일 자네의 두 아들이 망아지나 송아지라고 한다면, 그들을 감독할 사람을 고용하여, 그들에게 어울리는 덕을 갖추고 잘 자라도록 지도하게 하고 그 사람에게 보수를 주어야 할 걸세. 그 사람은 말을 잘 다루는 사람이나 농사에 밝은 사람이어야 할 걸세. 그런데 자네 두 아들은 사람이니까, 어떤 사람을 그들의 감독자로 삼을 생각인가? 그러한 덕, 즉 사람으로서 혹은 국민으로서 가져야 할 덕에 관하여 잘 아는 사람은 누군가? 자네에겐 아들들이 있으니, 그런 사람을 찾아 봤으리라고 생각하네. 어때, 그런 사람이 있나, 없나?" "있고말고"라고 그는 말했습니다. "그게 누군가? 또 그는 어디 사람이며, 얼마를 받고 가르치는가?"라고 제가 물었습니다. "에우에노스[6]지요, 오오 소크라테스. 파로스 사람이고, 보수는 다섯 므나[7]구요"라고 그는 말했습니다. 그래서 저는, 만일 그 에우에노스가 정말 그런 기술을 가지고 있고, 그와 같이 적당한 값을 받고 가르친다면 괜찮은 사람이라고 말했습니다. 제가 그런 지식을 가지고 있다면, 저도 그것을 자랑삼고 우쭐했을 것입니다. 그러나 오오 아테나이 사람들이여, 저는 그런 지식을 가지고 있지 않습니다.

이렇게 말하면 여러분 가운데는 아마 다음과 같이 물을 분이 있을 것입니다—"그럼, 소크라테스, 당신이 하는 일은 뭐요? 어째서 당신에 대하여 이런 중상이 생겼소? 만일 당신이 다른 사람들이 하는 일과 아주 다른 일을 하지 않았다면, 그런 소문이나 평판은 돌지 않았을 거요. 그러니 당신이 하는 일은 무엇인지 말해 주시오. 그러면 우리는 당신에 대하여 경솔한 판단을 내리지 않을 것이오" 이것은 옳은

---

[6] Euēnos. 소피스트. 《파이돈》에서 시인으로서 언급되고 있다.
[7] 1므나는 100드라크메. 1드라크메는 영국 화폐로는 8펜스이다.

말이라고 생각됩니다. 그래서 저는 어째서 제가 지자라는 소리를 듣게 되고 또 그런 중상을 받게 되었는지 밝혀 보려 합니다. 자 그러면, 제 말씀을 들어 주세요. 아마 여러분 가운데는 제가 농담하고 있다고 생각하실 분이 있을 것입니다마는, 이제부터 제가 말씀드리는 것은 전부 진실이니까, 그런 줄 아시고 들어 주세요. 오오 아테나이 사람들이여, 제가 지자라는 소리를 듣게 된 것은 일종의 지혜 때문입니다. 그러면 그것은 어떤 지혜일까요? 아마 그것은 인간으로서 가질 수 있는 지혜일 것입니다. 사실, 저는 그런 지혜를 가지고 있는 것 같으니까요. 그런데 제가 방금 언급한 사람들은 인간 이상의 어떤 지혜를 가지고 있는지도 모릅니다. 저로서는 그것을 뭐라고 말해야 할지 모르겠습니다. 사실 저는 그것을 가지고 있지 않으니까요. 만일 제가 그것을 가지고 있다고 말하는 사람이 있다면, 그 사람은 거짓말을 하고 있는 것입니다. 그런 말을 하는 것은 저를 중상하기 위해서입니다. 그리고 오오 아테나이 사람들이여, 제가 여러분에게 큰 소리를 치는 것처럼 생각되더라도 떠들지 말아 주세요. 이제부터 제가 말하려는 것은, 제 말이 아니고, 여러분이 신뢰할 만한 분의 말이니까요. 즉, 저에게 무슨 지혜가 있다면, 그것이 어떤 것인지에 대하여 저는 델포이의 신[8]을 증인으로 내세우려 합니다. 여러분은 아말 카이레폰[9]을 알고 있을 겁니다. 그는 젊었을 적부터 제 친구이고, 또 여러분과는 같은 당 사람으로서 얼마 전 여러분과 함께 망명했다가 여러분과 함께 귀국하였지요. 그리고 여러분은 그가 어떤 사람인지 알고 있으며, 무

---

[8] 아폴론(Apollōn)

[9] 카이레논(Chairephōn) : 소크라테스의 충실한 친구. 민주파의 한 사람. B.C. 404년, 30인 독재 정권이 수립되었을 때 국외로 망명했다가 403년 귀국하여 민주파의 혁명전에 참가하여 전사한 듯하다. 소크라테스는 자신의 친구가 아뉘토스의 민주파였음을 말하여 자신이 30인 독재 정권의 편이 아님을 암시하고 있다.

슨 일을 하든지 열심히 한다는 것도 알고 있을 것입니다. 그런데 그가 언젠가는 델포이에 가서 감히 다음과 같은 것으로 신탁을 받으려 했습니다—여기 대하여 말씀드릴 적에, 여러분, 제 말을 듣고 떠들지 마시기 바랍니다—즉 그는, 소크라테스보다 지혜 있는 사람이 있는가라고 물었습니다. 여기 대하여 무녀(巫女)는, 더 지혜 있는 자는 하나도 없다고 대답한 것입니다. 여기 대해서는 마침 그의 형제가 여기 있으므로 여러분에게 증언할 것입니다. 그 자신은 죽었으니까요. 자 그러면, 제가 왜 이런 말을 하는지 생각해 보세요. 어째서 저에 대한 중상이 생겼는지 여러분에게 알려 드리려는 것입니다. 그 신탁의 말씀을 듣고 저는 이렇게 생각했습니다—"도대체 신은 무슨 말씀을 하시려는 것일까? 도대체 그것은 무슨 수수께끼일까? 나는 내가 크건 작건 지자가 아님을 알고 있는데, 내가 제일 지혜 있는 사람이라니, 도대체 신은 무슨 말씀을 하시려는 것일까? 거짓말을 하실 리는 없는데. 신은 거짓말을 하시지 않으니까." 그래서 저는 오랫동안 신이 하신 말씀의 뜻이 무엇인지 궁리한 끝에 그 뜻을 알아보기로 했습니다. 즉 지자라고 여겨지는 사람을 찾아가기로 한 것입니다. 이렇게 해서 그 사람이 저보다 더 지혜가 있으면, 신탁을 반박해서 "이 사람이 저보다 더 지혜가 있습니다. 그런데 당신은 제가 지자라고 말씀하셨어요"라고 분명히 말할 수 있으리라 생각한 것입니다. 그래서 그 사람을 찾아갔는데—그 이름을 댈 것까지는 없지만, 정치가죠. 그 사람과 대화를 나누며 자세히 관찰하던 중에, 오오 아테나이 사람들이여, 저는 다음과 같은 것을 경험했습니다—그 사람은 다른 많은 사람들에게 지자라고 여겨지고 있고, 자기 자신도 그렇게 생각하고 있는 것 같지만, 저는 사실은 그렇지 않다고 생각한 것입니다. 그래서 저는 그에게, 당신은 지자라고 생각하고 있지만 그렇지 않다고 분명히 알려주려고 힘썼습니다. 그 결과, 저는 그 사람과 그 자리에 있던 다른 많은 사람들의 미움을 받게 된 것입니다. 그러나 저는 돌아오면서 마음속으로 이렇게 생각했습니다―"이 사람보다는 내가 더 지혜가 있다. 왜냐하면, 이 사람이나 나나 좋고 아름다운 것에 대하여 아무 것도 모르는 것 같은데, 이 사람은 모르면서도 알고 있다고 생각하고 있지만, 나는 모르고 또 모른다고 생각하기 때문이다. 이 조그마한 일, 즉 모르는 것을 모른다고 생각하는 점 때문에 내가 이 사람보다 더 지혜가 있는 것 같다" 그 후 저는 좀더 지혜가 있다고 여겨지는 다른 사람을 찾아갔지만, 똑같은 생각을 하게 되었습니다. 그리고 거기서도 그 사람과 거기 있던 다른 많은 사람들의 미움을 사게 되었습니다.

이렇게 여러 사람을 찾아다니면서 미움을 사게 된 것을 알고 나니 섭섭하기도 하고 두렵기도 했지만, 무엇보다도 신을 소중히 여겨야 된다고 생각했습니다. 그래서 그 신탁의 뜻이 무엇인지, 그것을 알고 있을 것 같은 모든 사람을 찾아가야겠다고 생각한 것입니다. 그리고 개에 맹서하고10) 말하건대 ― 여러분에게는 진실을 말해야 하니까요 ― 오오 아테나이 사람들이여, 저는 이런 생각이 들었습니다. 즉 신의 말씀을 따라 살펴 보건대, 제일 훌륭하다고 소문 난 사람들이 실은 거의 모두 사려가 부족하고, 보잘것없다고 여겨지는 사람들이 오히려 사려가 깊다는 것이었습니다. 아무튼 저는 신탁이 부정될 수 없다는 것을 드러낸 고생스런 편력 이야기를 해야겠습니다. 정치가 다음으로 제가 찾아간 것은 시인들, 즉 비극 작가, 디튀람보스11) 작가,

---

10) 맹서할 때 신들의 이름을 함부로 쓰지 않기 위하여 쓰인 말이다.

그 밖의 온갖 시인입니다. 그들을 만나면 제가 그들보다 무식하다는 것이 당장 드러나리라 생각했습니다. 그래서 저는 그들이 가장 힘들여 완성했다고 여겨지는 작품들을 들어, 그것들이 의미하는 바가 무엇인지 물었습니다. 그렇게 함으로써 저는 그들로부터 무엇인가 배우려 한 것입니다. 그런데 여러분, 여러분에게 진실을 말하기가 거북합니다. 다름 아니라, 그 자리에 있던 다른 사람들이, 거의 한 사람도 예외 없이, 그 시인의 작품에 관해서, 그들이 시를 짓는 것은 지혜에 의해서가 아니라, 예언자나 점쟁이처럼 타고난 재능과 신으로부터 받은 영감에 의한 것임을 알았습니다. 이들은 훌륭한 말을 많이 하지만, 그 뜻이 무엇인지는 알지 못하지요. 시인들도 마찬가지입니다. 동시에 저는 시인들이 그들의 시로 인하여 다른 일에서도 세상에서 가장 지혜가 있다고 생각하고 있지만, 사실은 그렇지 않다는 것도 알았습니다. 그래서 저는 정치가들의 경우에서와 꼭 같은 점에서 제가 그들보다 낫다고 혼자 생각하면서 그들을 떠났습니다.

 마지막으로 저는 수공 기술을 가진 사람들을 찾아갔습니다. 저는 그 방면의 일은 전혀 모르지만, 그들은 많은 것을 잘 알고 있다는 것이 분명하게 되리라고 생각한 때문입니다. 이 점에서 저는 잘못 생각하지 않았습니다. 정말 그들은 제가 모르는 것을 알고 있었고, 그런 점에서 그들은 저보다 더 지혜가 있었습니다. 그러나 오오 아테나이 사람들이여, 저는 이 훌륭한 기술자들도 시인들과 똑같은 과오를 범하고 있다고 생각했습니다—즉 그들은 기술적인 일을 잘 해낸다고 해서 다른 큰일들에 관해서도 저마다 자기가 최고의 지자라고 생각하고 있으며—이 때문에 그들의 지혜마저 가려지고 있었습니다. 그래

---

11) 디튀람보스(dithyrambos) : 주신(酒神) 디오뉘소스의 제례 때에 피리 반주에 맞춰 춤추며 노래한 디오뉘소스 찬가. 비극보다 흥겹고 세속적이었다.

서 저는, 신탁을 대신하여 저 자신에게 "그들이 가진 지혜를 가지지도 않고, 그들이 모르고 있는 것에 대해서 무지하지도 않은 내 현재의 상태대로 있는 것이 좋을까, 그렇지 않으면 그들의 지혜와 무지를 다 가지는 것이 좋을까?" 하고 물었습니다. 여기 대해서 저는, 저 자신과 신탁에 대하여, 지금 상태대로 있는 것이 좋다고 대답하였습니다.

 이렇게 탐구한 까닭에, 오오 아테나이 사람들이여, 많은 사람이 저를 싫어하게 되고, 골치 아픈 적의를 품게 되고, 많은 중상을 하게 된 것입니다. 그리고 저는 지자(智者)라고 불리게도 되었습니다. 제가 다른 사람을 반박할 때마다, 그 자리에 있던 사람들은, 그 문제에서 제가 지혜가 있다고 언제나 생각하기 때문입니다. 그러나 여러분, 사실은 신만이 지자이며, 또 이 신탁에서 신이 말씀하시려는 것은 인간의 지혜가 보잘것없다는 것이 아닌가 합니다. 그리고 이 소크라테스에 대해서 말하고 있는 것 같습니다마는, 그것은 다만 저를 한 예로 들고 있는 데 지나지 않습니다. 마치 "오오 인간들이여, 너희들 가운데 누구든지 가장 지혜 있는 자는 소크라테스처럼 스스로 지혜에 있어서 사실은 보잘것없다는 것을 안 자다"라고 말씀하시는 것이 아닌가 합니다. 그래서 저는 지금도 여기저기 돌아다니면서, 우리나라 사람이든 다른 나라 사람이든 누구든 지자라고 생각되면 신의 명령을 따라 그 사람을 찾아내어 헤아려 보고 있는 것입니다. 그리고 지혜가 있다고 생각되지 않을 때에는, 신을 도와 드리면서 그가 지자가 아님을 밝혀 주고 있는 것입니다. 이런 일을 하는 데 바빠서 저는 니라 일이나 집안일에서 이렇다 할 일을 할 틈이 없고, 신을 섬기느라고 몹시 가난하게 지내고 있습니다.

그런데다가 젊은 사람들이 — 여가도 많고 돈도 많은 젊은 사람들이 — 누가 시킨 것도 아닌데 저를 따라다니면서 제가 사람들에게 따져 묻는 것을 듣는 데 재미를 붙이고, 또 가끔 제 흉내를 내어 그들 자신이 다른 사람들에게 따져 묻는 일을 했습니다. 그리고는, 무엇을 안다고 생각하지만 사실은 아는 것이 조금밖에 없거나 전혀 없는 사람들이 많다는 것을 발견하게 된 것 같습니다. 이렇게 되니, 그들에게 따져 물은 사람들은 자신에게 화를 내지 않고 도리어 저에게 화를 내면서, "소크라테스는 괘씸하다. 청년들을 부패시킨다"라고 말하는 것입니다. 그리고 누가 그들더러 도대체 무슨 짓을 하고 무엇을 가르치기에 그런가 물으면, 그들은 아무 것도 알지 못하고 또 아무 대답도 할 수 없습니다. 그러나 대답이 궁한 것을 감추느라 모든 철학자에 대하여 쉽게 할 수 있는 말을 하는 것입니다. 즉 "하늘 위와 땅 속의 일"이라든가, "신들을 믿지 않는다"라든가, "약한 주장을 억지로 강하게 한다"라고 말하는 것입니다. 이것은, 그들이 진실을 말하고 싶어 하지 않기 때문이라고 저는 생각합니다. 그렇게 하면 그들은 아무 것도 모르면서 아는 척하고 있다는 것을 드러내고 말 테니까요. 그래서 그들은 명예심이 강하고 성미가 급하고 숫자도 많기 때문에 떼 지어 그럴듯하게 말하여, 오래 전부터 여러분의 귀를 저에 대한 중상으로 채웠습니다. 이런 일들 때문에 멜레토스와 아뉘토스와 뤼콘[12]이 저를 공격한 것인데, 멜레토스는 시인들을 대신해서, 아뉘토스는 기술자들과 정치가들을 대신해서, 그리고 뤼콘은 변론가들을 대신해서 저를 미워하고 있는 것입니다. 따라서 제가 처음에 말씀드린 바와 같이, 이렇게 중상이 커져버렸으니, 짧은 시간 안에 그것을 여러분으로부터

---

12) 뤼콘(Lykōn) : 아뉘토스와 마찬가지로 멜레토스의 변호인이다.

떼어낼 수 있다면 오히려 신기한 일일 것입니다. 이것은, 오오 아테나이 사람들이여, 진실입니다. 저는 여러분에게 큰일이나 작은 일이나 아무 것도 숨기지 않고 또 속이지 않고 말합니다. 물론 이렇게 하기 때문에 미움을 산다는 것을 알고 있습니다. 그러나 미움을 산다는 것이야말로, 제가 말한 것이 진실이며 저에 대한 중상과 그 원인이 제가 말한 대로라는 것을 뒷받침해주는 증거입니다. 그리고 지금이나 앞으로 조사해 보시면, 제 말이 사실임을 알 것입니다.

저를 고소한 최초의 고소인들에 대해서는 이상으로서 여러분에게는 충분한 변론이 된 줄 압니다. 이제부터는 훌륭하신 자칭 애국자 멜레토스와 나중의 고소인들에 대하여 변론하려 합니다. 이제 이 사람들을 다른 부류의 고소인으로 보고 그들이 선서한 구술서를 읽어 보기로 합시다. 그것은 대체로 다음과 같습니다. "소크라테스는 청년들을 부패시키고, 국가가 신봉하는 신들을 신봉하지 않고 다이몬이라는 색다른 것을 신봉하기 때문에 죄인이다." 이것이 고소장의 내용입니다. 이제 그 항목들을 하나하나 따져 봅시다.

첫째로, 제가 청년들을 부패시키는 죄인이라 고소하고 있습니다. 그러나 여러분, 저는 오히려 멜레토스가 죄인이라고 주장합니다. 그는 지금까지 한번도 관심을 가진 적이 없는 일들에 관하여 진지하게 생각하고 염려하는 척하면서, 사람들을 함부로 재판에 회부하고 있습니다마는, 이것은 장난을 하면서 진지한 척하는 것입니다. 이것이 사실이라는 것을 저는 여러분께 알려드리겠습니다. 자, 그러면 오오 멜레토스, 이 앞에 나와서 대답해 주게. 자네가 소중하게 여기는 것은, 젊은 사람들이 될 수 있는 데까지 훌륭하게 되는 것인가?

그렇소.

그러면 누가 그들을 훌륭하게 만드는지 이 분들에게 말해주게. 자네가 이런 일에 관심을 가지고 있다면, 그것을 알 테니까. 또 자네는 청년들을 부패시키는 자를 찾아내었다 하여, 나를 이 사람들 앞에 끌어내어 고소하고 있으니까. 그러면 더 훌륭하게 하는 사람은 누군지, 그 사람을 이 분들에게 알려 주게—그것 보게, 오오 멜레토스, 자네는 대답할 수 없어서 입을 다물고 있지 않은가? 그것은 부끄러운 일이야. 또 내가 말한 바와 같이, 자네가 그런 일에 전혀 관심을 가지고 있지 않는 충분한 증거라고 생각하지 않는가? 어떻든 청년들을 더 훌륭하게 하는 것은 누군지 말해 주게.

법률이오.

내가 묻는 것은 그런 것이 아니라, 법률을 먼저 알고 있는 사람이 누군가 하는 걸세.

오오 소크라테스, 그건 여기 계신 이 분들, 즉 재판관들이죠.

그건 무슨 뜻이지, 오오 멜레토스? 이 분들이 청년들을 교육할 수 있고, 더 훌륭하게 할 수 있단 말인가?

그렇소.

이 분들 전부가 그렇단 말인가, 아니면 이 분들 가운데 그런 사람도 있고 그렇지 않은 사람도 있단 말인가?

이 분들 모두가 그렇소.

여신 헤라를 두고 말하지만, 청년들을 더 훌륭하게 하는 사람이 그렇게 많다는 것은 반가운 일이군. 그럼 여기 있는 방청인들은 어떤가? 그들은 청년들을 더 훌륭하게 하는가, 혹은 안 하는가?

그들도 그렇소.

그러면 정무심의회13) 사람들은 어떤가?

그들도 그렇소.

그러면 오오 멜레토스, 국민의회14)에 모이는 사람들, 즉 민의원들도 청년들을 부패시키지는 않겠지? 그들도 모두 청년들을 훌륭하게 할 테지?

그렇소.

그리고 보면, 나를 제외하고는 모든 아테나이 사람들이 훌륭하게 하고 선하게 하는데, 나만이 부패시킨단 말이지?

바로 그게 내가 말하려던 거요.

자네 때문에 난 대단한 불행을 짊어지게 되었군. 그러면 좀 대답해 주게. 말(馬)에 대해서도 자네는 그렇게 생각하는 건가? 즉 모든 사람이 말을 훌륭하게 하는데, 누군가 한 사람만이 나쁘게 하는 걸까? 혹은 이와 정반대로, 말을 다룰 줄 아는 어떤 한 사람이나, 소수의 사람만이 말을 훌륭하게 할 수 있고, 대부분의 사람은 말과 함께 있으면서 말을 다루면 말을 나쁘게 하는 것 아닐까? 오오 멜레토스, 이것은 말에 대해서나 그 밖의 모든 동물에 대해서나 그런 것이 아닐까? 자네나 아뉘토스가 반대하건 찬성하건, 그것은 사실일세. 오직 한 사람만이 청년들을 부패시키고 다른 사람들은 모두 이익을 준다면 청년들을 위하여 매우 다행한 일일세. 어쨌든 오오 멜레토스, 자네는 지금까지 자네가 한번도 청년들의 일을 염려한 적이 없다는 것을 아주 분명히 해주었네. 그리고 나를 여기 끌어낸 바로 그 문제에 자네

---

13) 아테나이 국민은 10부족으로 나뉘는데, 각 부족마다 50명씩 모두 500명이 추첨에 의하여 선출되어 정무심의회를 구성하였다. 아테나이의 국정은 주로 이 심의회에 의하여 처리되었다.

14) 국민의회는 20세 이상의 모든 아테나이 남자로 구성되어, 나라의 중대한 문제에 관하여 토의하고 결정하였다.

가 아무 관심도 없다는 것을 분명히 보여 주고 있네.

그러나 오오 멜레토스, 또 한 가지 제우스신 앞에서 말해주게. 선한 국민들 속에서 사는 것이 좋은가, 악한 국민들 속에서 사는 것이 좋은가? 오오 친구여, 대답해 주게. 내가 묻고 있는 것은 조금도 어려운 것이 아니니까. 악한 사람들은 자기에게 가장 가까이 있는 사람들에게 어떤 해를 끼치지만, 선한 사람들은 무엇인가 선한 일을 하는 것이 아닐까?

그건 그렇소.

그러면 함께 있는 사람들로부터 도움을 받기보다는 해를 받기를 원하는 사람이 있을까? 자, 대답해 주게. 법률은 대답할 것을 명령하고 있네. 해를 받기를 원하는 사람이 도대체 있는가?

물론 없소.

그러면 자네가 지금 나를 여기에 끌어내고 있는 것은 청년들을 고의로 부패시키고 나쁘게 만들고 있는 자로서인가, 그렇지 않으면 고의로 그렇게 하지는 않는 자로서인가?

고의로 그렇게 한다고 나는 단언하오.

그러면 도대체 어떻게 되는 건가, 오오 멜레토스? 나는 이렇게 늙고 자네는 그렇게 젊은데, 자네가 나보다 그렇게도 지혜가 더 많다는 건가? 악한 사람들은 자기에게 가장 가까이 있는 사람에게 무엇인가 악한 일을 하고, 선한 사람들은 선한 일을 한다는 것을 자네는 알고 있지만, 나는 어찌나 무식한지, 함께 있는 사람들 가운데 누군가를 나쁘게 하면 그 사람으로부터 무엇인가 나쁜 일을 당하게 된다는 것도 모르고, 또 자네가 말한 것처럼, 그렇게 나쁜 일을 고의로 할 정도로 말이야. 이 점에서는, 오오 멜레토스, 나는 자네를 믿지 않네. 또 다른 어떤 사람도 믿으리라고 생각하지 않네. 오히려 나는 사람들을 부패시키지 않거나, 설사 부패시킨다 해도 고의로 그런 것은 아닐세. 따라서 자네는 이 두 가지 점에서 다 같이 거짓말을 하고 있네. 그런데 고의로 부패시키고 있는 것이 아니라면, 모르고 저지른 과실 때문에 이런 곳으로 사람을 끌어내는 것은 법이 아닐세. 오히려 개인적으로 만나서 가르쳐 주고 타일러 주는 것이 법이야. 가르침을 받으면, 고의로 하지 않는 일을 그만두리라는 것은 분명하니까 말일세. 그런데 자네는 가르쳐 주려고는 하지 않고, 오히려 나를 이런 곳으로 끌어내었는데, 여기는 징계를 받아야 할 사람이 올 곳이지, 가르침을 받아야 할 사람이 올 곳이 아닐세.

그러나 오오 아테나이 사람들이여, 제가 말한 바와 같이, 멜레토스는 크건 작건 이런 일에 관심을 가진 적이 전혀 없었음이 분명합니다. 하지만, 오오 멜레토스, 자네는 내가 청년들을 부패시키고 있다고 주장하는데, 어떻게 그렇게 하고 있단 말인가? 하기는 자네가 낸 고소장에 의하면, 내가 나라에서 믿는 신들을 믿지 말고 다이몬이라는 새로운 신을 믿으라고 가르치고 있다고 되어 있지. 이런 것을 가르침으로써 부패시키고 있다고 말하고 있는 것이 아닌가?

바로 그게 내가 말하려던 것이오.

그러면, 오오 멜레토스, 지금 우리가 이야기하고 있는 그 신들에 관해서 좀더 분명히 나와 이 분들에게 말해주게. 나는 자네가 어느 쪽을 말하려는 건지 잘 모르니까 말일세. 즉 어떤 신들은 있다고 믿을 것을 가르치고—따라서 나 스스로 신들이 있다고 믿고 있어서 순전히 무신론자가 아닌 점에서는 죄인이 아니지만—나라에서 믿는 신들이 아니라 다른 신들을 믿는 점에서 나에게 죄가 있다고 자네가 고소한 것인지, 혹은 내가 신들을 전혀 믿지 않고 또 사람들에게 그렇게 가르치고 있다고 주장하는 것인지 말이야.

그게 내가 말하는 거요. 당신은 신들을 전혀 믿지 않소.

오오 멜레토스, 놀랐는데. 무엇 때문에 그렇게 말하는 건가? 다른 사람들은 해와 달이 신들이라고 믿는데 나는 믿지 않는단 말인가?

제우스를 두고 맹세하지만, 오오 재판관들이여, 절대로 안 믿고 있소. 그는 해는 돌이고 달은 흙이라고 주장하고 있으니까요.

오오 친애하는 멜레토스, 자네가 고소하고 있는 것은 아나크사고라스[15]가 아닌가? 자네는 여기 있는 사람들이 클라조메나이의 아나크사고라스의 책에 그런 이야기가 가득 차 있다는 것을 모를 정도로 글을 모른다고 무시하는 건가? 또 청년들이 그것을 나에게서 배운다고 생각하고 있는 건가? 그런 것은 간혹 시장의 오르케스트라[16]에서 기껏해야 1드라크메면 살 수 있는 것이고, 소크라테스가 그것을 제 학설인 양 내세우면 금방 조소할 수 있는 거야. 아무튼 그것은 괴상한 학설이니까. 그런데 제우스 앞에서 묻겠는데, 자네는 나를 그렇게 생각하는가? 신이 있다는 것을 도대체 믿지 않는다고 말이야.

제우스를 두고 말하지만, 당신은 전혀 신을 믿지 않소.

오오 멜레토스, 난 자네 말을 믿을 수 없네. 그리고 내가 보기엔 자네도 믿고 있지 않아. 오오 아테나이 사람들이여, 제 생각으로는, 이 사람은 아주 불손하고 버릇이 없습니다. 그런 고소장을 낸 것도 불손

---

15) 아나크사고라스(Anaxagoras) : B.C. 5세기의 자연철학자. 페리클레스의 손님으로 아테나이에 30년 동안 체류하였다. 페리클레스의 정적(政敵)에 의하여 여기서 말하고 있는 바와 같은 천문학설 때문에 불경죄로 고소당해 아테나이를 떠났다.

16) 오르케스트라(orchēstra) : 아테나이의 시장 안에 있는 시민들의 집회나 제례 등에 사용된 장소.

하고 버릇이 없고, 젊은 탓이라고 생각됩니다. 수수께끼를 만들어 사람을 시험하고 있는 것 같으니까요. "소크라테스는 지자라고 하는데, 내가 장난삼아 속에 없는 소리를 하는 것을 알아차릴까, 그렇지 않고 내가 그를 다른 청중과 함께 끝내 속일 수 있을까?" 하고 말입니다. 왜냐하면 이 사람은 그 고소장에서 스스로 모순되는 소리를 하고 있기 때문입니다. 즉 "소크라테스는 신들을 믿지 않지만, 신들을 믿고 있으므로 이 점에서 죄인이오"라고 말하고 있는 것이나 다름없습니다. 이런 말은 장난삼아 할 수밖에 없는 말입니다.

그러면 여러분, 저는 어째서 이 사람이 이런 말을 한다고 보는지 함께 살펴보아 주세요. 그리고 오오 멜레토스, 자네는 대답해 주게. 또 여러분은 제가 처음에 말씀드린 것을 잊지 마시고, 제가 평소처럼 이야기해도 떠들지 말아 주세요.

오오 멜레토스, '사람들이 하는 일'은 있다고 믿지만 '사람들'은 없다고 믿는 사람이 도대체 있는가? 여러분, 그가 대답하게 해주세요. 그리고 자꾸 방해하지 말게 해주세요. 말(馬)이 있다는 것은 믿지 않지만, 말이 하는 일은 있다고 믿는 사람이 누가 있는가? 혹은 피리부는 사람이 있다는 것은 믿지 않지만, 피리 부는 일은 있다고 믿는 사람이 도대체 있는가? 없지. 자네가 대답하러 하지 않으니 내가 자네를 위해서 또 여기 계신 다른 분들을 위해서 대답하는 거야. 그러나 다음 물음에 대해서만은 대답해 주게. 다이몬이 하는 일은 있다고 믿지만, 다이몬이 있다고 믿지 않는 사람이 도대체 있는가?

없소.

이 사람들 앞이니 할 수 없이 대답했겠지만, 아무튼 대답해 주어 고맙네. 그런데 자네는 내가 다이몬에 관한 것을 새로운 것이건 낡은 것이건, 아무튼 믿고 있고 또 믿도록 가르치고 있다고 주장하고 있네. 이것은 자네가 고소장에서도 선서하고 있는 거야. 그러나 다이몬에 관한 것을 믿는다고 하면, 또한 내가 다이몬들을 믿고 있다는 것도 아주 필연적인 일일세. 그렇지 않은가? 확실히 그렇지. 자네가 대답을 하지 않으니, 동의한 줄 알고 하는 말일세. 그런데 우리는 다이몬들을 신들이나 신들의 아들들이라고 믿고 있지 않은가? 그런가 안 그런가?

그건 그렇소.

그렇다면 자네가 주장하고 있는 것처럼, 내가 다이몬들을 믿고 있고, 또 그 다이몬들이 어떤 신들이라고 한다면, 앞서 내가 말한 것처럼, 자네는 수수께끼를 내고 장난을 하고 있는 셈이 되지. 즉 신들을 믿지 않는 내가 다이몬들을 믿고 있으니까 또한 신들을 믿고 있다는 것이 자네 주장이지. 또 만일 다이몬들이 뉨페17)들에게서나 전설에서 그 어머니라고 하는 다른 어떤 여성들에게서 태어난 사생아들이라고 한다면, 세상에 누가 신들의 자녀들은 있지만 신들은 없다고 믿을 것인가? 이것은 마치 말이나 당나귀는 있지만 그 새끼들이 있다는 것은 믿지 않는 것처럼 기묘한 일이야. 아무튼, 오오 멜레토스, 자네가 이런 고소장을 쓴 것은 우리를 시험하기 위해서가 아니라면 나를 무슨 죄로 고소할지 정말 몰라서임이 확실하네. 또 자네가 조금이라도 지성이 있는 사람을 붙들고, 다이몬이나 신이 하는 일을 믿는 사람이 다이몬들이나 신들이나 반신(半身)들이 있다는 것은 믿지 않을 수도 있다고 설득하려 해도 절대로 할 수 없을 걸세.

그러나 오오 아테나이 사람들이여, 제가 멜레토스의 고소장에 있는

---

17) 뉨페(Nymphē) : 지위가 낮은 여신. 특히 샘(泉)의 여신이다.

바와 같은 죄인이 아니라는 데 대해서는 많은 변론이 필요치 않고, 이것으로 충분하다고 생각합니다. 하지만 앞서 제가 말한 것, 즉 많은 사람들이 저를 몹시 미워하게 되었다는 것은 아주 확실한 사실입니다. 그리고 저를 유죄가 되게 하는 것이 있다면, 그것은 멜레토스도 아뉘토스도 아닌, 바로 이것, 즉 많은 사람들의 중상과 질투입니다. 또한 이것이야말로 많은 다른 착한 사람들을 유죄로 만들었고 또 앞으로도 만들 것입니다. 결코 제가 마지막이 되지는 않을 것입니다.

하지만 다음과 같은 말을 할 사람이 있을지도 모릅니다. "그렇다면, 오오 소크라테스, 자네는 그런 일을 해오다가 지금 사형을 받게 되었는데 부끄럽지도 않은가?" 그러나 저는 당연히 다음과 같이 대답할 것입니다. "여보게, 그건 옳은 말이 아닐세. 조금이라도 쓸모가 있는 사람이라면, 무슨 일을 할 때에, 그것이 옳은 일인가 옳지 않은 일인가, 또 선한 사람이 할 일인가 악한 사람이 할 일인가 하는 것만을 생각할 것이 아니라, 또한 살게 될까 죽게 될까 하는 것도 생각해야 한다는 것이라면 말이야. 왜냐하면, 자네 말대로 하면, 토로이아에서 죽은 반신들, 특히 테티스의 아들[18]은 형편없는 자가 될 테니까. 그는 부끄러운 일을 참기보다는 차라리 그 모험을 대수롭지 않게 여겼지. 그때시 헥도오르에게 원수를 갚으려는 생각에 불타 있던 그에게, 여신인 어머니는 '내 아들아, 만일 네가 친구 파트로클로스의 원수를 갚아 헥토오르를 죽이면 너도 죽게 된다―죽음이 헥토오르 바로 다음에 너를 기다리고 있으니까'라고 말한 것으로 기억하지만, 그 아들은 죽음이나 위험을 가볍게 여기고, 또 친구를 위하여 원수도 갚지 않고 비겁하게 사는 것을 두려워하여 말하기를, '저 악한 놈에게 벌을 주고

---

[18] 아킬레우스(Achileus) : 트로이아로 원정한 헬라스 군의 으뜸가는 용장이다.

나면 당장 죽어도 괜찮아요. 뒤꼬리가 구부러진 배 곁에서 세상의 웃음거리가 되고 대지의 짐이 되고 싶지는 않아요'라고 대답했네. 설마 자네는, 그가 죽음이나 위험을 염려했다고 생각하지는 않을 테지."

왜냐하면, 오오 아테나이 사람들이여, 이것은 진리이기 때문입니다. 즉 저는 사람은 어디에 있든지 그곳이 가장 좋은 곳이라 여기든, 혹은 윗사람에 의하여 배치되든, 거기에 머물러 모험을 무릅써야 한다고 생각하기 때문입니다. 죽음이나 그 밖의 다른 어떤 것보다 먼저 수치를 염려해야합니다. 그러므로 오오 아테나이 사람들이여, 만일 제가, 저를 통솔하도록 여러분이 뽑은 상관의 명령에 의하여, 포테이다이아와 암피폴리스와 델리온에서,19) 죽음의 위험을 무릅쓰고 배치된 장소에 다른 사람들과 같이 머물러 있을 때에, 저는 생각하고 깨달았습니다. 이제 신의 명령에 의하여 지혜를 사랑하고(철학하고) 나 자신과 남들을 검토하면서 살아가게 되었는데, 이 자리에서 죽음이나 그 밖의 어떤 것을 두려워하여, 지킬 자리를 버린다면, 그것은 참으로 못마땅한 짓일 것입니다. 그리고 그런 때에는 신들이 있다는 것을 믿지 않는 자로서 저를 법정에 끌어내는 것은 정말 옳은 일일 것입니다. 신탁에 복종하지 않고 죽음을 두려워하며, 지혜가 없으면서 있다고 생각하고 있으니 말입니다. 왜냐하면, 여러분, 죽음을 두려워한다는 것은 지혜가 없으면서 지혜가 있다고 생각하는 것이기 때문입니다. 이것은 또 알지 못하는 것을 알고 있다고 생각하는 것이기 때문

---

19) 포테이다이아(Poteidaia), 암피폴리스(Amphipolis), 델리온(Dēlion)은 소크라테스가 종군한 전장의 지명이다. 포테이다이아에 출정한 것은 37세 경의 일이다. 그 때의 그의 행동은 [향연] 219e에 묘사되어 있다. 암피폴리스에 출정한 것은 47세 경이고, 델리온에 출정한 것은 45세 경이다. 이 때 그가 패퇴하는 아테나이 군의 후진을 지키면서 침착한 용기를 보여 주었던 일은 ≪향연≫ 221a 이하에 묘사되어 있다.

입니다. 왜냐하면, 아무도 죽음에 대하여 알지 못하기 때문입니다. 어쩌면 죽음은 사람에게 가장 큰 선일지도 모르는데, 사람들은 죽음이 가장 큰 해악임을 잘 알고 있다는 듯이 무서워합니다. 알지 못하면서 알고 있다고 생각하는 것은 가장 비난받을 만한 무지가 아니겠습니까? 하지만, 여러분, 저는 아마 이 점에서도 다른 많은 사람들과 다릅니다. 그리고 만일 제가 다른 사람들보다 지혜가 조금 더 있다고 주장한다면, 바로 이 점, 즉, 하데스(저 세상)에 관해서 잘 알지 못하는 만큼, 또한 그와 같이 알지 못한다고 생각하고 있는 점에서일 것입니다. 그러나 부정한 일을 하고, 신이든, 사람이든 자기보다 훌륭한 이에게 복종하지 않는 것이 악하고 추하다는 것은 알고 있습니다. 그러므로 저는 악하다는 것을, 제가 알고 있는 이 악한 일들보다도, 혹시 좋은 것일지도 모르는 것을 두려워하거나 하는 일은 결코 하지 않을 것입니다. 따라서 만일 지금 제가 이 재판에서 무죄로 석방되면, 여러분의 자녀들은 소크라테스가 가르친 일을 하게 되고 모두 아주 타락하게 되리라고 말하면서 애당초 저를 여기에 끌어 내지 말았어야 하거나 일단 끌어 낸 바에는 사형에 처해야 한다고 주장하는 아뉘토스를 신용하지 않고—여기 대하여 저에게 "오오 소크라테스, 이제 우리는 아뉘토스의 말을 듣지 않고 너를 석방한다. 단 한 가지 조건이 있다. 이제부터는 지금까지 해온 것 같은 탐구나 철학(愛知)하는 일은 그만두어야 한다. 여전히 그런 일을 하다가 붙잡히면 그때에는 사형에 처한다"라고 말하고서, 그런 조건으로—저를 석방한다 해도, 저는 여러분에게 다음과 같이 말할 것입니다. "오오 아테나이 사람들이여, 저는 여러분을 존경하고 사랑합니다. 그러나 여러분보다는 오히려 신에게 복종할 것입니다. 그리고 숨을 쉬는 한, 또 힘닿는 한,

지혜를 사랑하고 여러분에게 권하고 누구를 만나든 제 생각을 말하기를 그치지 않을 것입니다." 그때 저는 평소와 같이 이렇게 말할 것입니다. "오오 훌륭한 사람들이여, 그대는 지혜와 힘이 가장 뛰어나고 가장 명성이 높은 나라인 아테나이의 국민이면서, 어떻게 하면 더 많은 돈을 자기 것으로 만들까 머리를 쓰고, 또 평판이나 지위에 마음을 쓰고, 사려나 진리나 정신을 가장 훌륭하게 하는 것은 생각도 않고 염려도 않으니 부끄럽지 않은가?" 이에 대해 여러분 가운데 누군가가 이의를 제기하고 자신은 그런 일에 마음을 쓴다고 말한다면, 저는 그 사람이 금방 가 버리지 못하게 하고, 또 저도 그 자리를 뜨지 않고, 그에게 묻고 따지면서 그를 검토할 것입니다. 그리고 덕을 가지고 있지 않으면서 가지고 있노라 주장하고 있다고 여겨지면, 저는 가장 소중한 것을 가장 소홀히 하고, 대수롭지 않은 것을 더 귀하게 여긴다고 그를 비난할 것입니다. 저는 이 일을, 젊은이나 늙은이를 가리지 않고, 만나는 사람마다 누구에게나 할 것입니다. 또 외국 사람이나 우리나라 사람을 가리지 않고 할 것입니다. 우리나라 사람에게는, 혈연이 더 가까운 만큼 더욱 그리할 것입니다. 제가 이런 일을 하는 것은 신의 명령이기 때문입니다. 이 점을 잘 아시기 바랍니다. 그리고 저는 신에 대한 저의 이 봉사보다 여러분을 위하여 더 좋은 것은 이 나라에 일찍이 없었다고 생각합니다. 왜냐하면 제가 돌아다니면서 하는 일은, 오직 여러분 중 젊은이에게나 나이가 많은 분에게나, 될 수록 정신을 훌륭하게 하는 데 마음을 쓰고, 그보다 먼저 혹은 그와 같은 정도로 신체나 돈에 마음을 써서는 안 된다는 것을 설득하는 것뿐이기 때문입니다. 저는 여기 관해서 이렇게 말하곤 합니다. "돈에 의하여 덕이 생기는 것이 아니라, 덕에 의하여 돈이나 그 밖의 모든 것이, 개인적으로나 공적으로나 인간을 위하여 좋은 것이 생긴다" 그러므로 만일 이렇게 말하는 것이 청년들을 부패시킨다면, 그것은 해로운 것인지도 모르겠습니다. 그러나 만일 제가 그와 다른 말을 한다고 주장하는 사람이 있다면, 그것은 거짓말입니다. 저는 이렇게 말하고 싶습니다. "오오 아테나이 사람들이여, 지금까지 말씀드린 것을 잘 생각하고 나서, 아뉘토스의 말을 따르든가 말든가 하시고, 또 저를 놓아 주든가 말든가 하여 주십시오. 그러나 저는 몇 번 죽임을 당한다 해도 다른 일은 할 수 없다는 것을 알아주십시오."

 오오 아테나이의 사람들이여, 떠들지 마시고 제가 여러분에게 부탁드린 것을 지켜, 제 말을 방해하지 말고 들어 주세요. 들으시면 유익한 점도 있으리라 생각합니다.
 이제부터 여러분에게 말할 것이 또 있는데, 그것을 들으면 아마 여러분은 고함을 지를 것입니다마는, 제발 그러지 말아 주세요. 그것은 이런 것입니다. 저는 이제부터 말씀드리는 바와 같은 사람이므로, 만일 여러분이 저를 죽인다면, 여러분은 저를 해치기보다는 오히려 여러분 자신을 해치게 될 것입니다. 멜레토스나 아뉘토스도 저를 해치지는 못할 것입니다―그들에게는 그렇게 할 힘이 없습니다―왜냐하면 "저는 보다 더 나은 사람이 더 못한 사람으로부터 해를 받는다는 것은 있을 수 없는 일이다"라고 생각하기 때문입니다. 물론 사형에 처하거나 추방하거나 시민권을 박탈하거나 할 수는 있을 것입니다. 그러나 그 사람이나 다른 사람들은 그렇게 되는 일을 아주 언짢게 생각하겠지만, 저는 그렇게 생각하지 않습니다. 오히려 저는 그 사람이 지금 하고 있는 일, 즉 부정한 방법으로 사람을 죽이려 하는 일이 훨씬 더 언짢은 일이라고 생각합니다. 그러므로 오오 아테나이 사람들이여, 제가 지금 이렇게 변론하고 있는 것은 저 자신을 위한 것이라고 생각할 분이 있을지 모르겠지만, 결코 그런 것이 아니라, 오히려 여러분을 위한 것입니다. 즉 여러분이 저를 유죄로 가결함으로써, 선이 여러분에게 주신 선물에 대하여 과오를 범하지 않게 하기 위한 것입니다. 왜냐하면 여러분이 저를 사형에 처한다면, 저와 같은 사람을 쉽사리 찾지 못할 것이기 때문입니다 — 이렇게 말하는 것은 좀 우스운 일입니다마는 — 저는 신이 이 나라에 달라붙게 한 자입니다. 마치 몸집이 크고 혈통은 좋지만 그 큰 몸집 때문에 좀 둔한 말(馬)을 깨어 있게 하려면 등에(蝱)가 필요한 것처럼 말입니다. 신은 저를 이 등에처럼 이 나라에 달라붙어 있게 하여, 여러분을 깨우되, 하루 종일 어디나 따라가서 곁에 달라붙어 설득하고 비난하기를 그치지 않게 한 것이 아닌가 생각합니다. 그러므로 여러분, 이와 같은 사람이 다시 여러분에게 태어난다는 것은 매우 어려운 일일 것입니다. 또 여러분이 제 말을 믿는다면, 여러분은 저를 아낄 것입니다. 하지만 여러분은 아마, 잠자다 깨워서 일어난 사람처럼 화를 내고, 아뉘토스의 말을 믿고 저를 때리고 경솔하게 죽일 것입니다. 그리고는 만일 신이 여러분을 염려하여 누군가 딴 사람을 보내지 않는다면, 내내 자면서 여생을 보낼 것입니다. 그런데 정말 신이 저를 이 나라에 보내셨다는 것은 다음과 같은 것으로 미루어 잘 아실 것입니다. 즉 저는 오랜 세월에 걸쳐 제 일은 전혀 돌보지 않고, 또 집안일도 돌보지 않으면서, 항상 여러분의 일을 돌보고, 개별적으로 여러분을 찾아가서 마치 아버지나 형처럼 덕에 마음을 쓰도록 설득해 왔는데, 이것은 인간이 할 수 있는 일이 아닌 듯싶기 때문입니다. 그리고 만일 이런 일을 하고 무슨 이득을 얻었다든가, 그런 권고를 하고 보수를 받았다면, 여기 대해서는 이유를 붙일 수도 있을 것입니다. 그러나 사실은 지금 여러분이 직접 보고 아시는 바와 같이, 저를 고소한 사람들은 다른 일에서는 온갖 것을 파렴치하게 들추어내어 고소했습니다마는, 이 점에 대해서만은, 아무리 파렴치한 짓을 한다 해도, 증인을 세워 제가 한 번이라도 누구한테 보수를 내게 했다거나 요구했다고 말할 수는 없었던 것입니다. 이것은, 제가 제 말이 진실이라는 충분한 증거를 내놓을 수 있기 때문입니다. 그것은 곧 제가 가난하다는 것입니다.

그런데 제가 돌아다니면서 개인적으로 권고하며 남의 일에 분주하게 관여하면서도 대중 앞에 나타나서 나라를 위하여 권고하는 일을 감히 하지 않은 것이 이상하게 여겨질지도 모릅니다. 그러나 그것도 이유가 있습니다. 여러분이 저한테서 여러 번 들은 것입니다마는, 저에게는 무엇인가 신의 음성 혹은 다이몬의 음성이 들린다는 것입니다. 멜레토스는 이것을 그 고소장에서 희극화하여 썼습니다. 하지만 저에게는 이것이 어릴 때부터 시작된 것이며 어떤 음성으로 나타납니다. 그것이 나타날 때에는 언제나 제가 무엇을 하려 할 때 그 일을 하지 못하게 만류하지만, 어떤 일을 하라고 재촉하는 일은 절대로 없습니다. 바로 그것이 제가 나라 일에 관여하는 것을 반대하고 있는 것입니다. 그리고 그것이 반대한다는 것은 아주 옳은 일이라고 저는 생각됩니다. 왜냐하면, 오오 아테나이 사람들이여, 만일 제가 일찍이 나라 일에 관여하려 했다면 이미 저는 망하고 여러분이나 저 자신을 위해서 좋은 일을 전혀 못했을 것이기 때문입니다. 그리고 이제 제가 진실을 말할 때에 화를 내지 말아 주세요. 즉 여러분에 대해서나, 다른 많은 사람들에 대해서나, 그저 곧게 반대하고, 많은 부정과 위법이 나라 안에서 일어나는 것을 막으려는 사람치고 목숨을 보전한 사람은 세상에 하나도 없으며, 오히려 정의를 위하여 참으로 싸우려는 자는 잠시나마 목숨을 보존하려 한다면, 개인으로 행동해야지, 공인(公人)으로 행동해서는 안 됩니다.

저는 여기에 대한 유력한 증거를 여러분에게 내어 놓겠습니다. 그것은 그저 말이 아니라, 여러분이 소중히 여기는 것, 즉 사실입니다. 자 그러면 저에게 일어난 일을 들어 주세요. 이것을 들으시면, 제가 죽음을 두려워한 나머지 정의에 어긋나는 양보를 아무에게도 하지 않으리라는 것을, 그러나 양보하지 않으면 곧 파멸하리라는 것을 아시게 될 것입니다. 이제부터 말씀드리는 것은 법정에서 흔히 듣는 속된 이야기입니다마는, 어디까지나 사실입니다. 오오 아테나이 사람들이여, 저는 이 나라에서 지금까지 단 한 번 정무 심의회의 일원이 된 것을 제외하고는 공직에 있었던 적이 없습니다. 그리고 마침 제가 속하고 있는 안티오키스 부족이 집행부[20]의 일을 맡게 되었을 때, 여러분은 해전에서 물에 빠진 자들을 구출하지 않았다 하여 10명의 장군들을 일괄하여 재판할 것을 의결했습니다.[21] 그러나 이것은, 나중에 여러분 모두가 인정한 바와 같이, 법에 어긋나는 것이었습니다.[22] 그

---

20) 500명의 정무심의회를 구성하는 각 부족 50명의 심의원은 교대로 1년의 10분의 1의 기간, 즉 35일이나 36일 동안 집행부의 일을 맡았다. 그 임무는 심의회의 소집, 의안의 준비 등이다.

21) 펠로폰네소스 전쟁 말기(B.C. 406년)에 아르기누사이 섬 앞바다의 해전에서 아테나이는 승전했으나, 침몰한 아테나이 함선의 승무원들을 폭풍우 때문에 구조를 잘 못했다 하여 사무위원인 10명의 장군이 문책을 받았다.

22) 개별적으로 재판하지 않고 일괄하여 재판한 점, 그리고 장군들에게 법률에서 규정하고 있는 변론을 준비하고 진술할 수 있는 충분한 시간을 주지 않은 점이 위법이었던 듯하다. 10명의 군사위원 중 2명은 다른 해역에 있어서 직접적 책

때 집행부의 위원들 가운데서 오직 저만이 여러분에게 반대하고, 법에 어긋나는 일을 하지 못하게 하고, 또 반대표를 던졌습니다. 그리고 연설자들이 저를 당장 고발하고 체포하게 하려하고, 또 여러분도 그렇게 하라고 떠들어 대었습니다마는, 저는 투옥이나 사형을 두려워하여 옳지 않은 일을 제안하고 있는 여러분 편이 되느니 오히려 위험을 무릅쓰고 법률과 정의의 편을 들어야 한다고 생각하였습니다. 그 다음에는 아직 민주제가 행해지고 있던 때의 일입니다. 과두정치가 생긴 때에는, 저 30인23)이 저를 다른 네 사람과 함께 원당(圓堂)24)으로 불러, 살라미스 사람 레온25)을 사형에 처하려고 데려오라 명했습니다. 그들은 이런 일을 여러 사람에게 여러 가지로 명령했는데 이것은 될수록 많은 사람을 자기들의 범죄에 끌어 들이려 했기 때문이었습니다. 그러나 그때 저는 말이 아니라 행동으로 다시 한 번, 이렇게 말하는 것이 속되지 않다면, 죽음은 조금도 두려워하지 않고, 부정한 일이나 불의한 일을 절대로 하지 않는다는 데 아주 마음을 쓴다는 것을 보여주었습니다. 왜냐하면 그 정권은 그렇게 힘이 있었지만 옳지 못한 일을 하도록 저를 협박할 수는 없었으며, 또 우리가 원당을 물러나온 후에, 다른 네 사람은 살라미스로 가서 레온을 끌어 왔지만,

---

임이 없었고, 2명은 소환에 응하지 않았으므로 재판을 받은 것은 6명이었다. 이들이 사형당한 후 후회한 아테나이 사람들은 군사위원들을 고소한 사람들을 국민을 속인 죄로 다시 고소하였다.

23) B.C. 404년. 아테나이 패전 후, 점령군 스파르타의 무력을 배경으로 크리티아스 등 30인이 독재 정권을 수립하여, 무도하게 사람들을 죽이고 공포 정치를 하다가 8개월 만에 타도되었다.

24) 원형의 건물. 정무 심의회의 의장 근처에 있고, 혁명 후 30인 독재 정권에 의하여 점유되어 있었던 듯하다.

25) 레온(Leon) : 아테나이의 장군. 이 밖에도 많은 사람들이 30인 독재 정권에 의하여 처형되었다.

저는 집으로 가버렸기 때문입니다. 그리고 만일 그 정권이 곧 붕괴하지 않았더라면, 아마 저는 그 일 때문에 사형을 당했을 것입니다. 여기 대해서는 많은 증인을 댈 수 있습니다.

 그런데 만일 제가 공무에 종사하되 선한 사람에 합당하게 종사하여 정의를 지키고, 또 당연한 일입니다마는 이와 같이 하는 것을 가장 소중하게 여겼다면, 제가 이렇게 오랜 세월을 무사히 지내올 수 있었겠습니까? 오오 아테나이 사람들이여, 그것은 도저히 불가능한 일이며 또 다른 어떤 사람도 할 수 없는 일일 것입니다. 어쨌든 저는 전 생애를 통하여 무슨 일을 하든지 공인으로서든 또는 개인으로서든 같은 종류의 사람이었음이 드러날 것입니다. 즉 저는 정의에 어긋나는 일에 대해서는 무슨 일에 대해서나 아무에게나 양보하지 않았으며, 저를 중상하는 사람들이 저의 제자라고 부르고 있는 사람들[26]에 대해서도 양보하지 않았습니다. 그런데 저는 지금까지 한번도 누구의 선생이 되어 본 적이 없습니다. 하지만 젊은 사람이든 나이 많은 사람이든 제 본업인 이야기하는 것을 듣고 싶어 하면 누구에게나 이야기를 들려주는 것을 거절한 적이 없습니다. 또 돈을 받으면 이야기를 하고 돈을 받지 않으면 안 하는 일도 하지 않았습니다. 오히려 부자에게나 가난한 사람에게나 한결같이 질문하게 하고 또 누군가가 대답하면서 내 말을 듣고 싶어 하면, 저는 무엇이든지 이야기했습니다. 그리고 이 사람들 가운데 누가 훌륭한 사람이 되거나 되지 않거나 간에 그 책임을 저에게 지우는 것은 옳지 않습니다. 저는 누구에게도 지식을 주겠다는 약속을 한 적도 없고 가르친 적도 없으니까요. 그런데 만일 누가 저한테서 다른 누구에게서도 들어 보지 못한 것을

---

[26] 알키비아데스 같은 전쟁 책임자, 크리티아스 같은 독재 정권의 범죄 행위자를 은근히 가리키는 듯하다. 이들은 소크라테스의 영향을 받았다고 생각되었다.

개인적으로 배웠다거나 들었다고 한다면 그것은 참말이 아니라는 것을 알아주세요.

 그러나 어째서 어떤 사람들은 오랜 시간 저와 함께 있기를 좋아하는 걸까요? 오오 아테나이 사람들이여, 여러분은 그 까닭을 들으셨습니다. 저는 모든 진실을 말했습니다. 스스로는 지자라고 생각하고 있지만 사실은 그렇지 않은 사람들에게 따져 묻는 제 이야기를 듣는 것이 재미있기 때문이지요. 사실 그건 불쾌한 일이 아니에요. 하지만 감히 주장합니다마는, 그것은 신이 저에게 하라고 명하신 것입니다. 그것은 신탁과 꿈을 통해서, 또 신이 인간에게 무슨 일을 하라고 명할 때에 사용하는 온갖 방법으로 명하신 것입니다. 이것은, 오오 아테나이 사람들이여, 진실이며 또 쉽사리 검토할 수 있는 것입니다. 왜냐하면 만일 제가 정말로 청년들을 부패시키고 있고 또 예전에 부패시켰다면, 그 중에서는 젊었을 때 저에게서 무슨 나쁜 짓을 권유받았다는 것을 나이 들어서 깨닫는 사람이 있을 것이고, 이런 사람은 지금 여기 나와서 저를 고소하고 복수할 것이기 때문입니다. 만일 그 사람 자신이 그렇게 하기를 원치 않는다면, 그 집안의 누군가가, 즉 아버지나 형제나 그 밖의 친척이나 자기 집안사람이 저한테서 무슨 해악을 받았으면, 지금 드러내 놓고 복수해야 할 것입니다. 아무튼 제가 보기에 여기에는 그럴 사람이 많이 와 있습니다. 우선 저기, 크리톤이 있군요. 그는 저와 동갑이고 또 같은 구 주민이며 여기 있는 크리토부울로스의 아버지입니다. 그 다음엔 스페토스 구의 뤼사니아스인데, 여기 있는 아이스키네스의 아버지입니다. 또 저기에는 게피시아 구의 안티폰이 있는데, 에피게네스의 아버지입니다. 그 밖의 형제들, 아까 제가 말씀드린 바와 같이 함께 시간을 보낸 사람들이 와 있습니다. 즉 니코스트라토스가 와 있는데, 그는 테오조티도스의 아들이고 테오도토스의 형제입니다—이 테오도토스는 이미 죽었으므로, 자기 형제에게 부탁하여 고소를 그만두게 하지는 못할 것입니다—그리고 이쪽에는 파랄리오스가 와 있는데, 데모도코스의 아들이며, 테아게스의 형제였지요. 또 이쪽에는 아데이만토스가 있는데, 아리스톤의 아들이요, 그 형제는 플라톤입니다. 또 아이안토도오로스도 와 있는데, 이쪽에 있는 아폴로도로스가 그의 형제입니다. 이 밖에도 많은 사람을 저는 여러분에게 말할 수 있습니다마는, 멜레토스는 그 중 누군가를 증인으로 내세우는 것이 제일 좋았을 것입니다. 만일 그 때 잊고 있었다면, 지금 내세워도 좋습니다—저는 발언권을 양보하겠습니다—만일 그런 것이 있다면 말해 주기 바랍니다. 그러나 여러분, 여러분은 그와 정반대되는 것을 볼 것입니다. 이 분들은 모두 저를 도와주고 싶어서 온 것입니다. 멜레토스와 아뉘토스의 주장에 의하면, 저는 그들에게 해악을 끼치고 그들의 집안사람들에게 악한 일을 했다는데 말이에요. 해악을 입은 사람이 도와주러 왔다면 그만한 이유가 있을 것입니다. 그러나 해악을 입지 않은 사람들, 이미 나이가 많이 든 분들, 즉 저들의 친척들은 다른 무슨 이유로 저를 도와 주려는 걸까요? 그것은 오직, 멜레토스는 거짓말을 하고 저는 참말을 하고 있다는 것을 잘 알고 있다는 정당하고도 옳은 이유 때문이 아닐까요?

 그러면 여러분, 이쯤에서 그치기로 하지요. 제가 변론할 수 있는 것은 대체로 이런 것이며, 더 말한다 해도 아마 이와 비슷할 것입니다. 하지만 여러분 가운데에는 자기 자신의 경우를 생각하고 화를 낼 분이 있을 것입니다. 이보다 작은 소송을 걸고 싸울 때에도 될수록 많은 동정을 받기 위해 많은 눈물을 흘리고, 자신의 아이들과 집안사람들과 친구들을 많이 법정에 출석시켜, 재판관들에게 애걸하고 탄원하는데, 저는 그런 일을 일체 하려 하지 않을 뿐더러, 아주 큰 위험에 처해 있는 것 같은데도 그렇게 하지 않습니다. 그래서 이런 것을 생각하고 저에 대해서 마음이 굳어지고 또 이 때문에 화가 나서, 노여워하면서 투표하는 사람도 있을 것입니다. 만일 여러분 중에 이런 생각을 가진 분이 있다면—그렇지 않기를 바랍니다마는, 만일 그런 분이 있다면—그런 분에게 저는 다음과 같이 말하는 것이 좋지 않을까 생각합니다. "저에게도 가족이 몇 사람 있습니다. 호메로스의 말처럼 저도 '참나무에서도 아니고 돌에서도 아니고' 사람에게서 태어났으니까요. 이렇게 저에게도 가족이 있는데, 오오 아테나이 사람들이여, 더군다나 아들이 셋 있습니다. 하나는 이미 청년이고, 둘은 아직 어립니다. 그러나 저는 그 중 누구도 여기에 데려다가 여러분으로 하여금 저를 무죄로 하게 하는 투표를 하도록 간청하게 하지는 않을 것입니다." 그러면 왜 저는 그런 일을 전혀 하지 않는 것일까요? 오오 아테나이 사람들이여, 그것은 제가 완고해서도 아니고, 여러분을 경멸해서도 아닙니다. 다만, 죽음에 직면하여 담대하고 안 하고는 별 문제로 하고, 아무튼 세상의 평판을 생각할 때, 저를 위해서나 여러분을 위해서나 또 나라 전체를 위해서나, 제가 이 나이에, 또 정말이건 거짓말이건 그런 이름27)을 가지고 있는 처지에, 그런 일은 안 하는 것이 좋아 보이기 때문입니다. 세상에는 소크라테스가 대부분의 사람보다 어떤 점에서 뛰어났다고 생각하고 있으니 말입니다. 만일 여러분 가운데 지혜나 용기나 다른 어떤 덕이 뛰어나다고 여겨지는

---

27) 지자(知者, 智者)라는 이름.

사람이 그런 일을 한다면, 그것은 부끄러운 일이라 하겠습니다. 저는 그런 일을 하는 사람을 많이 보았습니다. 일단 재판을 받게 되면, 대단한 인물로 여겨지던 사람이 어처구니없는 짓을 하는 걸 말입니다. 그들은 사형당하지만 않는다면 마치 불사신이라도 되는 것으로 생각하고, 사형당하는 것을 무슨 큰 변이라도 당하는 것으로 생각하고 있는 것입니다. 저는 이런 사람들이 나라에 창피를 준다고 생각합니다. 외국에서 온 사람들 가운데도, 아테나이 사람들 중에 덕이 뛰어나 국민들에 의해 선출되어 국가의 요직과 그 밖의 명예로운 자리에 앉혀졌으나 사람들이 부녀자와 조금도 다를 바 없다고 생각되는 사람이 있을 것입니다. 오오 아테나이 사람들이여, 여러분이 조금이라도 명성이 있는 사람들이라면 그런 일을 해서는 안 됩니다. 또 우리가 하려 해도 내버려 두어서도 안 됩니다. 오히려 여러분은 그런 가엾은 시늉을 하여 나라를 웃음거리로 만드는 자를 조용하게 행동하는 사람보다 훨씬 더 무거운 죄로 처벌한다는 것을 분명히 보여 주어야 합니다.

 또 여러분, 평판은 잠깐 제쳐놓더라도, 재판관들에게 청탁하거나 무죄로 해달라고 부탁하는 것은 옳은 일이 아니고, 오히려 가르치고 설득하는 것이 옳은 일이라고 생각합니다. 왜냐하면 재판관이 그 자리에 앉아 있는 것은 누구를 편들기 위해서가 아니라, 옳고 그름을 판별하기 위해서이기 때문입니다. 그리고 그는 자기가 좋아하는 사람 편을 들지 않고 법률에 따라 재판할 것을 서약한 것입니다. 그러므로 우리도 여러분에게 서약을 깨는 습관을 붙이게 해서는 안 되고, 또 여러분 스스로도 그런 습관을 붙여서는 안 됩니다. 그렇게 하면 우리는 누구나 신을 공경하지 않는 것이 되기 때문입니다. 그러므로 오오 아테나이 사람들이여, 제가 훌륭하다고도 옳다고도 또 경건하다고도 생각하지 않는 일을 하라고 요구하지 마세요. 특히 저는 여기 있는 멜레토스에 의하여 고소되고 있으니, 제발 그런 요구를 하지 마세요. 왜냐하면 만일 제가 여러분에게 부탁하여 모처럼 여러분이 서약을 하고 있는데, 여러분을 설득하거나 무리한 일을 하게 한다면, 그것은 분명히 신들을 믿지 말라고 가르치는 것이며, 또 변론을 하고 있으면서 사실은 신들을 믿지 않는 자로 자기 자신을 고소하는 셈이 되기 때문입니다. 그러나 이런 일은 도저히 있을 수 없는 일입니다. 왜냐하면, 오오 아테나이 사람들이여, 저는 신들을 믿고 있으니까요. 저는 저를 고소하고 있는 누구 못지않게 신들을 믿고 있습니다. 그리고 여러분에게나 저에게 가장 좋은 일이 되도록 저를 판결해 줄 것을 스스로 여러분과 신에게 맡기고 있습니다.[28]

오오 아테나이 사람들이여, 여러분이 저를 유죄로 표결한 이 결과에 대하여 제가 분개하지 않는 데에는 여러 가지 이유가 있습니다마는, 특히 저는 이렇게 될 것을 짐작하고 있었습니다. 저는 오히려 쌍방의 표차에 더 크게 놀라고 있습니다. 저는 그 차가 그렇게 근소하지 않고 훨씬 크리라고 생각하고 있었으니까요. 만일 30표만 다른 쪽에 던져졌더라면, 보시다시피, 저는 무죄가 되었을 것입니다. 그러므로 멜레토스에 대하여는, 저는 지금도 무죄라고 생각합니다. 무죄일 뿐더러, 만일 아뉘토스와 뤼콘이 저를 고소하기 위하여 나타나지 않았더라면, 멜레토스는 투표수의 5분의 1을 얻을 수 없어서, 1천 드라크메의 벌금을 물어야 했을 것이 분명합니다.[29]

---

[28] 이 말이 끝난 다음, 유죄인가 무죄인가가 투표에 의하여 결정되었다. 유죄 280표, 무죄 220표였다.

[29] 소크라테스가 유죄라고 한 280표는 법적으로는 원고 멜레토스 한 사람의 득표

그런데 이 사람은 저에게 사형을 구형하고 있습니다. 좋습니다. 오오 아테나이 사람들이여, 그러면 저는 여기 대하여 어떤 형을 제의해야 할까요?30) 물론 적절한 형이어야 한다는 것은 분명한가요? 그러면 그것은 무엇일까요? 일생 동안 가만히 있지 않고, 대부분의 사람들과는 달리, 돈을 버는 일과 집안일과 군대를 지휘하는 일과 민중을 지도하는 일과 그 밖에 관직을 얻는 일과 정당에 들어가 활동하는 일 등 나라 안에서 일어나는 일에 관심을 가지지 않은 데 대하여 어떤 형을 받고 벌금을 얼마나 무는 것이 적절할까요? 이런 일에 관심을 두지 않는 것은 제가 이런 일에 관여하기에는 너무 정직하여 목숨을 보전할 수 없으리라 생각했기 때문입니다. 그래서 여러분이나 저 자신에게 아무 이익이 없는 곳에는 가지 않고, 제가 가면 최대의 이익을 각자에게 줄 수 있으리라 생각되는 곳에 간 것입니다. 즉 여러분 한 사람 한 사람에게, 될 수록 자신을 훌륭하게 하고 사려 깊은 자가 되게 하는 일에 마음을 써야지, 그보다 먼저 자기에 속하는 것들에 마음을 써서는 안 되며, 나라 자체보다 나라에 속하는 것들을 돌보아서는 안 되며, 또 다른 일에도 이와 같이 마음 쓰라고 설득하려 한 것입니다—이런 제가 어떤 형을 받는 것이 적절할까요? 오오 아테나이 사람들이여, 만일 정말 적절한 판정을 받는다면, 그것은 무엇인가 좋은 것이어야 합니다. 그리고 그것은 저에게 어울리는 것이어야 합

---

가 되지만, 변호인 아뉘토스와 뤼콘을 역시 원고로 본다면, 멜레토스만의 득표수는 약 93표가 되고 500표의 5분의 1에 못 미친다. 경솔한 소송을 하지 못하게 하기 위하여 원고가 전 투표수의 5분의 1을 얻지 못하면 1천 드 라크메의 벌금을 물게 되어 있었다.

30) 소송의 종류에 따라 형량이 처음부터 정해져 있는 경우가 있고, 정해져 있지 않고 재판관이 정하는 경우가 있었다. 소크라테스의 경우, 불경에 대한 소송은 후자에 속하는 것이었다. 원고가 먼저 형량을 제의하고, 다음에 피고가 다른 형량을 제의한 후 재판관이 그 중 하나를 택하게 되어 있었다.

니다. 그러면 가난하지만 여러분에게 잘 한, 그리고 여러분을 격려하기 위해서 짬이 있어야 하는 사람에게 무엇이 어울립니까? 오오 아테나이 사람들이여, 이런 사람에게는 프뤼타네이온에서 향응을 받는 것 이상 어울리는 것이 없습니다.31) 이것은 여러분 중 누군가가 올림피아 경기에서 두 필이나 네 필의 말로 승리를 얻고 그런 향응을 받는 것보다 훨씬 더 어울리는 일입니다. 왜냐하면 그 사람은 여러분을 행복해 보이게 할 뿐이지만, 저는 정말 행복하게 하기 때문입니다. 또 그 사람에게는 먹을 것을 줄 필요가 없지만 저는 필요합니다. 그러므로 만일 제가 옳게 저에게 어울리는 형의 판정을 구한다면, 그것은 다름 아니라, 프로타네이온에서 향응을 받는 것입니다.

 아마 여러분에게는 제가 이렇게 말하는 것이 앞서 애원와 탄원에 관해서 말했던 때처럼, 건방진 일로 여겨질 것입니다. 하지만, 오오 아테나이 사람들이여, 그런 것은 아니고 다음과 같은 까닭이 있습니다. 저는 어떤 사람에게도 고의로 나쁜 일을 하지는 않는다고 확신하고 있지만, 여러분을 설득하지 못하고 있습니다. 우리가 서로 대화한 시간이 적었기 때문입니다. 만일 여러분에게도, 다른 나라 사람들32)처럼, 사형에 관해서는 단 하루가 아니라 여러 날 두고 재판하는 법률이 있었다면, 여러분을 설득할 수 있었을 것입니다. 하지만 지금 이렇게 짧은 시간에 큰 중상을 해소한다는 것은 쉬운 일이 아닙니다. 그런데 제가 옳지 않은 일을 당할 만하다고 하고, 또 어떤 처벌을 청하여, 저 자신에게 옳지 않은 일을 한다는 것은 말도 안 되는 일입니

---

31) 프로타네이온(Protaneion) : 국가의 중심이 되는 건물. 개인의 집 중심에 화로(火爐)가 있듯 이 건물 안에는 공공의 화로가 있어, 여기서 외국 사절, 자기 나라의 공로자, 올림피아의 우승자 등을 위한 공식 향응을 베풀었다.

32) 스파르타 사람들을 가리키는 듯하다.

다. 어째서 제가 그래야 합니까? 멜레토스가 저에게 구형하고 있는 것을 받지 않으려고 그런다구요? 그것[33]이 좋은 것인지 나쁜 것인지 저는 알지 못하는데 말입니다. 대신에 나쁘다는 것을 잘 알고 있는 어떤 것을 하나 선택하여 벌을 내려 달라고 해야 할까요? 투옥은 어떨까요? 이렇게 되면 저는 형무소에서 해마다 임명되는 11인 위원[34]의 종노릇을 하면서 목숨을 부지해야 하는데, 어째서 그런 일을 당해야 합니까? 혹은 벌금과, 그것을 물 때까지의 구류일까요? 그러나 이것은 제가 아까 말씀드린 바와 같은 것입니다. 저에게는 벌금을 물 돈이 없으니까요. 그러면 국외 추방을 구형할까요? 아마 여러분은 그것을 선고할 겁니다. 그러나 오오 아테나이 사람들이여, 제가 그것을 선택한다면 저는 목숨을 끔찍이 아까워하는 사람이 됩니다. 여러분은 저와 같은 국민인데도, 제가 평소에 하는 일과 말하는 것을 참고 견딜 수가 없게 되었고, 또 그것들이 여러분에게 골칫거리가 되고 역겨운 것이 되어, 그것들로부터 지금 해방되려고 애쓰고 있다는 것을 생각할 수 없을 정도로 제가 어리석어서 말이에요. 외국 사람들은 그런 것들을 참고 견딜 수 있을까요? 오오 아테나이 사람들이여, 그것은 도저히 있을 수 없는 일입니다. 이 나이에 국외로 추방되어 이 나라에서 저 나라로 쫓겨 다니면서 사는 것은 저에게는 좋은 일일지도 모르겠습니다. 왜냐하면 어디를 가나 여기서와 마찬가지로 청년들이 제 말에 귀를 기울일 줄 알고 있기 때문입니다. 그리고 만일 제가 그들을 쫓아 버리면, 그들은 어른들을 종용하여 자진해서 저를 쫓아 버릴 것입니다. 그런데 제가 그들을 쫓아 버리지 않으면 그들의 부모와

---

33) 즉, 죽음.

34) 11인의 형무 위원. 해마다 10부족으로부터 1명씩 선출되는데 서기 1명을 두고 감옥에 갇힌 사람들의 감독과 사형 집행 등의 일을 맡았다.

친척들이 그들을 위하여 저를 쫓아낼 것입니다.

그러면 이렇게 말할 분이 있을 것입니다. "오오 소크라테스, 당신은 이곳을 떠나 침묵을 지키며 조용히 살아갈 수 없소?"라고 말입니다. 그런데 이것이야말로 설득하기가 가장 힘든 것입니다. 왜냐하면 그렇게 하는 것은 신에게 복종하지 않는 것이므로, 조용히 있을 수 없다고 제가 말해도 여러분은 농담하는 줄 알고 저를 믿지 않기 때문입니다. 또 덕과 그 밖에 제가 이야기하면서 저 자신과 남들을 검토하고 있는 것들에 관해서 매일 이야기하는 것이 인간에게 최대의 선이며, 검토함이 없는 생활은 인간다운 생활이 아니라고 말하면, 여러분은 저를 더욱 믿지 않을 것입니다. 여러분, 이것은 제가 말한 대로입니다마는, 이것을 믿게 하기는 쉬운 일이 아닙니다. 또 저는 자신이 어떤 언짢은 일을 당할 만하다고 생각한 적이 없습니다. 저에게 돈이 있었다면, 제가 낼만한 돈을 벌금으로 내겠다고 제안할 것입니다. 이것은 저에게 조금도 해로울 것이 없으니까요. 다만 제가 낼 수 있는 금액을 내도록 해준다면 말입니다. 아마 은 1므나라면 낼 수 있겠습니다. 그러면 이것을 벌금으로 낼 것을 제의합니다.

그런데, 오오 아테나이 사람들이여, 플라톤과 크리톤과 크리토부울로스와 아폴로도오로스가 지금 여기 와서 30므나를 벌금으로 내겠다고 말하라고 하면서 자기들이 보증을 서겠다고 합니다. 그러면 이 금액을 내도록 하겠습니다. 이 돈에 대하여는 이 사람들이 보증인이 될 것입니다. 아주 신용할 수 있는 사람들이지요.35)

오오 아테나이 사람들이여, 이 짧은 시간으로 해서 여러분은 이 나

---

35) 이 말이 끝나고 형량에 대한 표결이 있었다. 이때에는 사형에 처하라는 표가 첫 번 투표 때보다 80표 더 많았다. 따라서 360표 대 240표로 사형이 확정된 것이다. 재판은 이것으로 끝났다.

라를 나쁘게 말하려는 사람들로부터 현명한 사람 소크라테스를 죽였다는 악명을 얻고 비난을 받을 것입니다―제가 현명하지 않아도, 여러분을 비난하려는 사람들은 저를 현명한 사람이라 할 것입니다. 여러분이 조금만 기다렸더라면, 여러분이 바라는 일이 저절로 생겼을 것입니다. 보시다시피, 저는 이미 나이가 많아 죽음이 가까우니까요. 저는 이것을 여러분 전부에게가 아니라 저에게 사형을 표결한 사람들에게 말하고 있는 것입니다. 저는 이 사람들에게 또 한 가지 다음과 같은 것을 말하렵니다. 오오 아테나이 사람들이여, 아마 여러분은 제가 말이 부족하여 패소했다고 생각하고 있을 것입니다. 즉 무슨 소리라도 하고 무슨 짓이라도 해서 무죄로 석방되어야겠다고 생각했더라면 그것을 이용하여 여러분을 설득했을 말이 모자라 패소했다고 말이에요. 그렇지는 않습니다. 제가 패소한 것은 부족 때문이기는 해도 말의 부족 때문이 아니라 후안무치의 부족 때문이며, 또 여러분이 가장 듣기 좋아하는 것을 말하려 하지 않았기 때문입니다―즉 제가 울부짖고 슬퍼하고 또 이 밖에 저에게 어울리지 않는다고 제가 주장하는 많은 것을 하거나 말하지 않았기 때문입니다. 바로 이런 것들은 여러분이 다른 사람한테서 늘 듣고 있던 것입니다. 그러나 전에도 저는 위험하다고 해서 비루한 짓을 해서는 안 된다고 생각했습니다마는, 지금도 이와 같이 변론한 것을 후회하지 않습니다. 남들처럼 변론하고서 살기보다는 이와 같이 변론하고서 죽는 것이 훨씬 낫습니다. 왜냐하면 재판에서나 전쟁에서나, 저도 그렇고 다른 사람들도 그렇습니다마는, 무슨 짓을 해서라도 죽지만 않으려고 궁리해서는 안 되기 때문입니다. 싸움터에서 그저 죽지만 않으려면 무기를 버리고 쫓아오는 사람에게 목숨을 살려 달라고 애걸하면 되지요. 또 그밖에 어떤 위험을 당하든지 경우에 따라 무슨 짓이라도 다 하고 무슨 말이나 다 한다면, 죽음을 면할 수단은 얼마든지 있습니다. 여러분, 어려운 것은 죽음을 면하는 것이 아닌 것입니다. 오히려 비열함을 면하는 것이 훨씬 더 어렵습니다. 비열함은 죽음보다 발이 빠르니까요. 그리고 지금 저는 늙고 발이 느려, 느린 것(즉 죽음)한테 붙들렸지만, 저를 고소한 사람들은 영리하고 재빨라, 빠른 것(즉 비열함)한테 붙들렸습니다. 그리고 지금 저는 여러분의 사형 판결을 받고 이 자리를 떠나려 하고 있습니다마는, 그들은 진리에 의하여 흉악과 부정의 죄가 있다는 판결을 받고 이곳을 떠납니다. 저는 이 판결에 복종해야 합니다마는 그들도 이 판결에 복종해야 합니다. 아마 일은 이렇게 되도록 되어 있었을 것입니다. 그리고 저는 이렇게 되는 것도 괜찮다고 생각합니다.

그러면 다음에는 유죄 투표한 분들에게 예언을 하려 합니다. 저는 지금 예언을 제일 잘 하는 시기에 이르렀으니까요. 즉 바야흐로 죽으려는 시기에 이르고 있습니다. 저에게 사형을 판결한 여러분, 여러분에게 저는 다음과 같이 주장합니다. 여러분은 제가 죽은 후 곧 징벌을 받을 것입니다. 제우스신에 맹세코, 그것은 여러분이 저를 사형에 처함으로써 가한 것보다 훨씬 더 견디기 어려운 형벌일 것입니다. 왜냐하면 여러분은 생활에 대한 검토에서 빠져 나오려고 지금 이런 일을 했을 테지만, 제 생각으로는 그 결과는 아주 다른 것이 되기 때문입니다. 여러분을 검토하게 될 사람은 더욱 많아질 것입니다. 지금까지 제가 그들을 억제하고 있었으므로 여러분은 그들을 알지 못하고 있었습니다. 그들은 젊으므로 그만큼 더 매섭고, 따라서 여러분은 더 불쾌하게 생각하게 될 것입니다. 왜냐하면 만일 여러분이 사람을 죽임으로써 여러분이 옳게 살고 있지 않다는 비난을 막을 수 있다고 생각한다면, 그것은 좋은 생각이 아니기 때문입니다. 이렇게 벗어나는 것은 쉬운 일도 아니고, 훌륭한 일도 아닙니다. 남들을 막으려 하지 않고, 오히려 자기 자신을 될 수록 좋은 사람이 되게 하여 벗어나는 것이 훨씬 더 훌륭하고 쉬운 일입니다. 이것이 저에게 유죄 판결을 내린 사람들에 대한 제 예언입니다. 그들과는 이것으로 작별하기로 하죠.

 무죄 투표해 주신 분들과는 지금 여기서 일어난 일에 관하여, 관원들이 준비하는 동안, 그리고 제가 죽어야 할 곳36)에 가게 될 때까지 이야기하고 싶습니다. 어쨌든 여러분, 그 동안 제 곁에 머물러 주십시오. 허락된 시간 동안은 서로 이야기해도 괜찮으니까요. 저는 여러분을 친구로 보고, 지금 저에게 일어난 것이 도대체 무슨 의미가 있는 것인지 알려주고 싶습니다. 오오 재판관들37)이여—여러분들이야말로 재판관이리는 말을 정당하게 사용할 수 있는 분들이기에 이렇게 부릅니다마는—저에게는 아주 이상한 일이 생겼습니다. 즉 다이몬의 예언이 지금까지 전 생애를 통하여 자주 나타나서 제가 하려는 일이 옳지 않을 때에는, 그것이 아무리 사소한 일이라 하더라도 반대하곤 했습니다. 그런데 이번에 저에게 일어난 일은, 여러분이 보시는 바와 같이, 재앙 중에서도 가장 큰 것이라 할 수 있고 또 세상에서 흔히 그렇게 생각되고 있는 것입니다. 그런데 오늘 아침 집을 나올 때나, 여기 와서 법정에 들어서려 할 때나, 또 변론하면서 무엇인가를 말하려 할 때에도, 그 신은 반대하지 않았습니다. 다른 경우에는 말

---

36) 형무소.

37) 여기서 처음으로 '재판관'이라는 말을 쓰고 있다.

하는 도중에 말을 막았습니다. 하지만 이번 이 사건에서는 행위에 대해서나 말에 대해서나 저에게 반대하지 않았습니다. 그 이유는 무엇일까요? 제가 생각하고 있는 것을 말씀드리지요. 이번 일은 저에게 좋은 일인 것 같습니다. 우리가 죽음이 나쁜 것이라고 생각한다면, 그런 생각은 모두 옳지 않은 것입니다. 여기 대해서는 저에게 일어난 일이 큰 증거가 됩니다. 왜냐하면 제가 하려 한 일이 무엇인가 좋은 것이 아니었더라면, 자주 저에게 나타나는 그 반대 신호가 오지 않았을 리 없기 때문입니다.

그러면 한번 이렇게 생각하여, 죽음이 좋은 것일 수 있는지 살펴봅시다. 죽음이란 다음 두 가지 중 하나입니다. 즉 아무 것도 없는 무(無)로서, 죽은 사람은 아무 감각도 없든가, 혹은 전설38)에서 말하는 것처럼, 일종의 전생(轉生)으로 영혼이 이 세상에서 딴 곳으로 옮겨가는 것입니다. 그리고 만일 그것이 아무 감각도 없게 되는 것이요 깊이 잠들어 꿈조차 없는 잠이라고 한다면, 죽음은 그야말로 굉장한 소득일 것입니다—제 생각으로는, 누군가가 꿈도 꾸지 않고 깊은 잠을 잔 밤을 골라내어, 자기 생애의 다른 밤이나 낮과 비교하여 살펴보고, 그 밤보다 더 행복하고 더 즐겁게 산 밤과 낮이 지금까지 얼마나 있었던가 말해야 한다면, 보통 사람은 물론이고, 저 페르샤의 대왕39)도 그런 밤이 셀 수 있을 정도로 적음을 발견할 것이기 때문입니다. 아무튼 죽음이 이런 것이라면, 저는 소득이라고 말하겠습니다. 그 모든 시간이 그런 것이라면 죽음은 단 하룻밤보다도 길지 않아 보이니까요. 그러나 또 만일 죽음이라는 것이 이 세상으로부터 딴 곳으

---

38) 오르페우스(Orpheusry)교나 피타고라스 학파의 윤회설을 말하는 듯하다.
39) 그리스에서는 페르샤 대왕이 세속적 행복을 대표하는 인물로 생각되었다.

로 가는 여행과 같은 것이며, 죽은 자는 누구나 그곳으로 간다는 전설이 사실이라면, 오오 재판관들이여, 이보다 더 좋은 일이 어디 있겠습니까? 만일 자칭 재판관인 이 사람들로부터 해방되어, 하데스로 가서 거기서 재판하고 있다고들 말하는 진짜 재판관들, 즉 미노스와 라다만튀스와 아이아코스와 트리프톨레모스40)와 그밖에 옳은 자였음을 드러내는 반신들을 볼 수 있다면, 이 여행이 과연 시시한 것일까요? 혹은 또 오르페우스와 무우사이오스와 헤시오도스와 호메로스41)와 함께 있게 되기 위해서라면, 아무리 많은 것을 지불해도 아까워하지 않을 사람이 여러분 가운데는 있지 않습니까? 만일 그것이 사실이라면 저는 몇 번이라도 죽고 싶습니다. 그곳에서 지내는 것은 굉장히 좋은 일일 테니까요. 특히 팔라메데스나 텔라몬의 아들 아이아스42)나 그 밖에 옛날 사람으로서 부당한 재판을 받고 죽은 사람들을 만나 제가 당한 재난과 그들이 당한 재난을 비교해 볼 때 그럴 것입니다─이것은 불쾌한 일이 아닐 거라고 생각합니다. 그리고 가장 유쾌한 일은, 이 세상 사람들과 마찬가지로 저 세상 사람들을 검토하

---

40) 미노스(Minōs) : 제우스와 에우로파의 아들로서 크레테 왕이며 라다만튀스(Radamanthus)는 그 동생이다. 아이아코스(Aiakos)는 제우스와 아이기나의 아들로서 아이기나 왕이고 이들은 모두 생전에 공정하고 경건함 입법자였으므로 죽어서 저 세상의 재판관이 되었다고 전하여진다. 트리프톨레오스(Triptolemos)는 오곡을 풍성하게 해주는 여신 데메테르에게 농사짓는 법을 배운 반신인데, 용이 이끄는 수레를 타고 엘레우시스의 주민에게 그 방법을 가르쳐 주었다고 하며, 죽은 자의 재판관이 되었다고 전하여진다.

41) 모두 시인이다.

42) 팔라메데스(Palamēdes)는 오뒷세우스가 트로이아 전쟁에 참가하지 않으려고 미친 척 하고 있는 것을 간파하고 참가하지 않을 수 없게 한 일 때문에, 오뒷세우스에게 복수당하여 트로이아 측과 내통했다는 죄로 죽음을 당하였다. 아이아스(Aias)는 아킬레우스 다음 가는 용장으로 아킬레우스가 죽고 그 유품의 분배 과정에서 오뒷세우스와 싸워 패했는데, 그것이 부정한 표결 때문이라고 믿고 미쳐서 자살하였다.

고, 그 중 누가 지자이고 또 누가 스스로 지자인 줄 알고 있지만 사실은 그렇지 않은가 조사해 보는 일일 겁니다. 오오 재판관들이여, 트로이아로 대군을 이끌고 갔던 사람43)이나 오뒷세우스나 시쉬포스44)나 그 밖의 무수한 남녀를 검토할 수 있다면 무엇을 내놓기를 아까워하겠습니까? 저 세상에서 그 사람들과 이야기하고 교제하고 검토하는 것은 더할 나위 없는 행복일 테니까요. 어쨌든 저 세상 사람들은 이런 일을 한다고 사형에 처하지는 않을 것입니다. 왜냐하면 저 세상 사람들은 다른 점에서도 이 세상 사람들보다 더 행복하지만, 전설이 사실이라면, 이미 저들은 불사(不死)이기 때문입니다.

그러나 오오 재판관들이여, 여러분도 죽음에 대하여 좋은 희망을 품어야 할 것입니다. 그리고 이 한 가지, 즉 착한 사람에게는 살아서나 죽어서나 나쁜 일이 하나도 없고 또 무슨 일을 하든지 신들의 배려를 받지 않는 법이 없다는 것을 진리로 알고 마음에 새겨두어야 하겠습니다. 제가 당하고 있는 일도 지금 우연히 생긴 것이 아닙니다. 이미 죽어 귀찮은 일로부터 해방되는 것이 더 좋다는 것은 분명합니다. 이런 까닭에 저 신호는 어디서나 저를 막지 않았고, 또 저는 유죄 투표한 사람들이나 고소한 사람들에게 조금도 화낼 생각이 없습니다. 하지만 그들은 이런 일을 생각하여 저를 유죄로 판결하거나 고소한 것이 아니라, 오히려 해치려고 생각했던 것입니다. 여기 대해서 그들은 비난받아 마땅합니다. 그러나 그들에게 저는 한 가지를 부탁합니다. 여러분, 제 자식들이 장성하여 어른이 되거든, 제가 여러분을 괴롭힌

---

43) 트로이아 원정군 총사령관 아가멤논이다.

44) 시쉬포스(Sisypos) : 전설에 의하면, 코린토스의 왕으로 오뒷세우스와 같이 간교한 지혜를 가진 대표자인데 사후 저 세상에서 영원의 형벌을 받고 있다고 한다.

것과 같은 일로 저들을 괴롭혀서 복수해 주세요. 즉 저들이 덕보다도 돈이나 그 밖의 다른 것에 먼저 머리를 쓴다고 생각되거든, 또 아무 것도 아닌데 무엇이 되기라도 한 것처럼 생각하거든, 제가 여러분에게 한 것처럼 마음을 써야 할 일에는 마음을 쓰지 않고, 아무 것도 아니면서 잘난 줄 알고 있다고 꾸짖어 주세요. 여러분이 그렇게 해주시면, 저 자신이나 제 자식들은 여러분에게 옳은 대접을 받는 것이 되겠습니다. 그러나 이미 시간이 다 되어 떠날 때가 되었습니다. 저는 죽기 위하여, 여러분은 살기 위하여. 그러나 우리 중 어느 쪽이 더 좋은 곳으로 가는지, 신만이 알 것입니다.

# 크 리 톤

어떻게 행동할 것인가?

## 대화하는 사람

**소크라테스**

**크리톤**(Kritōn) 소크라테스와 어렸을 때부터의 친구. 부유하고 강직한 농민.

## 곳

소크라테스가 변명을 한 **법정**에서 가까운 감옥 안.

## 때

재판이 끝나고 약 한 달 후.

---

≪파이돈≫의 첫 머리에 언급된 바와 같이, 델로스 섬의 아폴론 신에게 제사(祭使)를 태워 보낸 배가 돌아오면 소크라테스의 사형이 집행되도록 되어 있었다. 그 배가 아테나이로 돌아오게 된 날 새벽, 어릴 적부터의 친구 크리톤이 혼자 몰래 소크라테스의 머리맡에 선다. 그는 모든 준비가 되어 있으니 국외로 망명해 달라고 간청한다. 소크라테스는 이를 물리친다. 그에게는 그저 사는 것이 아니라 잘 사는 것이 중요했던 것이다. 그럼 잘 사는 것은 어떻게 사는 것일까?

소크라테스 : 어떻게 이런 시간에 왔나, 오오 크리톤? 너무 이르지 않나?

크리톤 : 이르긴 이르지.

소크라테스 : 도대체 몇 신가?

크리톤 : 동이 트려 하는군.

소크라테스 : 어떻게 돼서 간수가 자네를 들여보내 주었는지 이상하군.

크리톤 : 자주 왔으니까 벌써 친해졌지. 오오 소크라테스. 더군다나 친절을 좀 베풀었으니까.

소크라테스 : 지금 막 왔나?

크리톤 : 아니야, 아까 왔어.

소크라테스 : 그럼 금방 나를 깨우지 않고, 왜 가만히 앉아서 잠자코 있었나?

크리톤 : 그럴 수 있나, 오오 소크라테스. 나도 자네처럼 이렇게 큰 괴로움을 당하면 잠도 못 자고 지내기를 원하지 않을 걸세. 난 자네가 평온하게 잠들어 있는 것을 보고 감탄하고 있었네. 그래서 자넬 깨우지 않았지. 될수록 괴로움을 덜어 주었으면 해서 말이야. 난 가끔 자네가 일생 동안 행복한 마음을 가지고 있었다고 생각해 왔네. 그러나 이번처럼 평온한 마음으로 조용히 재난을 견디는 것을 보기는 처음이야.

소크라테스 : 오오 크리톤, 내 나이에 죽음이 가까워서 안절부절하면 보기 흉할 게 아닌가?

크리톤 : 하지만, 오오 소크라테스, 다른 사람들은 대개 자네처럼 나이가 들어서도 이런 큰 환난을 당하면 별 수 없이 안절부절하던데.

소크라테스 : 그건 그래. 그런데 왜 이렇게 일찍 왔지?

크리톤 : 소식을 전하러 왔네. 오오 소크라테스, 서글픈 소식이야. 자네에겐 그렇지 않겠지만, 자네 친구들에게는 누구에게나 괴롭고 마음을 무겁게 하는 소식이야. 특히 나에겐 그렇다네.

소크라테스 : 도대체 무슨 소식인데? 델로스에서 그 배1)가 도착했단 말인가? 그 배가 도착하는 대로 내 사형을 집행하도록 되어 있었지?

크리톤 : 아직 배가 들어오진 않았어. 그러나 내 생각으로 오늘 들어올 거야. 이건 수니온2)에서 그 배를 내려 여기 온 사람들에게서 들은 말일세. 그 사람들의 말을 미루어 판단컨대, 분명히 그 배는 오늘 들어올 거야. 그렇게 되면 오오 소크라테스, 내일이 자네 생애 최후의 날이 될 걸세.

소크라테스 : 아니야, 크리톤. 행운이 그 배와 함께 오는 거야. 그것이 하느님의 뜻이라면 그렇게 되어야지. 하지만, 난 배가 오늘 들어오리라고는 생각지 않네.

크리톤 : 왜 그렇게 생각하지?

소크라테스 : 다른 게 아니라, 내 생각으로는 그 배가 들어온 다음날 내가 사형을 받기로 되어 있는 줄 알고 있네.

크리톤 : 그렇지. 관계자들3)이 그렇게 말하고 있지.

소크라테스 : 그래서 나는 배가 오늘이 아니고 내일 들어오리라고

---

1) 해마다 델로스 섬의 아폴론 신에게 감사하기 위하여 제사를 태워 보낸 배. 그 제례 기간은 배의 꼬리에 월계수의 화환을 장식한 후부터 배가 페이라이에우스 항에 돌아올 때까지이다. 이 기간 중에는 사형 집행이 금지되어 있었다. 이 때에는 풍랑 때문에 귀항하는 데 30일이 걸렸다. 《파이돈》 58a 참조.

2) 수니온(Sounion) 아티카 최단의 갑(岬). 그 동쪽에 작은 항구가 있는데, 역풍 때문에 갑을 돌아서 갈 수 없는 배가 정박했다. 이 때도 역풍이 불어 그 배가 한 때 여기 머물렀던 듯하다.

3) 11인의 형무 위원.

생각하는 거야. 이것은 내가 바로 지난 밤, 아니 조금 전에 꾼 꿈을 미루어 추측한 것일세. 자네가 날 깨우지 않은 것은 참 잘한 일이야.

크리톤 : 도대체 무슨 꿈을 꾸었는데?

소크라테스 : 어떤 아름답고 날씬한, 흰 옷을 입은 부인이 나에게 와서 나를 부르고 이렇게 말한 것 같네. "오오 소크라테스, 사흘째 되는 날 그대는 비옥한 프티에에 이르리라."4)

크리톤 : 참 이상한 꿈이군, 오오 소크라테스.

소크라테스 : 조금도 이상할 것 없어. 난 그 뜻이 아주 분명하다고 생각하네, 크리톤.

크리톤 : 너무 분명할지도 모르지. 그건 그렇고, 여보게 소크라테스, 제발 내 말을 듣고 지금도 늦지 않았으니 자네 목숨을 구하도록 해주게. 자네가 죽으면 내 불행은 하나만이 아니야. 나는 두 번 다시 얻을 수 없는 친구를 잃게 될 뿐더러, 또한 우리를 잘 모르는 사람들은 대부분, 내가 돈을 쓰면 자네 목숨을 구했을 텐데 그냥 내버려 두었다고 생각할 것일세. 그런데 친구보다 돈을 더 소중히 여겼다는 것보다 더 부끄러운 일이 있을까? 대다수의 사람들은 우리가 열심히 원했는데, 자네 스스로 이곳을 떠나려 하지 않았다고는 절대로 믿지 않을 걸세.

소크라테스 : 오오 행복한 크리톤, 어째서 우리는 대다수 사람들의 생각을 염려해야 하나? 우리가 염려해야 하는 것은 가장 훌륭한 사람들의 생각인데, 그들은 무슨 일이나 행해진 대로 볼 걸세.

---

4) 《일리아스》 제9권 363행. 분노한 아킬레우스는 이 말로써 그리스의 트로이아 원정군을 탈퇴하여 텟탈리아(Thettalia)에 있는 자기 고향 프티에(Phthiē)로 돌아가려는 결의를 아가멤논에게 알린다. 소크라테스는 이 시구를 사흘째 되는 날 사형이 집행되고 저 세상에 있는 고향으로 돌아가게 되리라는 뜻으로 해석한 것이다.

크리톤 : 그러나 오오 소크라테스, 자네도 알다시피 대중의 생각도 염려해야 하네. 이번 사건만 해도 그것을 명백히 보여주고 있네. 대중에게 좋지 않은 평판을 받으면 최대의 재앙을 초래한다는 걸 말이야.

소크라테스 : 오오 크리톤, 난 대중이 그런 최대의 재앙을 초래하게 할 수 있었으면 좋겠네. 그러면 또한 최대의 선도 초래하게 할 수 있을 테니까. 그렇다면 참 좋겠네. 하지만 그들은 이것도 저것도 할 수 없어. 그들은 사람을 현명하게 할 수도 없고 어리석게 할 수도 없네. 그들은 그때그때 멋대로 하는 걸세.

크리톤 : 그건 그렇다 치고, 오오 소크라테스, 솔직하게 말해 주게. 자넨 나나 또 다른 친구들 때문에 주저하는 것이 아닌가? 자네가 여기서 도망쳐 빠져 나가면 밀고자들이 말썽을 부리고 우리가 자네를 훔쳐 내어 갔다고 떠들어 대고, 우리는 많은 돈, 아마도 재산 전부를 잃게 되거나 그보다 더 큰 피해를 입지 않을까 염려하는 게 아닌가? 그런 염려를 하고 있다면 조금도 걱정 말게. 자네를 구해 내기 위해서 그만한 위험을 무릅쓰는 것은 당연한 일이니까. 제발 내 말을 듣고 하자는 대로 하게.

소크라테스 : 그런 것도 염려스럽긴 해. 그러나 그 밖에도 염려되는 것이 많아.

크리톤 : 그럼 거기 대해선 염려 말게─그다지 많은 돈을 주지 않아도 자네를 여기서 구해 내어 빠져 나가게 해주겠다는 사람이 있으니까. 또 저 밀고자들도 아주 싸게 매수할 수 있다는 걸 모르나? 그들에겐 많은 돈을 주지 않아도 돼. 그리고 자넨 내 돈을 언제나 마음대로 써도 좋은데, 그 돈이면 충분하다고 난 생각하네. 그리고 나에

게 미안하다고 생각하고 내 돈을 써서는 안 된다고 생각한다면, 여기
와 있는 저 외국 친구들이 언제든지 자기네 돈을 써서 자네를 도우려
고 있다네. 바로 이 일을 위해서 충분한 돈을 가지고 온 사람이 한 분
있어. 테바이 사람 심미아스야. 케베스5)도, 그리고 그 밖에도 많은
사람들이 자네를 구하는 데 기꺼이 돈을 쓰려 하고 있다네. 그러니
그런 것을 꺼려 자네 자신을 구하는 일을 단념하지는 말게. 그리고
자네가 법정에서 말한 것처럼,6) 여기서 빠져 나간들 별 도리가 없다
고 걱정하지는 말게. 어디를 가나 자네를 좋아할 사람이 많을 테니까.
텟탈리아로 가기를 원한다면, 그곳에 내 친구가 여럿 있으니, 잘 대
접하고 안전하게 보호해 줄 거야. 텟탈리아에서는 아무도 해를 끼치
지 못할 걸세. 그리고 오오 소크라테스, 자유로운 몸이 될 수도 있는
데 일부러 자신을 버리는 것은 옳은 일이라고 생각되지 않네. 자네는
적들이 자네에게 하고자 하는 일, 즉 자네를 파멸시키려 하는 자들이
자네에게 하고자 하는 일을 자신에게 하고 있는 거야. 뿐만 아니라,
나는 자네가 아이들을 버리려 하고 있다고 생각하네. 자네는 그들을
기르고 가르칠 수 있는데도 내버리고 가 버리게 되는 거야. 그러니
그들이 어떻게 되든 상관이 없다는 것이 되고 마네. 그들은 아마 고
아나 다름없는 처지에 빠지게 될 걸세. 애당초 자식을 낳지 않았다면
모르지만 낳았으면 길러 주고 가르치는 수고를 해야 하지 않겠나?
그런데 자네는 가장 안이한 길을 택하고 있는 것 같군. 선택을 할 때
에는 사내다운 덕을 갖춘 훌륭한 사람의 길을 선택해야지. 특히 자네

---

5) 심미아스(Simmias)와 케베스(Kebēs)는 테바이(Thēbai) 출신으로 원래 피타고
라스 학파의 필로라오스(Philolaos)의 제자였으나, 소크라테스를 사모하여 친하
게 지냈다.

6) ≪소크라테스의 변론≫ 37c-d 참조.

는 일생을 통하여 덕에 마음을 써 왔다고 늘 우리에게 말하지 않았나? 나는 나 자신에 대해서나 우리 친구들에 대해서나 이번 일은 부끄러운 일이라고 생각하네. 자네에 관련된 이번 사건 전체가 우리의 비겁함 때문에 생겼고, 제소당하지 않게 할 수도 있었는데, 제소 당하게 했고, 또 재판의 경과와 결말이 그렇게 되어 세상의 웃음거리가 되었고, 우리가 무능하고 비겁해 기회를 놓쳤다고 생각되지 않을까 염려되네. 우리에게 조금이라도 변변한 데가 있었더라면, 자네를 구해 내는 것이 가능하기도 하고 쉬운 일이기도 했는데, 실상 우리는 그렇게 하지 못했고, 자네는 또 자네대로 스스로를 구하지 않았으니 말일세. 그러니 오오 소크라테스, 이것이 자네에게나 우리에게 다 같이 불행한 일이고 부끄러운 일이 아닌지 생각해 봐 주게나. 또 어떻게 하면 좋을지 생각해 주게나. 아니 이제는 이러쿵저러쿵 생각할 때가 아니야. 이제는 마음을 정해야지. 오직 한 가지 계획이 있을 뿐이야. 오늘 밤 안으로 이 모든 것을 해치워야 하니까. 우물쭈물하고 있으면 우리의 생각을 실행할 수 없네. 오오 소크라테스, 내 말을 들어 주게. 제발 빌겠네. 거절하지 말아주게.

**소크라테스** : 오오 사랑하는 크리톤, 자네의 열의는 정말 고마우이. 만일 그것이 옳은 것이기만 하면 말이야. 그렇지 않으면, 열의가 클 수록 더욱 위험천만이지. 그러므로 자네 말대로 할 것인지 잘 검토해 봐야 하네. 나는 스스로 잘 생각해 보고 가장 이치에 맞는다고 생각되는 결론만을 따르는 성미야. 지금도 그렇지만 또한 언제나 그래왔네. 따라서 내가 지금까지 말해온 것을 지금과 같은 처지에 빠졌다고 해서 내동댕이칠 수 있겠나. 나는 그것이 전과 다름없다고 생각하고, 그 원칙을 전과 다름없이 존중한다네. 그리고 좀 더 훌륭한 다른 원

칙을 찾지 못한다면, 자네 말을 듣지 않으려네. 설사 대중의 위력이 전보다도 더 커서 우리를 감옥에 집어넣고, 죽이고, 재산을 몰수하고, 마치 도깨비 따위로 어린애들을 위협하듯 우리를 위협한다 해도 물러서지 않으려네. 그러면 이 문제를 어떻게 생각하는 것이 가장 합당할까? 먼저 자네가 세상 사람들의 의견에 관해서 말한 것을 생각해 보세. 어떤 의견에는 귀를 기울여야 하지만 다른 어떤 의견에는 그럴 필요가 없다는 말은 언제나 옳은 말 아닌가? 사형 선고를 받기 전에는 옳았지만, 다만 혀끝으로만 말했을 뿐, 아무 쓸데없는 말장난에 지나지 않았다는 것이 분명하게 된 건가? 오오 크리톤, 이제 와서 내가 이런 처지에 빠졌기 때문에 달라진 것인지, 그렇지 않으면 전과 다름없이 옳은 것인지, 즉 우리가 그것을 버려야 할 것인지, 그렇지 않으면 따라야 할 것인지 자네와 함께 검토하고 싶네. 사람들이 가지고 있는 의견 가운데 어떤 것은 존중해야 하지만, 아무 의견이나 다 존중할 필요는 없다는 것—이것은 진실한 생각을 가지고 말하려는 사람들이 흔히 말했던 것이며 또 내가 방금 말한 것도 바로 이것일세. 오오 크리톤, 신들에게 맹세코, 이것이 옳다고 생각하지 않는가? —사람들의 사정만으로 본다면, 자넨 내일 죽어야 하는 것도 아니니, 현재의 불운이 자네 마음을 뒤흔들지는 않을 걸세. 그러니 잘 생각해 보게—사람들의 의견을 덮어놓고 모두 존중해서는 안 되고, 다만 그 중 몇 가지만 존중해야 한다는 것이 진짜 옳다고 생각되지 않나? 또 누구 의견이든 다 존중할 것이 아니라, 몇몇 사람의 의견만을 존중해야 하지 않을까? 자네 생각은 어떤가? 옳은 말이 아닌가?

크리톤 : 아주 옳아.

소크라테스 : 좋은 의견은 존중해야 하지만 나쁜 의견은 존중할 것

이 아니란 말이지?

크리톤 : 그래.

소크라테스 : 사려 깊은 사람들의 의견은 좋지만, 어리석은 자의 의견은 나쁘지?

크리톤 : 물론이지.

소크라테스 : 자 그러면, 어떻게 된다? 운동을 연습하며 장차 그것을 전문으로 하려는 사람은 덮어놓고 모든 사람의 칭찬과 비난과 의견을 따를 것인가, 그렇지 않으면 단 한 사람일지라도 의사나 운동선수라 할 수 있는 사람의 의견을 따라야 할 것인가?

크리톤 : 그 단 한 사람의 의견을 따라야 할 테지

소크라테스 : 그러면 그 한 사람의 비난을 두려워하고 그의 칭찬을 기뻐하여야 하며, 많은 사람들의 비난이나 칭찬은 아랑곳하지 말아야 할 테지?

크리톤 : 그래.

소크라테스 : 그러면 다른 모든 사람들보다도 오히려 전문가를 감독으로 모시고 그 사람의 의견을 따라 행동하고 먹고 마시고 할 테지?

크리톤 : 그래야지.

소크라테스 : 좋아. 그런데 말이야, 단 한 사람의 말을 듣지 않고, 그 사람의 의견이나 칭찬을 무시하고, 도리어 전문가가 아닌 많은 사람들의 의견을 존중한다면, 결국 큰 화를 입지 않을까?

크리톤 : 그렇게 될 거야.

소크라테스 : 그 화는 어떤 것일까? 그 화는 복종하지 않는 자를 어떻게 하며, 또 그 자의 어느 부분에 영향을 미치는 건가?

크리톤 : 신체에 영향을 미치는 것이 분명하네. 그건 신체를 파멸시

키니까.

　**소크라테스** : 옳아. 그럼 다른 모든 일에서, 오오 크리톤—일일이 들어 말할 수는 없지만—지금 우리는 특히 정・사(邪), 미・추, 선・악을 생각하고 있는데, 이런 것들에서 대중의 의견을 따르고 두려워해야 하는가? 그렇지 않고, 다른 모든 사람을 합친 것보다도 더 존경하고 두려워해야 할 전문가가 있다면 그 사람을 두려워하고 그 앞에서 부끄러워해야 하지 않을까? 그리고 그를 따르지 않는다면, 옳음(즉 正義)에 의하여 향상하고 옳지 않음(즉 不正)에 의하여 파멸하는 것7)을 천대하고 멸망케 하지 않을까? 그렇지 않으면 이런 것이 아예 없는 것일까?

　**크리톤** : 오오 소크라테스, 난 그것이 있다고 생각하네.

　**소크라테스** : 자 그럼, 건강에 의해서 더 좋아지고 병으로 말미암아 파멸하는 것을, 전문가 의견을 따르지 않음으로써 망친다면, 그렇게 파괴되었을 때에도 우리에게 사는 보람이 있을까? 그리고 그것이란 다름 아닌 신체라고 생각하는데, 그렇지 않은가?

　**크리톤** : 그래.

　**소크라테스** : 그러면 형편없이 파괴된 신체를 가지고도 보람이 있을까?

　**크리톤** : 도저히 그럴 수 없지.

　**소크라테스** : 그런데 옳지 않음으로 말미암아 상하고 옳음으로 말미암아 더욱 나은 것이 되는 것, 그것이 파괴되었을 때 과연 사는 보람이 있을까? 그렇지 않으면 신체가 그것보다 더 중요하다고 생각하는가? 우리 속에서 어떤 부분을 이루든 그것은 정의(옳음)와 부정(옳지

---

7) 즉, 정신 혹은 영혼.

않음)에 관계하는 것인데 말이야.

**크리톤** : 그것이 신체만 못할 리는 없지.

**소크라테스** : 그럼 그것이 더 소중하단 말이지?

**크리톤** : 훨씬 더 소중하지.

**소크라테스** : 그러면, 오오 좋은 친구여, 대중이 우리에 관해서 하는 말을 염려할 것이 아니라, 오직 정의와 부정에 관한 전문가의 말을 존중해야 하겠지. 그 사람이 단 한 사람이라도 말이야. 그리고 진리 자체가 말하는 것을 존중해야 하겠지. 그러니 자네가 처음에 한 말, 즉 정·부정, 미·추, 선·악에 관해서 대중의 의견을 따라야 한다는 말은 옳지 않았던 것일세. 어떤 이는 "그러나 이것 보게. 대중이 우리를 죽일 수 있어"라고 말할지도 모르지.

**크리톤** : 그건 분명해, 소크라테스. 그렇게 말할 사람도 있을 거야.

**소크라테스** : 여보게, 자넨 나를 놀라게 하는군. 우리가 지금 한 말은 결국 처음에 했던 말과 다름없어 보이는군. 그럼 이런 것도 변함없는 것인지 생각해 주게. 즉 우리는 그저 사는 것을 가장 소중하게 여길 것이 아니라 잘 사는 것을 가장 소중히 여겨야 한다는 것 말이야.

**크리톤** : 그렇지, 그것은 변함없어.

**소크라테스** : '잘'이란 '**아름답게**'라든가 '**옳게**'라든가와 같다는 것은 어떤가? 이것도 변함이 없는가?

**크리톤** : 변함없네.

**소크라테스** : 그러면 이만큼 동의하고, 아테나이 사람들의 허락을 받지 않고 여기서 탈출하는 것이 옳은 일인지 옳지 않은 일인지 검토해 보세. 그리고 옳다고 여겨지면 탈출하기로 하고, 옳지 않다고 여겨지면 탈출하지 말기로 하자구. 그러나 자네가 말한 다른 여러 가지 염

려, 즉 돈을 쓴다든가 여론이 어떻다든가 자녀를 교육하는 문제라든가 하는 것은, 오오 크리톤, 대중들의 생각일 거야. 대중은 경솔하게 우리를 죽일 수도 있고 또 할 수만 있다면 우리를 살려 내려고도 하겠지만, 그들의 생각이란 도대체 이치에 맞는다고 할 수 없네. 지금까지 우리가 말해온 것은 선택의 여지가 없으므로, 우리로서는 방금 말했던 것을 검토할 수밖에 없네. 즉 탈출시켜준 사람에게 돈을 주고 감사하는 것과 그리고 도대체 우리가 여기서 탈출하는 것이 옳은 일인가, 그렇지 않으면 참으로 그릇된 일인가를 검토하여야 하네. 탈출이 그릇된 것이라면, 여기 가만히 있다가 사형이나 그 밖의 혹독한 일을 당하지나 않을까만 궁리하고, 그 때문에 부정한 일을 하게 되지 않을까 하는 것을 잊어버리는 일이 있어서는 절대로 안 되네.

크리톤 : 자네 말이 옳아. 오오 소크라테스, 그러면 어떻게 하면 되지?

소크라테스 : 좋은 친구여, 함께 생각해 보세. 그리고 내 말에 반대할 수 있거든 반대해 주게. 그러면 자네 말을 따르겠네. 그러나 그렇지 않다면, 아테나이 사람들의 의사에 반대하여 여기서 탈출해야 한다고 똑같은 소리를 되풀이하지 말게! 나는 되도록 자네의 동의를 얻고 행동하려 하네. 자네의 동의를 얻지 않고 행동할 생각은 없네. 그럼 우리가 함께 탐구해 나아갈 출발점이 자네에게 만족스러운 것인지 생각해 보게. 그리고 내 질문에 대해서 자네 생각에 제일 좋은 답변을 해주게.

크리톤 : 그래 보세.

소크라테스 : 우리는 누구나 어떤 경우를 막론하고 고의로 부정을 해서는 안 되는 건가, 혹은 어떤 경우에는 악을 행해도 괜찮고 어떤

경우에는 그렇지 않은 건가? 전에 우리가 몇 번이나 동의한 것처럼 도대체 부정을 행하는 것은 좋은 일도 아니고, 아름다운 것도 아닌 것인가? 그렇지 않으면 우리가 전에 동의했던 모든 것이 요 며칠 새, 오오 크리톤, 내동댕이쳐진 것인가? 그리고 우리는 이렇게 나이를 먹고 진지하게 토론해 왔는데, 결국 어린애들과 다름이 없었는데도 그런 줄을 모르고 있었던 걸까? 전에 우리가 말하던 것은 무엇보다도 확실한 진리가 아닐까? 즉 대중이 뭐라고 하든, 우리가 지금보다 더 어려운 일을 당하거나, 좀 견디기 쉬운 일을 당하더라도 어쨌든 악을 행하는 것은 어느 모로 보나 그런 행위를 하는 자에게 참으로 해롭고 추하다는 것 말이야. 이것은 옳은 말인가, 옳지 않은 말인가?

크리톤 : 옳은 말이야.

소크라테스 : 그렇다면 우리는 어떤 경우에나 부정을 행해서는 안 되지.

크리톤 : 그렇지.

소크라테스 : 대중은 부정한 행위를 하면, 그 보복으로 부정을 행해야 한다고 생각하지만, 우리는 어떤 경우를 막론하고 부정을 행해서는 안 되니까 부정을 부정으로 갚아서는 안 되지.

크리톤 : 그럴 테지.

소크라테스 : 오오 크리톤, 우리는 남에게 해를 끼쳐서 될까, 안 될까?

크리톤 : 안 되리라 생각하네, 오오 소크라테스.

소크라테스 : 그럼, 남이 나에게 해를 끼쳤을 때 그 보복으로 그 사람에게 해를 끼치는 것을 대중은 당연하다고 주장하는데, 어때 이것은 옳은 일인가, 옳지 않은 일인가?

크리톤 : 결코 옳지 않네.

소크라테스 : 남에게 해를 끼치는 것은 옳지 않은 일을 하는 것과 마찬가지니까.

크리톤 : 옳은 말이야.

소크라테스 : 그러면 무슨 일을 당하건, 부정을 부정으로 갚아서는 안 되고, 해를 끼쳐서도 안 돼. 오오 친애하는 크리톤, 마음에 없는 동의는 말아 주게. 오직 소수의 사람만이 그렇게 생각하고 앞으로도 그럴 테니까 말일세. 따라서 이렇게 생각하는 사람들과 이렇게 생각하지 않는 사람들은 생각이 서로 같을 수 없고, 또 피차 상대방의 생각을 경멸하게 마련이야. 자네 자신도 깊이 생각해 보게. 자네가 내 생각에 동의하고 나와 같이 생각하는지 말이야. 그리고 먼저, 어떤 경우에도 부정을 행하는 것은 옳지 않고, 또 부정으로 갚는 것도 옳지 않으며, 남이 나에게 해악을 끼쳤을 때 그 보복으로 악을 행하면서까지 자기를 방어하는 것도 옳지 않다는 것을 출발점으로 삼고 생각해 나아갈 것인지 말이야. 자네는 입장이 달라서 이런 출발점에 설 수 없는 건가? 나는 항상 그렇게 생각해 왔고, 지금도 그러하다네. 그러나 자네 생각이 다르면, 그렇다고 말하고 자네 생각을 들려주게. 하지만 자네 생각이 지금까지와 다름없다면, 내말을 들어 주게.

크리톤 : 내 생각은 그대로야. 그러니 어서 계속해서 말하게.

소크라테스 : 그럼 계속해서 다음 얘기를 하지. 아니, 오히려 한 가지 묻겠네. 어떤 사람이 다른 사람에게 옳다고 동의한 것을 행해야 하는가, 혹은 속여도 좋은가?

크리톤 : 그것을 해야지.

소크라테스 : 자 그러면, 이것 보게. 나라의 허락을 받지 않고 여기서

빠져나간다면, 사람들에게 해를 끼치게 되겠는가, 안 되겠는가? 특히 조금도 해를 끼쳐서는 안 될 사람들에게 해를 끼치게 되지 않을까? 또 우리가 옳다고 동의한 것을 저버리게 되겠는가, 안 되겠는가?

크리톤 : 오오 소크라테스, 자네의 그 질문에는 대답할 수 없네. 잘 이해할 수가 없어.

소크라테스 : 그럼 이렇게 생각해 보게. 내가 이제 막 여기서 탈주—이렇게 말하는 것이 좋지 않으면 뭐라 불러도 좋지만, 아무튼 탈주하려 하고 있을 때 국법과 국민 공동체가 나타나 다음과 같이 말한다고 말이야, "말해 보라. 오오 소크라테스, 너는 무슨 일을 하려는 건가? 네가 하려는 일은 멋대로 법률과 나라 전체를 파괴하는 것임을 모르는가? 너는 한 나라에서 한 번 내려진 판결이 아무 효력도 없고 개인에 의하여 번복될 수 있다고 생각하는가?" 오오 크리톤, 여기 대해서, 또 이와 비슷한 물음에 대해서 뭐라고 말할 것인가? 일단 내린 판결은 유효해야 한다고 규정하고 있는 법률이 파괴될 형편에 있으므로, 이런 경우에는 그 법률을 지키기 위하여 많은 말을 하게 될 걸세. 특히 변론가는 말을 많이 할 거야. 이때 나는 국법에 대하여 다음과 같이 말할까? "그거야 나라가 나에게 부정을 행했고, 올바른 판결을 내리지 않은 탓이오"라고 말이야. 이렇게 말해야 할 것인가?

크리톤 : 물론 그렇게 말해야지, 오오 소크라테스.

소크라테스 : 그럼, 국법이 이렇게 응수하면 어떻게 한다? "오오 소크라테스, 그런 것까지 우리와 너 사이에 합의를 보았더란 말인가? 오히려 나라가 내린 판결은 무엇이나 충실히 지키기로 되어 있지 않았더냐?" 저들이 이렇게 말하는 데 대해서 우리가 놀라움을 표시한다면 아마 저들은 이렇게 말할 걸세. "오오 소크라테스, 우리의 말에

놀라지 말고 대답 좀 해주게. 너는 질문하고 대답하는 일에 능숙하니까. 자 그러면, 너는 우리와 나라에 무슨 불만이 있어서 우리를 파괴하려는 건가? 첫째, 네가 이 세상에 나오게 된 것은 우리로 말미암은 것이 아니었던가? 즉, 우리의 도움으로 네 아버지가 네 어머니를 아내로 취하고 너를 낳은 것이 아닌가? 자 그럼, 우리에게는 혼인에 관한 법이 있는데, 그 법이 좋지 않다고 말썽을 부리는 건가?" 나는 여기 대해서, "말썽을 부리는 게 아닙니다"라고 대답할 걸세. "그러면, 출생한 후 너도 역시 그것을 따라 양육된 아이를 기르고 교육하는 일에 관한 법이 잘못되었는가? 이런 일을 위해서 정해진 법이, 네 아버지에게 너를 음악과 체육으로 교육할 것을 명했는데, 그것이 좋지 않았단 말인가?" "그건 좋아요"라고 나는 말할 걸세. "좋아. 그러면, 너는 이 나라에서 태어나고 길러지고 교육을 받았는데, 너 자신이나 네 조상이 다 같이 이 나라의 아들이라는 것을 부정할 수 있는가? 그것이 부정할 수 없는 사실이라면, 너는 우리와 똑같은 권리를 가지고 있다고 생각하는가? 즉 우리가 네게 무엇을 하려 하면, 그것이 무슨 일이든 너도 그와 똑같은 일을 우리에게 하는 것이 옳다고 생각하는가? 네 아버지에 대해서, 혹은 네게 주인이 있다면, 그 주인에 대해서 너는 똑같은 권리를 가지고 있지 않아. 그들이 하는 대로 무엇이든 그들에게 할 수는 없는 거야. 욕을 먹었다고 해서 아버지나 주인에게 욕할 수는 없는 것이며, 매를 맞았다고 해서 아버지나 주인을 때릴 수는 없는 거야. 그 밖에도 비슷한 일이 많지. 그런데 네 조국이나 국법에 대해서는 그렇게 해도 좋단 말인가? 그래서 너를 죽이는 것이 옳다고 생각하기 때문에 너를 죽이려 할 때, 너도 네 힘이 닿는 데까지, 우리를, 즉 국법과 조국을 죽이려 하고, 그리고는 그렇게 하는 것이 옳다고 말할 참인가? 진심으로 덕에 마음을 기울인다는 네가 말이야. 그렇게도 현명하다는 네가 아버지나 어머니나 또 모든 조상보다도 더 귀한 것이 있다는 것을 모르는가? 그것은 다름 아닌 네 조국이다. 조국은 부모나 조상보다 더 존귀하고 더 신성하며, 또 신들이나 뜻있는 사람들이 보기에 더욱 가치 있는 것임을 모르는가? 너는 조국을 존경하고 따르며, 조국이 노여워 할 때에는 아버지가 노여워 할 때보다도 더 순종해야 해. 조국이 네게 견디고 참으라고 하는 것은 무엇이나, 매질이든 투옥이든 모두 참고 견디어야 해. 또 조국이 너에게 전쟁터로 가라 하면 부상을 당하든 전사를 하든 가야하고, 또 이것은 옳은 일이야. 너는 기피해서도 안 되고, 후퇴해서도 안 되며, 맡은 곳을 버리고 떠나서도 안 돼. 전쟁터에서나 법정에서나 그 밖의 어디에서나 조국이 명하는 것을 행하지 않으면 안 돼. 그렇게 하지 않으려거든 옳은 것이 어디에 있는지 조국을 설득해야지. 어머니나 아버지에게도 횡포를 부려서는 안 되지만 조국에 대해서는 더욱 그러하네." 여기 대해 뭐라고 답변할 것인가, 오오 크리톤? 국법이 옳은 말을 하고 있다고 할 것인가, 그렇지 않다고 할 것인가?

**크리톤** : 난 옳은 말을 하고 있다고 생각하네.

**소크라테스** : 국법은 아마 이렇게 말할 거야. "그러면 오오 소크라테스, 자네가 지금 기도하고 있는 것이 옳지 않은 일이라고 말할 때, 우리는 진리를 말하고 있는 건가 그렇지 않은가 생각해 보게. 우리는 너를 태어나게 했고, 너를 길렀고, 가르쳤고, 또 너나 다른 모든 국민에게 우리가 줄 수 있는 좋은 것을 모두 나누어 주었을 뿐 아니라, 아테나이 사람이면 누구나 성인이 되어 우리의 관습과 법률이 마음에 들지 않으면 모든 소유물을 가지고 어디든 가고 싶은 곳으로 가도 좋

다는 것을 이미 허가함으로써 공고하고 있는 거야. 우리 국법의 어느 하나도 그렇게 하려는 사람을 막거나 그렇게 하지 못하게 하는 것은 없어. 누구든 우리와 우리나라를 싫어하고, 식민지나 그 밖의 어디로든 이민가고 싶으면, 어디든 가고 싶은 곳으로 갈 수 있고 소유물을 모두 가지고 가도 좋도록 되어 있어. 그러나 만일 누구든지, 우리가 재판이나 그 밖의 나라 일을 어떤 식으로 처리하는지 보면서도 여기 머물러 산다면, 우리가 명하는 것은 무엇이나 행하기로 동의했다고 주장할 수밖에 없네. 그리고 우리에게 순종하지 않는 자는 세 가지 점에서 옳지 않은 일을 하고 있다고 주장하네. 즉 첫째는 낳아 준 우리에게 순종하지 않는 것이요, 둘째는 길러 준 우리에게 순종하지 않는 것이요, 셋째는 순종하기로 동의했는데 순종하지도 않고 또 우리가 무슨 잘못을 저지르면 그것을 알아듣도록 일러 주어야 하는데 그렇게 하지 않고 있는 것일세. 우리가 명하는 것을 덮어놓고 하라고 난폭하게 요구하는 것이 아니라, 선택의 여지를 주어 그것을 행하거나 그렇지 않으면 우리를 설득하라고 했는데도, 그는 이 어느 것도 하지 않고 있는 것일세. 만일 네 계획을 실천에 옮긴다면, 오오 소크라테스, 너도 이런 여러 가지 죄를 저지르게 되는 거야. 그리고 네 죄는 아테나이 사람들 가운데서 가장 큰 것일세." "어째서 그런가요?"라고 내가 묻는다고 생각해 보게. 아마 그들은 이 나라에서 누구보다도 더 철저하게 내가 동의했다고 대답할 거야. 그들은 이렇게 말할 걸세. "오오 소크라테스, 우리와 우리나라가 네 마음에 들었다는 것은 여러 증거가 있네. 우리가 특별히 네 마음에 들지 않았더라면 너는 다른 아테나이 사람들보다 더 한결같이 여기서만 살려고 하지는 않았을 거야. 너는 단 한 번 이스트모스[8]에 간 것을 제외하고는 제례 때문에 국외로 나간 적도 없고, 출정 때문이 아니고는 어디로든 나간 적이 없네. 또 남들처럼 외유한 적도 없었어. 다른 나라를 구경하고 싶어 하지도 않았고, 다른 나라의 법률을 알고 싶어 하지도 않았으며 오직 우리나라만으로 만족하고 있었어. 너는 전적으로 우리를 택하여, 이 나라 법률 아래 살기를 동의하였고, 또 이 나라 안에서 가정을 이루었어. 이것은 이 나라가 네 마음에 들었다는 증거야. 뿐만 아니라, 이번 재판에서도, 원했다면 국외 추방의 벌을 받겠다고 제의할 수 있었어. 따라서 지금 나라의 동의 없이 네가 행하려는 것을 그 때에는 동의를 얻어 할 수 있었어. 그때 너는 사형을 받아도 괜찮다고 당당하게 말하고 일부러 국외 추방보다도 사형을 택했던 거야. 그런데 이제 와서 그때 말한 것은 아랑곳하지 않고, 염치없이 국법을 무시하고 탈주하려 함으로써 국법을 파괴하려 하고 있는 거야. 그러한 탈주는 가장 천한 노예나 할 짓인데, 바로 네가 그런 짓을 하려하고 있어. 그것은 국법 아래 살기로 한 네 동의와 약속을 어기는 거야. 그러니 먼저, 바로 이 점에 대해서 대답하라. 우리는 네가 우리를 따라 국민으로 생활한다는 것을 말이 아니라 행동으로 동의했다고 보는데, 이것은 진실인가, 진실이 아닌가?" 오오 크리톤, 여기 대하여 뭐라고 말해야 할까? 동의해야 하지 않을까?

크리톤 : 그럴 수밖에 없겠지, 오오 소크라테스.

소크라테스 : 그러면 그들은 말할 거야, "너는 네가 동의하고 약속한 것을 깨뜨리려고 하고 있는데, 그 동의나 약속은 강요에 의한 것도

---

8) 이스트모스(Isthmos) : 헬라스 본토와 펠로폰네소스 반도를 연결하는 지협. 이 곳에 바다의 포세이돈의 신전이 있고, 그 근처 숲에서 2년마다 봄에 그 축제를 위하여 성대한 경기 대회가 열렸다. 아테나이 사람들에게 특히 인기 있는 제례였으므로, 소크라테스도 여기에 갔던 듯하다.

아니고 속아서 한 것도 아니야. 너는 짧은 동안에 마음을 정하라고 강요당한 것도 아니야. 만일 우리가 싫어졌거나 그 약속이 옳지 않은 것으로 여겨졌다면, 70년 동안 충분히 생각할 여유가 있었고, 그 동안 여기를 떠날 수도 있었어. 그러나 너는 평소 라케다이몬이나 크레테의 법률이 훌륭하다고 말해 왔지만, 그곳을 택하지도 않았어. 또 헬라스나 헬라스 이외의 다른 어떤 나라도 택하지 않았어. 도리어 너는 절름발이나 소경이나 그 밖의 다른 어떤 불구자보다도 더 이곳을 떠나지 않고 머물러 있었어. 그만큼 너는 다른 어느 아테나이 사람보다도 이 나라와 국법을 좋아했던 거야. 이것은 분명해. 그 국법은 빼놓고 그 나라만 마음에 든다는 것이 있을 수 있을까? 그런데 이제는 네가 동의한 것을 지킬 생각이 없단 말인가? 그러니 오오 소크라테스, 우리말을 알아듣는다면 그것을 지킬 테지. 이 나라를 버리고 달아남으로써 웃음거리가 되지는 않을 테지.

또 이런 것도 생각해 보게, 그처럼 국법을 조금이라도 어기고 깨뜨릴 경우, 너 자신이나 친구들에게 무슨 이익이 있겠는가 말이야. 네 친구들도 국외로 추방되어 나라를 뺏기고, 재산을 잃게 될 것은 뻔한 일이야. 그리고 너로 말하면, 여기서 가장 가까운 나라, 가령 테바이나 메가라로 간다면 — 하긴 이 두 나라에는 다 같이 좋은 법률이 있으니까 — 오오 소크라테스, 너는 그 나라의 적으로 여겨질 걸세. 그리고 자기 나라를 염려하는 사람은 누구나 너를 국법의 파괴자라 생각하고, 불신의 눈초리로 바라볼 걸세. 또 너를 재판한 사람들의 생각을 보증해 주고, 그 판결이 정당했다고 생각하게 할 것일세. 누구를 막론하고 국법을 파괴하는 자는 청년들과 철없는 사람들을 파괴하는 자로 여겨질 테니 말이야. 그럼 넌 좋은 법률을 가진 나라와 가장 품위 있는 사람들을 피하려는가? 이렇게 하면, 과연 네 인생은 살 만한 것일까? 혹은 그들에게 접근하면, 오오 소크라테스, 부끄러운 줄도 모르고 여기서 한 것과 같은 이야기를 할 참인가? 즉 사람에게 가장 귀한 것은 덕과 정의와 질서와 국법이라고 말이야? 너는 네가 하는 짓이 흉하게 보이리라고는 생각하지 않는가? 우리는 그렇게 되리라고 믿지 않을 수 없네. 혹 너는 이곳을 떠나 텟탈리아로 가서 크리톤의 친구들에게 의탁할 참인가? 거기는 무질서와 방종이 극에 달하고 있으니까, 아마 그곳 사람들은 가죽 옷이나 탈주자들이 흔히 입는 옷으로 변장하고 꼴사납게 도망친 네 이야기를 듣고 싶어 하겠지. 어떤 이는 이렇게 말하지 않을까? "당신은 여생도 얼마 남지 않은 노인인데, 감히 가장 중대한 법률을 어기고, 창피하게도 그저 살려고만 하는가?" 네가 사람들의 감정을 상하게 하지 않는다면, 아마 이렇게 말할 사람이 없을지도 모르지. 그러나 사람들의 감정을 상하게 한다면, 오오 소크라테스, 너는 부당한 말을 수없이 들을 거야. 그러니 너는 사람들의 비위를 맞춰주면서, 또 사람들의 노예 노릇을 하면서 살아가게 될 걸세. 그리고 네가 텟탈리아에서 할 일이란 뭘까? 마치 좋은 음식을 먹으러 텟탈리아로 가기라도 한 것처럼 먹고 마시는 것뿐이지. 네가 하던 얘기, 정의와 그 밖의 모든 덕에 관한 얘기는 어떻게 될 건가? 그러나 너는 자녀를 위하여, 즉 자녀를 양육하고 교육하기 위하여 살고 싶단 말인가? 자녀들을 텟탈리아로 데리고 가서 거기서 기르고 교육하여, 외국인이 되게 하고 외국인의 재미를 보게 하려는 건가? 아마 그렇지는 않을 테지. 오히려 네가 살아 있는 동안 그들이 여기서 양육되면, 너와 헤어져 있을망정, 더 잘 양육되고 더 잘 교육받지 않을까? 그렇지. 네 친구들이 그들을 돌봐 줄 테니까. 만일 네가 텟탈리아로 가면 네 친구들이 돌봐 주지만, 저 세상으로 가면 돌봐 주지 않게 될까? 그럴 수야 없지. 네 친구라는 사람들이 조금이라도 된 데가 있다면 네가 어디를 가건 아이들을 돌봐 줄 걸세.

오오 소크라테스, 너를 기른 우리의 말에 귀를 기울여 아이들이나 목숨이나 또 그 밖의 어떤 것도 정의보다 더 소중히 여기지 말게. 그래야 저 세상에 가서도 그 통치자들에게 떳떳할 걸세. 네가 지금 계획하고 있는 것을 행한다면, 이 세상에서 네 자신이나 친척 가운데 누구에게나 더 좋고 더 옳고 더 경건한 것이 있을 법하지 않으니 말일세. 또 네가 저 세상에 가도 더 좋은 일이 전혀 없을 것일세. 아무튼 지금 네가 이 세상을 떠난다면, 너는 국법에 의해서가 아니라 사람들의 누명을 쓰고 떠나는 거야. 그러나 네가 그렇게 추악한 방법으로 부정과 가해를 보복하고, 우리와 약속하고 합의한 것을 저버리고, 조금도 해를 끼쳐서는 안 되는 너 자신과 네 친구들과 네 나라와 우리에게 해를 끼치고 도망간다면, 살아 있는 너에게 우리의 노여움은 계속될 것이며, 또 저 세상에서는 우리의 형제인 하데스의 법률이 호의를 가지고 맞아들이지 않을 것일세. 네가 할 수 있는 데까지 우리를 파괴하려 한 것을 그들은 알고 있으니까. 아무튼 크리톤에게 설득 당해 그가 말하는 대로 하지 말게. 오히려 우리의 말을 듣게."

이것이, 오오 친애하는 벗 크리톤이여, 내 귀에 들려오는 말일세. 그것은 마치 제사 때에 미친 듯 춤추는 코뤼반테스[9]의 귀에 피리 소

---

9) 코뤼반테스(Korybantes) : 코뤼바스(Korybas)의 복수. 소아시아 프뤼기아의 대지의 여신 퀴페레의 제사들. 새로 들어온 신자를 높은 데 앉혀 놓고, 요란스런 피리 소리와 북 소리에 맞춰 열광적으로 춤추며 주위를 돌아서 신자를 극도로 피로케 하여 입신 상태에 빠지게 했다.

리가 들려오는 듯 느껴지는 것과 같으이. 그래서 내 귀에는 이런 말소리가 줄곧 잉잉거리고, 딴 것들에는 귀머거리가 되고 있다네. 어떻든 나는 이렇게 생각하고 있어. 자네가 아무리 반대해도 소용없을 걸세. 하지만, 더 할 말이 있거든 해보게.

**크리톤** : 오오 소크라테스, 할 말이 없네.

**소크라테스** : 그러면 내 생각대로 하세. 오오 크리톤, 신이 우리를 이렇게 인도하고 있으니까.

# 파이돈

## 영혼에 대하여

## 대화하는 사람

파이돈(Phaidōn) 전쟁 포로로 아테나이에 끌려 와 노예로 팔리게 되었으나, 그 재능을 안 소크라테스가 어떤 사람에게 권하여 몸값을 치러주고 자유의 몸이 되게 하였다고 한다. 그 후 메가라 학파의 철학에 가까운 사상을 세웠다.

에케크라테스(Echekratēs) 플리우스(Philious) 사람. 피타고라스 학파의 철학자.


## 대화 속에 등장하는 사람들

소크라테스(Sōkratēs)

아폴로도오로스(Appolodōros) 소크라테스를 숭배하여 열심히 따라 다닌 격정적인 사람.

심미아스(Simmias) 테바이(Thebai) 사람. 피타고라스 학파의 철학자. 플라톤과 같이 공부한 적이 있다고 한다.

케베스(Kebēs) 테바이 사람. 피타고라스 학파의 철학자. 심미아스와 함께 소크라테스를 탈옥시키기 위해 돈을 마련하여 테바이로부터 왔다고 한다.

크리톤(Kritōn)

크산티페(Xanthippe) 소크라테스의 아내.

B.C. 399년 재판 후 한 달 지나, 사형이 집행되어 소크라테스는 독약을 마시고 죽었다. 이 대화는 소크라테스의 최후의 모습을 목격한 젊은 친구 파이돈이 후일 펠로폰네소스 반도의 플리우스라는 소도시에 갔을 때 친구의 요청에 따라, 소크라테스가 죽음을 맞아 친구들과 나눈 이야기와 그때의 모습을 전하는 형식으로 되어 있다. 플리우스는 피타고라스 학파의 중심지 가운데 하나였다.

에케크라테스 : 오오 파이돈, 소크라테스가 감옥에서 독약을 마시던 날 그 곁에 있었소? 그렇지 않으면 그때의 일을 누구한테서 들었소?

파이돈 : 저는 거기 있었습니다. 오오 에케크라테스.

에케크라테스 : 그러면 그 분이 돌아가시기 바로 전에 무슨 말씀을 하셨는지, 또 최후의 모습은 어떠하셨는지 몹시 듣고 싶군요. 그 분이 독약을 마시고 돌아가셨다는 이야기는 들었습니다마는, 그 이상 자세한 것은 모릅니다. 지금은 플리우스 사람으로 아테나이에 가는 사람이 없고, 또 아테나이로부터 이곳에 오는 나그네도 오랫동안 없어서 소식을 잘 모르고 있습니다.

파이돈 : 재판이 어떤 식으로 되었는지 못 들으셨나요?

에케크라테스 : 그건 들었어요. 재판에 관해서는 전해 주는 사람이 있었습니다. 그러나 왜 판결을 받고 곧 집행을 당하지 않고 오래 있다가 형을 받게 되었는지 이해할 수가 없습니다. 무슨 까닭이라도 있었나요?

파이돈 : 오오 에게크리데스, 그건 우연히 그 분에 관련된 일이 생긴 때문이지요. 다름이 아니라, 아테나이 사람들이 델로스 섬에 보내는 배의 꼬리를 마침 그 분이 판결을 받기 전날 화환으로 장식하게 된

거에요.

　에케크라테스 : 무슨 배인데요?

　파이돈 : 아테나이 사람들의 말에 의하면, 그 배는 옛날 테세우스가 열네 명의 소년과 소녀를 데리고 크레테 섬에 갔을 때, 또 그들을 구출하고 자신도 살아 돌아올 때에 탔던 배라 합니다.1) 그때 아테나이 사람들은 저들이 살아서 돌아오면, 해마다 제사지내는 사절을 델로스에 보내겠다고 아폴론 신에게 맹세했다 합니다. 그 사절을 그때부터 지금까지 해마다 보내고 있습니다. 그런데 그 사절이 떠나면, 배가 델로스에 갔다가 다시 돌아 올 동안은 국법에 의한 사형도 못하게 하여 나라를 더럽히지 않게 되어 있습니다. 그 배가 역풍을 만나 항해가 더뎌지면 되돌아오는 데 상당한 시간이 걸리지요. 이 사절 파견은 아폴론의 신관이 배의 꼬리를 장식하는 때부터 시작됩니다. 그런데 방금 말한 것처럼, 그 배가 재판 전날 화환으로 장식되었기 때문에, 소크라테스는 판결을 받고도 오래 감옥에 계시다가 돌아가시게 된 것입니다.

　에케크라테스 : 오오 파이돈, 그때 죽음에 임하는 그 분의 태도는 어떠했습니까? 무슨 말씀이나 행동을 하셨나요? 또 그때 그 분과 함께 있던 친구는 누구였나요? 혹 집행 위원들이 친구들을 곁에 있지 못하게 하여 돌보는 친구 하나 없이 혼자서 죽어 가시지나 않았는지요?

　파이돈 : 아니에요. 꽤 많은 사람들이 그 분을 모시고 있었지요.

　에케크라테스 : 바쁜 일이 없으면, 그 때 일을 될 수 있는 대로 분명하게 말씀해 주세요.

---

1) 아테나이의 전설에 의하면, 아테나이는 크레테 왕 미노스에게 9년마다 소년 일곱 명 소녀 일곱 명을 보내어 괴물 미노타우로스의 밥이 되게 하여야 했다. 테세우스가 크레테로 가서 이 괴물을 죽였다.

파이돈 : 지금 뭐 할 일도 없으니 말씀대로 자세히 이야기해 보기로 합시다. 소크라테스를 다시 생각하는 것은, 저 자신이 말하건 남에게서 듣건, 더할 나위 없는 기쁨이니까요.

에케크라테스 : 아마 듣는 사람들도 당신과 똑같이 생각할 겁니다. 그럼 될 수 있는 대로 자세히 말씀해 주세요.

파이돈 : 저는 그 분과 함께 있으면서 이상야릇한 감정을 느꼈습니다. 저는 한 친구의 죽음에 임하여 으레 느끼는 비애를 조금도 느끼지 않았습니다. 그것도 그럴 것이, 오오 에케크라테스, 그 분은 말씀이나 몸가짐이 무척 행복해 보였으니까요. 참으로 두려움 없고 고귀한 최후였습니다. 그래서 저는 그 분이 하데스[2]로 가는 마당에 신의 가호 없이 가는 것은 결코 아니라고 생각했어요. 또 그곳에 가서도 행복한 사람이 하나라도 있을 수 있다면, 바로 그분이야말로 행복하리라고도 생각했습니다. 이런 까닭에 그런 자리에서 의당 느끼는 슬픔을 느끼지 않았어요. 그때도 우리는 철학에 관하여 담론했습니다마는, 철학적 담론을 할 때면 으레 우리가 느끼곤 했던 유쾌한 기분은 아니었습니다. 물론 철학적 담론으로 제 마음이 즐겁지 않은 것은 아니었지만, 그 즐거움 속에는 고통도 섞여 있었습니다. 조금 있으면 이 분이 돌아가시게 되리라는 생각이 머리에서 떠나지 않았으니까요. 그때 우리는 누구나 이런 이중 감정을 가지고 있었어요. 우리는 웃다가 울다가 그랬습니다. 특히 우리의 동료 아폴로도오로스가 그랬지요. 그 사람이 어떤 사람인지 당신도 알지요?

에케크라테스 : 알고말고요.

파이돈 : 그 사람은 아주 미친 것 같았어요. 그러나 저도 다른 사람

---

[2] 하데스(Hadēs) : 죽은 사람의 혼이 가는 곳을 다스리는 신. 그러나 그 당시에도 그 처소를 가리키는 말로 이미 사용되었다.

도 모두 마음에 큰 충격을 받았어요.

　에케크라테스 : 오오 파이돈, 그 자리에 있던 사람은 누구 누구였나요?

　파이돈 : 그곳(아테나이) 사람으로는 아폴로도오로스 외에 크리토부울로스와 그의 아버지 크리톤, 헤르모게네스, 이피게네스, 아이스키네스, 안티스테네스3) 그리고 파이아니아 구의 크테싯포스, 메네크세노스 그밖에 몇 사람이었어요. 플라톤은 그때 병중이었다고 기억합니다.

　에케크라테스 : 딴 곳 사람도 있었나요?

　파이돈 : 테바이 사람 심미아스와 케베스 그리고 파이돈테스, 또 메가라에서 온 에우클레이데스와 테르프시온이 있었지요.

　에케크라테스 : 저, 아리스티포스4)와 클레옴브로토스도 있었나요?

　파이돈 : 아닙니다. 그 사람들은 아이기나에 있었다더군요.

　에케크라테스 : 그밖에 또 누가 있었나요?

　파이돈 : 아마 이상 말한 것이 전부가 아니었던가 합니다.

　에케크라테스 : 자, 그럼 그때 무슨 말을 주고받았는지 말씀해 주세요.

　파이돈 : 처음부터 모두 말해 보기로 하지요. 그 분이 돌아가시기 전 여러 날, 우리는 아침 일찍 판결이 내려진 재판소에 모여 소크라테스한테 가곤 했어요. 감옥은 거기서 가까웠으니까요. 감옥 문이 아주 일찍부터 열리지는 않았기 때문에, 으레 서로 이야기하면서 기다리곤

---

3) 안티스테네스(Antisthenēs) : 금욕주의적인 퀴니코스 학파의 시조. 그가 이 자리에 있는 것은 이 대화편의 사상에 어울린다.

4) 아리스티포스(Aristippos) : 퀴레네의 부호. 쾌락주의를 제창하여 퀴레네 학파를 세웠다. 그가 이 자리에 없는 것도 이 대화편의 사상에 어울린다.

했어요. 문이 열리자마자 우리는 곧 들어가 소크라테스와 함께 온종일을 지내는 것이 보통이었지요. 그 날은 다른 날보다 더 일찍 모였습니다. 그 전날 우리가 감옥에서 나왔을 때 7 제삿배가 델로스로부터 돌아왔다는 소식을 들었기 때문입니다. 늘 모이던 장소에 아주 일찍 모이기로 서로 약속했던 거예요. 감옥에 이르니, 문을 열어 우리를 들어가게 해주던 옥리가 그날따라 들여보내주지 않고 밖으로 나와서, 불러들일 때까지 기다리라고 하더군요. 그리고 "지금 11인의 집행 위원이 소크라테스의 사슬을 풀어 주고, 또 오늘 형이 집행된다는 말을 하고 있는 중이기 때문이오"라고 하더군요. 얼마 후 그가 돌아와 우리를 들여보내 주었습니다. 들어가 보니 소크라테스는 막 사슬에서 풀린 참이었고, 크산티페―당신도 아시지요, 그 분을―가 아이를 팔에 안고 그 분 곁에 앉아 있더군요. 그녀는 우리를 보자 부녀자가 으레 그렇듯 울부짖었습니다. "오오 소크라테스, 이제 친구분들이 당신과 이야기하는 거나 저 분들이 당신과 이야기하는 거나 이것이 마지막이군요." 소크라테스는 크리톤에게 눈을 돌려 말씀하셨습니다. "크리톤, 사람을 시켜 저 사람을 집에 데려다 주게."

그러자 크리톤의 하인 하나가 그녀를 데리고 나갔는데, 그녀는 소리를 지르고 가슴을 치고 하였습니다. 소크라테스는 이윽고 침대에서 일어나 앉아, 다리를 굽히고 주무르면서 말씀을 꺼냈습니다. "쾌락이란 참 이상야릇한 거야. 고통이라고 하면 그 반대 것으로 생각되는데 둘의 관계도 묘하단 말이야. 이 두 가지는 한 사람에게 동시에 일어나는 법은 없으면서도, 그 중 하나를 추구하여 얻으면 대체로 반드시 다른 하나도 얻게 마련이야. 몸뚱이는 두 개인데, 머리는 하나밖에 없는 것 같단 말이야. 만일 아이소포스[5]가 알았더라면 우화를 하나 지었을 텐데. 가령, 신이 이 둘의 싸움을 화해시키려다 할 수 없게 되자 두 머리를 한 군데 붙여 버렸다는 식으로 말이야. 그래서 그 중 하나가 오면 다른 하나가 뒤따른다고 말했을 걸세. 지금 경험해 보니, 쇠사슬에 묶여 발이 아프더니, 그 고통이 가시니 쾌감이 따르는 것 같군."

그 말을 듣고 케베스가 말했습니다. "오오 소크라테스, 그 말씀을 하시니 생각납니다마는, 여러 사람이 저에게 질문한 것이 있습니다. 며칠 전에는 에우에노스가 같은 질문을 했는데, 저를 보면 다시 질문할 것입니다. 그러니 그에게 대답할 수 있도록 이 의문을 풀어 주실 수는 없을까요? 그의 질문은, 선생님이 지금까지는 시를 쓰신 적이 없었는데, 어째서 감옥에 들어와서부터는 아이소포스의 여러 우화를 시로 옮기고 또 아폴론 신을 찬미하는 노래를 짓고 계신가 하는 거예요."

"오오 케베스, 사실대로 전해 주게"라고 하면서 그 분이 말씀하셨습니다. "그나 그의 시와 겨루어 볼 생각으로 지은 것은 아닐세. 그런 일이 쉽지 않다는 걸 잘 안다네. 그러나 내가 꾼 어떤 꿈의 뜻에 관한 의아심을 씻어 버릴 수 있을까 알고 싶었네. 나는 이 세상을 살아오는 동안 꿈에서 문예 작품6)을 지어야 한다는 속삭임을 들었네. 그 모양은 여러 가지로 다르지만, 똑같은 꿈이 늘 똑같은 말로 '오오 소크라테스, 문예에 힘쓰고 작품을 지어라'라고 하더군. 나는 지금까지 그

---

5) 아이소포스(Aisopos) : 흔히 영어를 따라 '이솝'이라고 하는데, B.C. 6세기 경 사모스 섬의 노예였던 그가 지었다고 하는 우화집은 B.C. 3세기 경에 집성된 것이다.

6) 원어는 무시케(mousikē) : 영어 music의 원말. 본래 여신 무우사이가 다스리는 기예(技藝)를 의미하며, 시문학·음악·학문·예술을 총칭하는데, 좁은 의미에서는 시가만을 가리키는 경우도 있으나, 넓은 의미에서는 문예이다.

것을 그저 철학을 연구할 것을 권하고 격려하는 것이라고만 생각했다네. 그런데 이 철학이란 내가 일생 동안 탐구해온 것으로서, 가장 고상한 최선의 문예가 아닌가? 그 꿈은 마치 경기장에서 막 뛰고 있는 선수에게 구경꾼들이 뛰라고 소리치는 것처럼, 내가 이미 하고 있던 일을 하라고 명령하고 있었던 거야. 그러나 나는 이것이 과연 옳은 생각인지 분명치가 않았네. 그 꿈에서 하라는 것이 세상에서 흔히 말하는 의미의 문예였는지는 모르니까 말이야. 이제 사형 선고를 받고 제사 때문에 잠시 더 살고 있고 이 마당에, 저 세상에 가기 전에 꿈을 따라 몇 편의 시를 짓는 것이 좋지 않을까 생각했다네. 그래서 맨 처음에는 이번 제사의 신을 찬미하는 찬가를 짓고, 그 다음으로는 참 시인이라면 그저 사실만을 이야기할 것이 아니라 또한 모름지기 이야기를 꾸며야 하는 것인데, 새로 꾸밀 만한 것도 없고 해서, 이미 있는 것 가운데서 내가 알고 있는 아이소포스의 우화 몇 개를 취하여 시로 옮겨 본 것일세. 이런 일은 이번이 처음이지. 자, 케베스, 이상 말한 것을 에우에노스에게 전해주게. 또 내가 안부 전하더라는 말도 해주게. 그리고 그가 지자(知者)라면, 될 수 있는 대로 빨리 내 뒤를 따를 것을 원하고 있더라고 말해 주게. 또 내가 오늘 죽게 될 것 같다고도 전해 주게. 아테나이 사람들이 죽으라 하고 있으니 말일세."

심미아스가 말했습니다. "뭐 그런 일까지야 에우에노스에게 말할 것이 있겠어요! 자주 그 사람을 대해 보았습니다마는, 제가 보기로는, 혹 불가피하거나 하면 모를까, 그렇지 않는 한, 선생님의 뒤를 따른다는 건 어림도 없는 일일 텐데요."

"아니, 에우에노스는 철학자가 아니었나?"

"저는 철학자라고 보는데요"라고 심미아스가 말했습니다.

"그렇다면, 에우에노스이든 다른 누구든 철학적 정신을 가진 사람이면 누구나 죽기를 원할 걸세. 그러나 스스로 목숨을 끊는 일은 없을 거야. 그건 옳지 않은 일이니까."

그 말을 마치고 그는 침대에 그대로 앉은 채 두 다리를 땅바닥에 내리고 이야기를 계속했지요.

그러자 케베스가 물었습니다. "사람은 자살해서는 안 된다. 그러나 철학자는 죽을 각오가 되어 있어야 한다는 것은 무슨 까닭인가요?"

"아니, 케베스 그리고 심미아스, 자네들은 필롤라오스의 제자이면서도 그에게서 이것에 관하여 아무 것도 배운 바가 없단 말인가?"

"확실한 것은 아무 것도 배운 것이 없어요."

"나도 거기 대해서는 남이 한 말을 옮길 뿐이야. 그러나 들은 이야기를 되풀이하지 말란 법도 없지. 사실 지금 저 세상으로 가려는 이 마당에 이제 막 떠나려는 나그넷길이 어떤 성질의 것인지 생각해 보고, 또 거기 대해서 이야기하는 것도 썩 어울리는 일이 아닐까 싶군. 지금부터 해가 질 때까지, 죽기 전에 이것밖에 더 무슨 좋은 일을 할 수 있단 말인가?"

"그러면, 소크라테스, 왜 자살이 옳지 않은 일이라고 생각하는 겁니까? 방금 물어 보시기도 하셨지만, 필롤라오스도 우리와 함께 테바이에 머물고 있었을 때, 확실히 자살은 할 것이 아니라고 했어요. 또 다른 사람들도 그렇게 말하더군요. 그러나 아무에게서도 분명한 이야기는 못 들었습니다."

"앞으로 정신 차리고 듣도록 하게"라고 그 분이 말씀하셨습니다. "잘 듣고 있노라면 이해하게 될 날도 있을 테니까. 나는 자네가 이런 것을 이상하게 여길 거라고 생각하네. 즉 다른 여러 가지 언짢은 일이 때로는 어떤 사람에게 좋은 것일 수도 있는데, 왜 죽음만은 예외인지, 또 차라리 죽는 것이 나을 경우, 왜 스스로 목숨을 끊어서는 안 되고 남의 손을 기다려야 하는지 말일세."

"사실 그래요"라고 케베스가 조용히 웃으면서 자기 고향 사투리로 말했습니다.

"내 말이 좀 이치에 닿지 않는 듯싶다는 건 나도 알고 있네"라고 소크라테스가 말했습니다. "그러나 아주 이치에 맞지 않는 것은 전혀 없으리라 생각하네. 비교(秘敎)에서는 이런 것을 몰래 가르치지. 즉 인간이란 죄인이고, 감옥 문을 열고 도망갈 권리가 없다고. 이것은 심원한 가르침이라서 나로서는 잘 알 수 없는 거야. 하지만 나는 신들이 우리의 보호자이며, 우리 인간은 신들의 소유물이라 믿기도 한다네. 어떻게 생각하나?"

"저도 그렇게 생각합니다."

"만일 자네의 소유물 중 하나, 가령 소나 당나귀가 죽으라는 자네의 의사 표시가 있기 전에 마음대로 자살한다면, 자넨 그 짐승에게 화를 내고, 또 가능하다면 벌을 주지 않겠는가?"

"주고말고요."

"그렇다면, 이와 같이 볼 때 사람은 마땅히 기다려야 하고, 신이 지금 나를 부르고 있듯이, 신이 부를 때까지 자살해서는 안 된다는 데는 무슨 까닭이 있을 거야."

"그렇겠지요"라고 케베스가 말했습니다. "선생님 말씀이 옳은 것 같습니다. 그런데, 신이 우리의 보호자요 우리는 그의 소유물이라고 방금 하신 말씀은, 철학자는 모름지기 기꺼이 죽을 각오가 되어 있어야 한다고 하신 말씀과 좀 엇갈리는 것 같은데요, 어떻습니까? 가장 사려 깊은 사람들이 가장 잘 보살펴 주시는 신들의 돌봄을 져버리고 떠나고 싶어 한다는 것은 수긍할 수 없는 일이에요. 사려 깊은 사람치고 마음대로 스스로를 돌볼 수 있게 되었을 때 신들보다 더 잘 돌볼 수 있다고 생각할 사람은 하나도 없을 거예요. 어리석은 사람이나 그렇게 생각하겠죠. 어리석은 사람은 끝까지 머무르면서 좋은 주인에게서 도망치지 않는 것이 의무라고 생각할지도 모르고, 또 도망쳐 보았자 소용없다는 것을 생각하지 못하기 때문에 주인에게서 도망치는 것이 낫다고 생각할지도 모르지요. 사려 깊은 사람은 자기보다 나은 분과 항상 함께 있기를 원할 거예요. 그러고 보면, 오오 소크라테스, 이것은 아까 말씀하신 것과 정반대가 되는 것이 아닐까요? 이런 점에서 보면, 세상을 하직할 때 사려 깊은 사람은 슬퍼해야 하고, 어리석은 자는 기뻐해야 할 테니까요."

이 말을 듣고 소크라테스는 케베스의 논법에 흥미를 느끼는 것 같더군요. 그래서 우리 쪽을 돌아보시고 말씀하셨습니다. "케베스는 언제나 이치를 따진단 말이야. 그래서 남의 말을 곧장 믿지 않아."

그러자 "정말 그래요, 오오 소크라테스"라고 심미아스가 말했습니다. "하지만 케베스의 말에도 일리가 있다고 저에게는 생각됩니다. 도대체 정말 지혜 있는 사람이 어떻게 자기보다 나은 주인에게서 도망칠 생각을 하고 또 쉽사리 떠나버릴 수 있단 말입니까? 저는 케베스가 지금 말한 것은 바로 선생님을 두고 한 말이라고 생각해요. 즉 그는 선생님께서 우리를 버리고 쉬이 떠날 생각을 하고 있을 뿐만 아니라 또한 우리의 좋은 주인이라고 선생님께서 인정하신 신들도 쉽게 버리고 떠날 생각을 하고 있다고 생각하는 거겠지요."

"자네들 말에도 일리가 있군"하고 그 분이 말씀하셨습니다. "그럼 법정에서처럼 변론해 보라는 말이군 그래."

"네, 그렇게 해주셨으면 좋겠습니다"라고 심미아스가 말했습니다.

"그러면 재판관들 앞에서 한 변론보다 더 나은 변론을 자네들 앞에서 해보기로 하세. 오오 심미아스와 케베스, 만일 내가 지혜 있고 선한 신들에게로 지금 간다는 신념이 없다면, 그리고 이 세상 사람들보다 더 훌륭한 저 세상 사람들에게로 간다는 신념이 없다면, 죽음에 임하여 슬퍼하는 것도 당연한 일이겠지. 그러나 좋은 사람들에게로 간다는 것은 꼭 확실하다고 할 수는 없을지 모르나 나는 그렇게 바라고 있다네. 그리고 아주 좋은 주인인 신들에게로 간다는 것은 다시없이 굳게 확신하고 있다네. 그러니 슬퍼할 게 없지. 도리어 죽은 후에는 무엇인가가 있다, 그리고 옛날부터 전해 오는 바와 같이, 선인에게는 악인보다 훨씬 더 좋은 무엇이 있다는 큰 희망을 품고 있다네."

"그런데 오오 소크라테스"라고 심미아스가 말했습니다. "선생님은 그런 생각을 혼자서만 가지고서 떠나실 작정입니까? 우리에게도 알려 주시면 어떨까요? 우리들 누구나 알아둘 만한 좋은 것인 듯싶은데요. 더군다나 선생님이 우리를 납득시킬 수 있게 되면, 선생님께는 변론도 될 테니까요."

"어디, 최선을 다해 보기로 하세. 그러나 먼저 크리톤의 말부터 듣기로 하세. 아까부터 무슨 말을 하고 싶어 하는 것 같으니까"

"다른 게 아니라"라고 크리톤이 말했습니다. "자네에게 독약을 건네 줄 우리기 이끼부터 니한테 말하고 있는 것이야, 말을 너무 많이 히지 말라고 일러 달래. 말을 하면 열이 많아지고, 그렇게 되면 독약의 작용이 더뎌진다나. 흥분한 사람은 두 배 혹은 세 배까지 마셔야 될 때가 있다는군."

"내버려 둬"라고 소크라테스가 말했습니다. "제 할 일을 하면 될 거 아닌가? 두 번 먹어야 하면 두 번 먹고, 세 번 먹어야 하면 세 번 먹으면 될 거 아닌가."

"그렇게 말할 줄 알았어"라고 크리톤이 말했습니다. "그러나 하도 말해 달라고 해서 말했을 뿐이야."

"염려 말게"라고 그 분이 말씀하셨습니다. "자, 그러면, 오오 내 재판관들이여, 나는 그대들에게 참 철학자란 죽음이 임박했을 때 기쁜 마음을 가질 만한 이유가 있고, 또 죽은 후에는 저 세상에서 최대의 선을 얻을 희망이 있다는 것을 증명하려 하네. 어떻게 그럴 수 있는지, 심미아스와 케베스, 이제부터 설명해 보기로 하세.

참으로 철학에 몸을 바친 사람은 남들의 오해를 사기 쉬워. 세상 사람들은 그런 사람이 항상 죽음을 추구하고 있고 또 사실 죽고 있다는 것을 알지 못하지. 사실이 그렇다고 하면, 일생 동안 죽기를 원해 온 사람이 어찌하여 그때가 왔을 때 항상 추구하고 원하던 것을 마다할 것인가?"

심미아스가 웃으며 말했습니다. "웃을 처지가 아닙니다마는, 선생님께서 웃게 하신 거죠. 소크라테스. 저는 이런 생각이 드는군요 ― 선생님 말씀을 들으면 많은 사람이 선생님께서 아주 철학자다운 말씀을 하셨다고 생각할 거예요. 그리고 우리 고향 사람들도 철학자들이 원하는 삶은 사실은 죽음이요, 철학자들은 그들이 원하는 대로, 죽는 것도 괜찮다는 것을 알고 있다고 말할 거예요."

"그렇게 생각하는 것도 옳은 일이야. 그러나 알고 있다라는 말은 빼야 할 거야. 참 철학자에게 합당한 죽음이 어떤 건지, 또 어찌하여 그가 죽어서 좋은 건지, 또는 죽음을 원하는지 알고 있다고 할 수는 없으니 말일세. 그러나 그들에 대해서는 이 정도 말하기로 하고 우리끼리 얘기하기로 하자구. 그런데 도대체 죽음이라는 것이 있다고 생각하는가?"

"물론 있지요"라고 심미아스가 말했습니다.

"그건 영혼이 육체로부터 이탈하는 것이 아닐까? 죽는다는 것은 영혼이 육체를 떠나 홀로 있고, 또 육체가 영혼을 떠나 홀로 있는 것이 아닐까? 이것이 다름 아닌 죽음이 아니고 무엇이겠는가?"

"바로 그렇습니다."

"여기에 합의할 수 있다면, 아마 지금 다루고 있는 문제에 빛을 던져 줄지도 모를 또 하나 다른 문제가 있다네. 도대체 철학자는 먹고 마시는 쾌락에 마음을 써도 좋을까?"

"그럴 수 없지요"라고 심미아스가 말했습니다.

"성의 쾌락은 어떤가? 이런 것에 마음을 써도 좋을까?"

"절대로 안 됩니다."

"그러면 그 밖의 여러 가지 신체의 향락은 어떤가? 가령, 값진 옷이나 신발이나 그 밖의 여러 가지 야단스런 치장을 추구할 것인가? 오히려 이런 것들을 경시하지는 않을까?"

"저는 참 철학자라면 그런 것들을 경시하리라고 생각합니다."

"그러면 그런 사람은 전적으로 영혼에 마음을 쓰고 육체에는 마음을 쓰지 않는다고 생각한단 말이지? 즉 될 수 있는 대로 육체에 관해서는 생각을 멀리하고 생각을 영혼으로 돌린단 말이지?"

"네, 그렇습니다."

"그러면 철학자란 다른 누구보다도 될 수 있는 대로 영혼을 육체로부터 해방시키려는 사람이 아니겠는가?"

"그렇지요."

"그런데, 심미아스, 세상의 많은 사람들은, 그런 것에 아무 쾌락도 느끼지 않는 사람에게 인생은 살 만한 것이 못되며, 육체적인 쾌락을 모르는 사람은 죽은 거나 다름없다고 생각하는 것 같은데."

"사실 그렇습니다."

"그러면 지식의 획득에 대해서는 어떻게 말할 것인가? 육체가 지식의 탐구에 가담할 때, 그것은 방해가 되겠는가 도움이 되겠는가? 내가 말하려는 것은, 시각이나 청각이 우리에게 무슨 진실을 가르쳐 주는가 하는 것일세. 시인들도 늘 우리에게 일러 주듯이, 그것들은 부정확한 것을 제공해 주는 것이 아닐까 하는 것일세. 그런데 그것들마저 부정확하고 불분명한 것이라면, 나머지 감각에 대해서는 어떻게 말할 것인가? 자네도 시각이나 청각이 감각 가운데 최선의 것이라고 인정할 테니까 말일세."

"사실 다른 감각은 그것들만 못하겠지요."

"그러면 영혼은 언제 진실에 도달하는 것일까? 육체와 더불어 무엇을 탐구하려 하면, 영혼은 속을 것이 뻔하니 말일세."

"옳은 말씀입니다."

"그러면 어떤 것이 참으로 드러나는 일이 있다면 사유(思惟) 속에서 그렇게 되는 것이 아니겠는가?"

"그렇지요."

"그리고 사유는, 정신이 자기 자신으로 돌아갔을 때, 즉 청각이나 시각이나 또 고통이나 쾌락이 정신을 괴롭히는 일이 전혀 없을 때 가장 잘 되는 거야. 다시 말하면, 영혼은 육체를 떠나 될 수 있는 대로 육체와 상관하지 않을 때, 육체적 감각이나 욕망을 전혀 갖지 않고 참으로 존재하고자 추구할 때 가장 잘 사유하게 되는 거야."

"분명히 그렇습니다."

"또 철학자는 이와 같이 육체를 신통치 않게 여기므로, 그의 영혼이 육체를 피하여 홀로 있으려 하는 것이 아닐까?"

"분명히 그렇습니다."

"그러면 심미아스, 이런 것은 어떤가? 정의 자체라는 것이 있을까? 혹은 그런 것은 없는 것일까?"

"확실히 있습니다."

"아름다움 자체와 선 자체7)는 어떤가?"

"물론 있지요."

"그런데 자넨 이런 것을 눈으로 본 적이 있나?"

"한 번도 없습니다."

"혹은 신체의 다른 어떤 감관으로 이런 것을 파악한 적은 있는가? 나는 그 밖에 크다고 하는 것 자체, 건강 자체, 힘 자체, 통틀어 모든 것의 본질이랄까 참 본성이랄까 하는 것이 있는지 묻고 싶네. 자네는 이런 것들의 참 성질을 신체 기관으로 지각해 본 적이 있는가? 혹은 이런 것이 아닐까-즉 우리 가운데 가장 예리하고 가장 정확하게 탐구 대상의 본질을 파악하려고 노력하는 사람만이 이상의 여러 가지 것에 대한 참 인식에 가장 가까이 다가갈 수 있는 것이 아닐까?"

"그렇습니다."

"그리고 순전히 정신만을 가지고 각각의 탐구 대상으로 나아가고 사유할 때 이성의 활동에 시각이나 그 밖의 감각을 끌어 들이지 않

---

7) 정의 자체, 아름다움 자체, 선 자체는 정의의 이데아, 아름다움의 이데아, 선의 이데아와 같은 뜻으로, 각기 그 가장 완전한 것이다.

고, 정신 자체의 밝은 빛만으로 참된 존재를 탐구하는 사람만이 그 탐구 대상을 가장 순수하게 인식하게 되는 것이 아닐까? 즉 눈이나 귀나 아니 온 신체는 영혼과 관계하여 영혼이 진리와 지혜를 얻는 것을 방해한다고 보고, 가능한 한 이런 것과 관계를 끊고 이런 것에서 벗어난 사람이야말로 참 존재의 인식에 도달할 수 있지 않을까?"

"놀라운 진리의 말씀입니다. 오오 소크라테스"라고 심미아스가 말했습니다.

"이상 말한 모든 것을 생각할 때 진정한 철학자들은 다음과 같이 생각하고 또 서로 말할 걸세. 즉 '우리를 곧장 이끌어 다음과 같은 결론에 이르게 하는 듯싶은 사상의 오솔길을 발견한 것 같네—육체와 더불어 있는 동안, 그리고 영혼이 이 좋지 못한 것과 섞여 있는 동안, 우리의 소원은 이루어지지 못하리라는 결론 말이야. 우리가 원하는 것은 진리야. 육체란 먹고 살아야 하는 것인데 이것만으로도 끝없는 골칫덩어리가 되고, 또 병이라도 드는 날에는 참 존재에 대한 탐구를 방해하는 것일세. 또 그것은 우리를 연정과 정욕과 공포와 온갖 공상과 끝없는 어리석음으로 가득 채우고, 그리하여 세상 사람들의 말과 같이, 생각하는 능력을 빼앗아가는 것일세. 그리고 전쟁이나 분쟁이나 싸움은 무엇 때문에 생기는 것인가? 육체 때문에, 육체의 정욕 때문에 생기는 것이 아닌가? 전쟁은 돈을 사랑함으로써 생기는 것이고, 돈이란 육체 때문에 육체를 위해서 얻지 않으면 안 되는 거야. 이런 모든 장애물 때문에 우리는 철학하는 데 쓸 시간이 없는 거지. 그리고 무엇보다도 불행한 것은, 간혹 여가가 생겨 사색하려 할 때에도 언제나 육체가 탐구에 개입하여 혼란과 소동을 일으키고, 나아가 우리의 눈을 흐리게 하여 진리를 보지 못하게 하는 것일세. 그러니 무엇이든지 순수하게 인식하려면 육체를 떠나야 한다는 것은 분명하다 할 것일세. 영혼이 그 자체로 돌아가야 사물들을 그 자체로 볼 수 있을 거야. 이렇게 될 때 비로소 우리가 구하려고 했던 지혜에 도달할 수 있을 것일세. 그런데 이 지혜에 도달하게 되는 것은 우리가 살아 있는 동안이 아니고, 죽은 후의 일일 거야. 영혼이 육체와 함께 있는 동안은 순수한 인식을 할 수 없다면, 두 가지 가운데 하나가 가능할 테니까 말일세. 즉 인식에 전혀 도달할 수 없든가 그렇지 않으면 죽은 후에야 도달할 수 있든가. 그때에야 영혼은 육체를 떠나 홀로 있게 될 것이요, 그때까지는 그렇게 될 수 없을 테니 말일세. 살아 있는 동안은, 될 수 있는 대로 육체와 상관하지도 않고 어울리지도 않으며, 또 육체적인 성질에 젖지 않고, 오히려 신이 해방시켜 줄 때까지 자신을 깨끗하게 지켜야 그나마 인식에 가장 가까이 이를 수 있다고 생각하네. 이와 같이 육체의 어리석음에서 벗어나 깨끗하게 되어야 우리와 같이 깨끗한 사람들과 함께 있게 되고, 우리 자신을 통하여 모든 진리를 흠 없이 알게 될 걸세. 깨끗하지 못한 것은 깨끗한 것에 가까이 갈 수 없을 테니 말일세.' 오오, 심미아스, 이와 같은 것이 참으로 지혜를 사랑하는 철학자가 서로 주고받는 말이며 또 생각하는 것이야. 자네도 이렇게 생각하는 줄 아는데, 어떤가?"

"그렇게 생각하고말고요, 오오 소크라테스."

"오오 나의 벗이여"라고 소크라테스가 말씀하셨습니다. "이것이 진리라면, 이제 인생 여로의 마지막에 이르러 지금 내가 가려 하는 곳으로 가면서, 일생 추구해 온 것에 도달하리라는 희망을 품을 충분한 이유가 있네. 그러므로 나는 나의 갈 길을 큰 기쁨을 가지고 가는 것일세. 나뿐만 아니라, 마음에 각오가 되어 있고 마음이 정화되었다고 믿는 사람이면 누구나 기쁜 마음으로 이 길을 갈 것일세."

"아주 옳은 말씀입니다"라고 심미아스가 말했습니다.

"그런데 지금까지 내가 말한 바와 같이 정화란 다름 아니라 육체로부터의 영혼의 분리가 아니고 무엇이겠는가? 즉 영혼이 모든 방면에서 육체로부터 떠나 자기 자신을 수습하고, 저 세상에서와 마찬가지로 이 세상에서도, 될 수 있는 대로 자기만으로 사는 습관을 붙이는 것이 아니고 무엇이겠는가? 다시 말하면 영혼이 육체의 쇠사슬로부터 벗어나는 것이 아니고 무엇이겠는가?"

"사실 그렇습니다."

"영혼이 육체로부터 이렇게 분리되고 해방되는 것을 죽음이라고 하는 것 아닌가?"

"그렇지요."

"그리고 오직 그들만이 영혼을 이와 같이 해방시키려 하는 거야. 육체로부터의 영혼의 분리와 해방이야말로 철학자들이 특별히 마음을 쓰는 것 아닌가?"

"확실히 그렇습니다."

"그리고 내가 처음에 말했던 것처럼, 될 수 있는 대로 죽음의 상태에 가깝게 살려고 애쓰던 사람이 막상 죽음이 닥치자 마다하는 것은 우스운 일이 아닌가?"

"그렇지요."

"오오 심미아스, 참 철학자는 늘 죽는 일에 마음을 쓰므로 모든 사람 중에서 죽음을 가장 덜 무서워하는 자일세. 이렇게 생각해 보게. 저들이 늘 육체와 싸우고 영혼과 더불어 순수하게 되기를 원했다면, 이 소원이 성취되었을 때, 만일 거기 도착하면 이 세상에서 바라던 것—즉 지혜—을 얻게 될 희망이 있고 동시에 원수와 함께 있지 않게 될 곳으로 떠나려 할 즈음에, 기뻐하지 않고 도리어 떨면서 싫어하는 것처럼 모순된 것이 또 어디 있겠는가? 많은 사람들이 하데스에 가면 지상에서 사랑하던 사람이나 아내나 자식을 만나 함께 있게 되리라는 희망 때문에 죽기를 원했던 것은 사실이야. 그렇다면 참 애지자로서 저 하데스에서만 지혜를 보람 있게 향유할 수 있다고 확신하는 사람이 죽음을 싫어하겠는가? 오히려 큰 환희 속에서 저승으로 떠날 것이 아니겠는가? 오오 나의 벗이여, 참 철학자라면 그럴 걸세. 그는 저 세상에서, 그리고 거기에서만 순수하게 지혜를 발견할 수 있다고 굳게 확신하고 있을 테니 말이야. 사리가 이렇다면, 내가 말한 것처럼, 그가 죽음을 두려워한다는 것은 당치 않은 소리일 거야."

"정말 그럴 겁니다."

"그러니 죽음이 가까워 올 때 죽기를 주저하는 사람이라면 그 사람은 애지자 곧 철학자가 아니고 육체를 사랑하는 자임에 틀림없지 않은가? 아마 그 사람은 동시에 돈이나 권력을 사랑하는 자이거나, 그렇지 않으면 둘 다를 다 사랑하는 자일 거야."

"네, 그렇습니다."

"오오 심미아스, 그러면 용기는 철학자만 갖고 있는 성질이 아닌가?"

"그렇고말고요."

"그리고 세상 사람들이 정욕을 누르고 다스리며 단정한 몸가짐을 갖게 하는 것이라고 보는 절제도, 육체를 경시하고 철학 속에서 생활하는 사람에게만 속하는 덕이 아닌가?"

"그렇습죠."

"다른 사람들의 용기와 절제를 생각해 보면 그게 매우 엉성한 것임을 자네도 알 거야."

"왜 그런가요, 오오 소크라테스?"

"세상 사람들이 죽음을 아주 큰 악이라 여기고 언짢게 여기는 것을 자네도 알지 않나?"

"네, 압니다."

"그리고 용감하다는 사람들도 더 큰 악이 두려워 죽음에 임하는 것이 아닌가?"

"사실 그래요."

"그렇다면 철학자 이외의 다른 모든 사람은 오직 공포심 때문에, 즉 두려움 때문에 용감한 거야. 그런데 공포심과 두려움 때문에 용감하다는 것은 확실히 이상한 일이야."

"그렇습니다."

"절제의 경우도 이와 똑같지 않을까? 즉 세상 사람들은 무절제한 까닭에 절제적인 거야. 이런 일은 불가능해 보이지만, 저들의 소박한 절제란 결국 이런 거야. 왜냐하면, 저들에게는 잃어버리기 싫은 쾌락이 있고, 이런 쾌락을 열망하여 다른 몇몇 쾌락을 삼가고 그것을 취하기 때문이지. 쾌락에 의하여 지배되는 것을 세상 사람들은 무절제라 부르지만, 저들이 어떤 쾌락을 지배하는 것은 다른 쾌락에 지배되어 있기 때문이야. 이런 의미에서, 나는 저들이 무절제함으로써 절제적이라고 말하고 있는 거야."

"그럴 것 같습니다."

"오오 심미아스, 어떤 공포나 쾌락이나 고통을 마치 금전인 양 다른 어떤 공포나 쾌락이나 고통과 바꾸는 것, 그리고 더 작은 것을 더 큰 것과 바꾸는 것은 덕을 얻는 도리가 아니야. 모든 물건을 교환할 수 있는 진짜 화폐가 하나 있을 걸세. 그것은 곧 지혜야. 이것과 교환해야, 그리고 이것이 곁들여져야 용기건 절제건 정의긴 무엇이나 정말 사고 판 것이 되는 걸세. 어떠한 공포나 쾌락이나 그밖에 이와 비슷한 좋은 것이나 언짢은 것이 따르건 말건, 모든 참 덕은 지혜와 짝하는 거야. 그러니 이러한 여러 좋은 것으로 되어 있는 덕도 지혜로부터 분리되어 저희끼리 교환된다면, 그것은 덕의 그림자일 따름이고, 그 속에는 아무런 자유도 건전함도 진실도 없는 거야. 참 교환에는 이 모든 것의 정화가 있는 법이야. 그리고 절제·정의·용기 및 지혜 자체는 그것들을 정화하는 것일세. 저 신비교의 창립자들도 경멸할 것이 아니었던 듯싶어. 즉 저들이 옛날에 수수께끼 같은 말로 말하기를, 비의(秘儀)에 의하여 깨끗해지지 않고 저 세상에 간 사람은 누구나 흙탕 구덩이에 빠지게 되지만, 비의를 받고 순결하게 된 후에 저 세상에 간 자는 신들과 함께 살게 되리라 한 것이 헛소리가 아니었던 걸세. 사실 신비교에서 말하고 있는 것처럼, '나르테에크스[8])의 지팡이를 들고 다니는 자는 많으나, 참 박코스는 적네.' 나는 이 박코스라는 말을 '참 철학자'라고 해석한다네. 나도 일생 동안 내 힘이 닿는 데까지 이러한 참 철학자들 가운데 한 사람이 되려고 애써 왔다네. 내가 이 일을 올바르게 해 왔는지, 그리고 이 일에 성공했는지, 이제 저 세상에 가면 신이 허락하시는 대로 곧 알게 될 걸세. 이것이 내 신념이야. 그러므로 오오 심미아스와 케베스, 나는 자네들과 또 이 세상에서의 내 주인들과 작별에 즈음하여 서러워하지도 않고 불평하지도 않는 내가 옳다고 생각하네. 저 세상에서도 좋은 벗들과 주인들을

---

8) 나르테에크스(narthēx)는 남유럽에 자라는 나무. 속이 궁글어 있다. 박코스(Bakchos) 축제 때에 이 나무를 휘둘렀다. 박코스는 신이 들린 자라는 뜻이다.

만나리라고 믿으니까. 그러나 대부분의 사람들은 이것을 잘 믿지 못하지. 그러니 만일 내가 논하는 바를 아테나이의 재판관에게보다 자네들에게 더 잘 납득시킬 수 있다면 참 좋은 일이라 생각하네."

소크라테스가 이렇게 말씀을 마치자, 케베스가 대답했습니다. "오오 소크라테스, 당신 말씀의 대부분에 저도 동의합니다. 그러나 영혼에 관한 말씀에는 미심쩍어할 사람이 많을 거예요. 즉 영혼이 육체를 떠나면 이제 아무 데에도 없고 사람이 죽는 그 날 사멸하고 끝장을 보는 것이요, 육체에서 떠나자마자 연기나 입김처럼 흩어져 버리고 사라져 없어지는 것이라고 생각하여 두려워하고들 있습니다. 만일 영혼이 자기 자신을 고이 간직하여 선생님이 말씀하시는 여러 불행에서 벗어나 사후에도 존재할 수만 있다면, 오오 소크라테스, 선생님의 말씀이 옳다고 볼 수 있는 충분한 이유가 있겠지요. 그러나 사람이 죽은 후에도 그 영혼은 그대로 존속해 가며 어떤 힘과 지혜를 가지고 있다는 것을 증명하는 데는 적지 않은 설득과 증거가 필요합니다."

"아주 옳은 말이야. 그러면 그러한 일들이 있을 수 있다는 데 대해서 좀더 얘기해 보면 어떨까?"

"네, 그런 것들에 관한 선생님의 의견을 정말 듣고 싶습니다"라고 케베스가 말했습니다.

"지금 내가 말한 것을 들은 사람이면 누구를 막론하고"라고 소크라테스가 말씀하셨습니다. "심지어 나를 비웃던 저 극작가들도 내가 쓸데없는 말을 하며 이치에 닿지 않는 얘기를 한다고 비난하지는 않을 줄 아네. 자네가 원한다면, 한번 철저히 따져 보기로 하세.

먼저, 사람이 죽은 후 그 영혼이 하데스에 있는지 그렇지 않은지 생각해 보기로 하세. 죽은 사람의 영혼이 이 세상에서 저 세상으로 갔다가 다시 이 세상으로 돌아와 되살아난다는 아주 오래된 전설을 기억하지? 산 사람이 죽은 사람으로부터 오는 것이라면 우리의 영혼은 저 세상에 있어야 할 것이 아닌가? 그렇지 않다면 영혼이 다시 태어날 수는 없을 테니까. 산 사람이 죽은 사람으로부터만 태어난다는 것이 분명하면, 영혼들이 저 세상에 있다는 것은 확실해질 것일세. 그렇지 않다면, 다른 논증이 더 필요하겠지."

"아주 옳은 말씀입니다"라고 케베스가 말했습니다.

"이 문제를 좀 더 쉽게 이해하고 싶으면, 사람에 관해서만 생각하지 말고, 동물 전체와 식물 전체 또 생성하는 모든 것에 관해서 생각해 보게. 반대되는 것을 가지고 있는 것은 모두 그 반대되는 것으로부터 생기는 것이 아닌가? 가령 아름다움과 추함, 옳음과 옳지 않음 같은 것이란 말이야. 그밖에도 반대되는 것에서 생기는 것들이 무수히 많지, 이제 반대되는 것을 가지고 있는 모든 것이 반드시 그 반대되는 것으로부터 오고 결코 다른 데서 오지 않는다는 것을 살펴보기로 하세. 가령, 어떤 것이든지 더 크게 된다는 것은 먼저 작았던 것이 좀 더 크게 되는 것이 아닌가?"

"그렇지요."

"더 작은 것이 생기는 경우에도 먼저 더 큰 것이 있었고 그리고 나서 더 작게 된 것이지."

"네."

"더 약한 것은 더 강한 것에서 나왔고, 더 빠른 것은 더 느린 것에서 나왔지?"

"그렇습니다."

"더 나쁜 것은 더 좋은 것에서, 더 옳은 것은 더 옳지 않은 것에서 나왔겠지?"

"물론입니다."

"그러면 반대되는 모든 것에 대해서 이렇게 말할 수 있을까? 즉 그것들이 모두 반대되는 것에서 나왔다고 말이야?"

"말할 수 있지요."

"또 이 모든 것에 이런 것이 있지 않을까? 즉 반대되는 것들 사이에는 두 가지 생성이 있지 않을까? 이것에서 저것으로, 또 저것에서 이것으로 말일세. 가령, 더 큰 것과 더 작은 것이 있으면 또한 증가와 감소가 있어서, 커지는 것은 늘어난다고 하고 작아지는 것은 줄어든다고 하지 않는가?"

"그렇습니다."

"그밖에도 분리와 결합, 차게 되는 것과 덥게 되는 것처럼, 이것에서 저것이 생기고 또 저것에서 이것이 생기는 것이 많이 있을 거야. 이 모든 경우 일일이 명칭을 붙이지는 않지만, 서로 반대되는 것들은 모두 반드시 이와 같이 서로 반대되는 것에서 나오는 것이 아닐까?"

"사실 그래요."

"그러면 잠자는 것이 깨어 있는 것의 반대인 것처럼 살아있는 것의 반대는 없을까?"

"물론 있지요."

"그게 무엇인가?"

"죽음이지요."

"이상의 모든 것이 서로 반대되는 것이라면, 그것들은 각기 반대되는 것에서 나오며, 또 거기에는 각기 두 가지 생성이 있을 것이 아닌가?"

"물론이지요."

"자 그러면, 나는 지금 말한 두 가지 반대되는 것들 가운데 한 쌍과 또 그 생성을 분석할 테니, 자네는 다른 한 쌍을 나에게 설명해 주게. 내가 말하려는 것은 잠자는 것과 깨어 있는 것일세. 잠자는 상태는 깨어 있는 상태의 반대이고, 잠자는 상태에서 깨어 있는 것이 나오고, 또 깨어 있는 상태로부터 잠자는 상태가 나오지. 그리고 그 생성의 하나는 잠드는 것이요, 다른 하나는 깨어있는 것이지. 이렇게 생각하는데, 그렇지 않은가?"

"그렇습니다."

"자 그러면, 이번에는 자네가 이와 마찬가지 방식으로 삶과 죽음을 분석해 주게. 죽음은 삶의 반대가 아닌가?"

"그렇지요."

"그것들은 서로 다른 한쪽에서 나오는 것이 아닐까?"

"그렇지요."

"산 것에서 나오는 것은 뭐지?"

"죽은 것이지요."

"그러면 죽은 것에서는?"

"산 것이라고 대답할 수밖에 없습니다."

"오오 케베스, 그러면 살아 있는 것은 사람이나 물건이나 죽은 것에서 나오는가?"

"분명히 그렇습니다."

"자 그러면, 우리의 영혼이 하데스에 있는 것이 되는군."

"그럴 것 같습니다."

"그런데 두 생성 가운데 하나는 분명하지 않은가? 죽는다는 것은 확실히 볼 수 있으니 말이야."

"그렇지요."

"그러면 어떻게 되는 거지? 그 반대의 생성은 없다고 보아야 할까? 그렇게 보면 자연의 진행은 반쪽이 되지 않을까? 오히려 우리는 죽음에 대립하는 어떤 생성이 있다고 보아야 하지 않을까?"

"그래야 할 겁니다."

"그러면 그 생성은 무엇일까?"

"되살아나는 것이지요."

"되살아난다, 즉 삶으로 되돌아온다는 것이 있다면 그것은 죽은 자가 산 자들의 세계에 태어나는 것이 아닐까?"

"그렇습니다."

"자 그러면, 여기에 죽은 자가 산 자로부터 생기는 것과 꼭 마찬가지로, 산 자가 죽은 자로부터 생긴다는 결론에 도달할 새로운 길이 있는 걸세. 그리고 이것이 옳다면, 죽은 자의 영혼이 어디엔가 있다가 거기서 되살아오게 된다는 것이 가장 확실하게 증명된 것이라 생각되네."

"오오 소크라테스, 우리가 앞서 동의한 데서 필연적으로 그런 결론이 나오는 것 같군요."

"생각해 보게, 오오 케베스. 우리가 동의했던 것들은 잘못된 것이 아니었네. 왜냐하면 만일 생성이 직선적으로만 이루어지고, 반대의 것에서 반대의 것이 나오는 일이라든가 순환적인 생성이 없고, 물질의 성분들이 그 반대의 것으로 돌아가고 또 되돌아오는 일이 없다면, 세상의 모든 것은 결국 똑같은 모양을 가지고 또 똑같은 상태에 이르게 될 것이며, 더 이상 생성이 없을 것이니 말일세."

"어떻게 된다는 말씀이신지요?"

"어려운 일이 아닐세. 잠자는 것을 예로 들어 한번 생각해 보세. 잠자는 것과 깨어 있는 것의 교대가 없다고 하면 저 잠자는 엔뒤미온9) 이야기는 무의미한 것이 되고 말 것이 아닌가? 왜냐하면 그렇게 되는 경우에는 다른 모든 것도 잠든 상태에 있을 수 있으니, 엔뒤미온도 다른 모든 사람과 같이 자고 있어서 별로 눈에 띄지 않는 존재가 될 것이니 말이야. 또 만일 모든 것이 결합되기만 하고 분리되는 일이 없다면, 아낙사고라스가 말한 바와 같은 '만물의 혼돈'이라는 상태가 곧 올 것일세.10) 마찬가지 이치로, 오오 친애하는 케베스, 만일 생명을 가진 모든 것이 죽고, 죽은 다음에는 죽은 상태에 머물러 있고 다시 생명을 갖게 되는 일이 없다면, 결국 모든 것이 죽고 살아 있는 것이라곤 하나도 없게 될 것이 아닌가? 이 밖에 다른 어떤 결과가 있을 수 있는가? 만일 살아있는 것이 다른 어떤 것들로부터 나오고, 이것들 역시 사멸한다면 결국 모든 것은 죽음에 파묻히게 될 것이 아닌가?"

"그럴 수밖에 없겠지요"라고 케베스가 말했습니다. "선생님 말씀이 꼭 옳은 것 같습니다."

"오오 케베스, 내 생각에도 꼭 그럴 것만 같네. 그리고 이상의 여러 가지를 인정함으로써 우리가 스스로 속았다고는 생각되지 않네. 도

---

9) 엔뒤미온(Endymiōn) : 코린토스의 목자로 보기 드물게 아름다운 청년. 제우스의 아내 헤라를 범하려 한 때문인지, 혹은 달의 여신 아르테미스가 그를 애무하는 것을 의식하지 못하게 하려 한 때문인지 영원한 잠에 빠지게 되었다는 신화가 있다.

10) 아낙사고라스(Anaxagoras) : B.C. 5세기의 철학자. 만물은 최초에 혼돈 상태에 있었는데, '누우스(nous, 知性)'에 의하여 질서가 잡히고 세계가 형성되었다고 주장하였다.

리어 다시 사는 일이 정말로 있고, 죽은 자가 산 자로부터 나오며, 죽은 자의 영혼이 생존하며, 또 선한 영혼은 악한 영혼보다 더 나은 운수를 가진다는 것을 확신하네."

"오오 소크라테스"라고 케베스가 말했습니다. "선생님께서 자주 말씀하신 이론, 즉 안다는 것은 다름 아닌 상기(想起)라는 이론이 옳다면 우리가 지금 상기하고 있는 것을 예전에 배운 일이 있었다는 것은 필연적인 귀결입니다. 그러나 이것은 우리의 영혼이 사람의 형태를 가지고 태어나기에 앞서 어떤 곳에 있지 않았다고 하면 불가능한 일일 겁니다. 여기에도 영혼 불사(靈魂不死)의 증거가 있을 것 같습니다."

"그러나 오오 케베스"라고 심미아스가 말했습니다. "그 상기설을 뒷받침해 주는 증거가 어떤 것이었나 좀 말해 주게나. 지금 난 그걸 잘 기억하지 못하고 있거든."

"질문이라는 것이 훌륭한 증거가 되네"라고 케베스가 말했습니다. "가령 자네가 어떤 사람에게 합당한 질문을 하면 그 사람은 합당한 대답을 할 것일세. 이것은 이미 그 사람 속에 지식과 옳은 말이 있지 않고서는 불가능한 일이지. 이런 일은 기하학의 도형이나 그 밖에 이와 비슷한 것을 문제 삼을 때 가장 잘 드러나는 것일세."[11]

"오오 심미아스"라고 소크라테스가 말했습니다. "아직 잘 믿을 수 없다면 다른 각도로 한번 고찰해 보고, 나하고 같은 생각을 가질 수 없을지 살펴보면 어떨까 하네. 안다는 것이 상기인가 아닌가에 대해서 자네가 아직 못 미더워 하고 있으니 말일세."

---

11) ≪메논≫에서 소크라테스는 기하학을 전혀 모르는 메논(Menon)의 사환 아이와 문답하여 그로 하여금 어떤 정사각형의 대각선을 한 변으로 하는 정사각형의 면적은 처음 정사각형의 2배가 됨을 발견하게 하고 있다.

"못 미더운 것은 아닙니다마는" 하고 심미아스가 말했습니다. "그 상기설이 어떤 것이었는지 저 스스로 상기해 보고 싶었을 따름이에요. 이제 케베스가 한 말을 들으니 전에 들었던 것이 다시 생각나고 옳아 보이기도 하는군요. 그러나 선생님께서 어떻게 말씀하시려는지 여전히 듣고 싶습니다."

"내가 말하고 싶은 것은 다른 것이 아니라, 만일 내 생각이 그릇된 것이 아니라면, 어떤 사람이 상기하는 것은 전에 언젠가 배워서 안 적이 있었던 것이라는 데 대해서 우리가 합의를 보아야 할 것이 아닌가 하는 것일세."

"옳은 말씀입니다."

"그러면, 지식이 그렇게 해서 생기는 경우, 그것이 상기라는 데 우리는 합의를 보고 있는가? 내가 말하려는 것은 이런 것일세 — 어떤 사람이 어떤 것을 보았거나 들었거나 혹은 다른 어떤 감각 기관으로 지각했을 때 그것을 알 뿐만 아니라 또 그것과 다른 어떤 것을 생각한다면, 그때 그 사람은 자기가 생각한 것을 상기했다고 할 수 있지 않을까?"

"무슨 말씀이신지요?"

"가령 이런 거야. 어떤 류트를 아는 것과 어떤 사람을 아는 것은 다른 거야."

"물론이지요."

"그런데 말이야, 자네도 잘 알고 있으리라 생각하는데, 애인들이 상대방이 늘 쓰던 류트나 옷이나 그 밖의 어떤 것을 볼 때, 바로 그런 일이 생기지 않는가? 즉 그들은 류트를 알아보고서는, 그 류트의 소유자였던 청년의 모습을 마음속에 그리지 않는가? 이것이 다름 아닌 상기일세. 마찬가지로 심미아스를 보는 사람은 가끔 케베스를 생각할 걸세. 이와 같은 예는 무수히 많다네."

"정말 무수히 많아요"라고 심미아스가 말했습니다.

"그리고 이런 것도 상기가 아닐까? 즉 오래된 일로서 주의하지 않았기 때문에 잊어버린 것에 관해서 그런 일을 경험하는 경우 말일세."

"그렇지요."

"자 그러면 말이야. 어떤 그림에서 말을 보거나 혹은 류트를 보고서 어떤 사람을 상기하는 수도 있지 않겠나? 또 심미아스의 그림을 보고서 케베스를 상기하는 수도 있지 않겠나?"

"있지요."

"또 심미아스의 그림을 보고서 심미아스 자신을 상기하는 수도 있지 않겠나?"

"있고말고요."

"그리고 이 모든 경우에 상기는 닮은 것에서 생길 수도 있고 닮지 않은 것에서 생길 수도 있지 않겠나?"

"그렇지요."

"그런데 상기가 닮은 것에서 생기는 경우에는, 또한 그 상기하는 사람은 반드시 그런 것을 고찰하게 되지 않을까? 즉 그 닮은 것이 상기되고 있는 것을 제대로 닮았는지 그렇지 못한지 말이야."

"네 그렇게 되지요."

"그러면 더 나아가 이런 것 좀 생각해 보세. 어떤 나무 조각이 다른 나무 조각과 같다든가 어떤 돌이 다른 돌과 같다든가 하는 것뿐만 아니라, 이렇게 같은 것 외에 그리고 그 위에 '같음' 자체라고 할만한 것이 있지 않을까? 이렇게 말할 수 있을까?"

"그럴 수 있을 겁니다"라고 심미아스가 말했습니다. "저는 그런 게 있으리라 확신해요."

"그러면 우리는 같음 자체가 무엇인지 알고 있는가?"

"네, 알고 있어요."

"어디서 우리는 그런 지식을 얻어 왔는가? 나무 조각이나 돌 같은 물질적인 것들의 같음을 보고서, 이것들로부터 이것들과는 다른 '같음'의 관념을 가지게 된 것이 아닐까? 자네는 이 양자가 다르다고 생각하지 않는가? 혹은 이렇게 한 번 생각해 보게. 똑같은 나무 조각이나 돌이 어떤 때는 같게 보이고 어떤 때는 같지 않게 보이지 않던가?"

"그래요."

"그런데 말이야, 정말 같은 것이 같지 않게 보인 적이 있나? 즉 **같음**이 **같지 않음**처럼 보인 적이 있었나?"

"그런 일은 절대로 없었습니다, 오오 소크라테스."

"그러니 결국 같은 것들이란 **같음** 자체는 아니지."

"아니지요, 오오 소크라테스."

"이러한 같은 것들은 같음 자체와 다르지만, 자네는 이런 같은 것들로부터 **같음** 자체를 인식하고 파악하지 않았는가?"

"그렇지요."

"그런데 그 **같음** 자체는 같은 것들과 닮을 수도 있고 안 닮을 수도 있을 테지."

"네 그래요."

"그것은 어떻든 상관없는 일이야. 아무튼 자네가 어떤 것을 보고 다른 것을 마음에 생각한다면, 그 양자가 닮았건 안 닮았건, 확실히 그것은 하나의 상기일 테지?"

"그렇습니다."

"자 그러면 말이야, 나무나 돌이나 그 밖의 다른 물건의 **같음**과 같음 자체를 비교해 볼 때, 어떻게 생각하나? 전자도 후자와 같은 의미에서 같다고 할 수 있을까? 그렇지 않으면 전자는 후자보다 못한 것인가?"

"훨씬 못하지요."

"그리고 우리는 이런 것에도 동의하지 않을까? 가령 어떤 사람이 어떤 물건을 보고 그것이 다른 어떤 것과 같게 되려고 하지만 그렇게 되지 못하고 거기 미치지 못함을 아는 경우, 그 사람은 닮고는 있으나 미치지 못하는 다른 어떤 것을 미리 알고 있어야만 할 것이라는 데 대해서 말일세."

"동의해야지요."

"이런 일은 여러 가지 같은 것들과 **같음** 자체에도 맞는 일이 아닐까?"

"그렇습지요."

"그럼 우리가 처음으로 실제로 같은 것들을 보고, 그것들이 모두 같음 자체에 도달하려고 애쓰지만 미치지 못하는 것임을 의식하기에 앞서, 그 **같음** 자체를 애초에 알고 있었던 것이 아닐까?"

"그렇습니다."

"그리고 또 우리는 이런 것에도 합의를 본 줄 아네. 즉 같음 자체란 눈으로 본다든가 손으로 만져 본다든가 그 밖의 다른 어떤 감각을 통해서만 갖게 되는 개념이며 또 가질 수 있다는데 대해서 말일세. 내가 보기엔 다른 모든 경우에도 이렇게 말할 수 있지 않을까 하네."

"오오 소크라테스, 이론의 전개로 보아 그럴 수밖에 없지요."

"그러면 말이야, 모든 감각적인 것들이 **같음** 자체에 도달하려 하지만 거기 미치지 못한다는 것을 아는 것은 오직 감각을 통해서만 가능한 일이지."

"네."

"그러면 우리가 보거나 듣거나 혹은 그 밖에 어떤 식으로 감각하기에 앞서, **같음** 자체를 알고 있어야만 해. 그렇지 않으면 감각을 통해 알게 된 여러 가지 같은 것들을 평가할 기준이 전혀 없어. 이것들은 모두 이 **같음** 자체가 되고 싶어 하지만 거기 미치지 못하는 거야."

"지금까지 말해온 것으로 보면 당연히 그렇지요."

"그런데 우리는 이 세상에 태어나는 즉시 보기도 하고 듣기도 하며, 또 그 밖의 다른 감관을 사용하게 된 것이 아닐까?"

"그렇지요."

"그러면 그 전에 우리는 **같음**의 지식을 가졌어야만 할 것이 아닌가?"

"그렇지요."

"그건 우리가 이 세상에 태어나기 전일 테지?"

"그렇습니다."

"자 그러면, 우리가 이 세상에 태어나기 전에 알았고, 또 나면서부터 쓸 줄 알았다면, 우리는 또한 출생하기 전에 그리고 출생한 직후에도 **같음**이나 **더 큼** 및 **더 작음**뿐만 아니라 그 밖의 다른 모든 이런 것들을 알았을 것일세. 우리가 지금 묻고 답하는 가운데 논하고 있는 것은 **같음**뿐만 아니라 또 **아름다움 자체**, **선 자체**, **경건 자체** 및 그밖에

**자체**라는 말을 붙일 수 있는 모든 것이니 말일세. 이 모든 것에 대해서 우리는 태어나기 전에 획득했다고 분명히 말할 수 있지 않을까?"

"그럴 수 있겠지요."

"그리고 우리가 일단 그것을 인식하고, 그 각각의 경우에 획득한 것을 잊어버리지 않는다면, 우리는 그것을 계속해서 알고 또 일생 동안 알 것이 아닌가? 안다는 것은 어떤 것에 대한 지식을 획득하고 그대로 유지해가면서 상실하지 않는 것이니 말일세. 오오 심미아스, 망각이란 지식을 잃는 것이 아닌가?"

"옳은 말씀입니다."

"그러나 우리가 태어나기 전에 획득한 지식을 태어날 때에 잃어버리고 나중에 감각을 사용하여 다시 회복하는 것이라면, 배워서 안다는 것은 바로 본래 가지고 있던 지식을 회복하는 것이 아닌가? 그리고 그것을 상기라고 부르는 것은 옳은 일이 아닐까?"

"옳은 일입니다."

"왜 그런가 하면 말이야, 지금까지 말해 온 것에서 분명하게 된 바와 같이, 우리가 시각이나 청각이나 그 밖의 다른 감각으로 어떤 것을 지각할 때, 우리는 이 지각으로부터 그것과 닮았건 안 닮았던 아무튼 그것과 관련이 있는 것으로서 잊어 버렸던 다른 어떤 것을 생각할 수 있으니까 말일세. 그래서 내가 말하고 있는 것처럼 다음 두 가지 것 가운데 하나가 성립한단 말이야. 즉 우리가 그 지식을 태어나면서부터 가지고 있고 또 일생 동안 계속해서 가지든가, 그렇지 않으면 태어난 다음에 배우는 사람들이 다만 상기하든가. 그러니까 이런 경우에는 안다는 것은 단순히 상기지."

"참 옳은 말씀입니다. 오오 소크라테스."

"그러면, 오오 심미아스, 자네는 이 두 가지 중 어느 것이 옳다고 보는가? 우리는 태어나면서부터 지식을 가지고 있는가, 그렇지 않으면 태어나기 전에 이미 알고 있던 것을 상기하는 것인가?"

"오오 소크라테스, 저로서는 당장 어느 것을 취할 수가 없군요."

"그러면 이런 문제를 한번 생각해 보게. 그리고 결정을 내려 보게. 즉 어떤 사람이 어떤 것을 아는 경우, 그 사람은 자기가 아는 것에 대해서 설명할 수 있는가 없는가?"

"물론 설명할 수 있어야 되겠지요."

"그러면, 자네는 우리가 지금까지 논해 온 것에 대해서 누구나 이론적으로 설명할 수 있다고 생각하는가?"

"그랬으면 좋겠습니다마는, 불행히도 그렇지 못합니다"라고 심미아스가 말했습니다. "아마 내일 이맘때쯤이면 이 세상에 살아 있는 사람으로서 그만한 일을 할 수 있는 사람은 한 사람도 없지 않을까 합니다."

"그러면 오오 심미아스"라고 그 분이 말씀하셨습니다.

"자네는 모든 사람이 그런 것에 대해서 안다고는 생각하지 않는단 말이지?"

"네."

"그러면 저들은 앞서 배워서 안 것을 상기하고 있단 말이지?"

"네 그렇습니다."

"그러면 언제 우리의 영혼이 그것들에 관한 지식을 얻었을까? 세상에 태어난 후가 아닌 것은 확실하니 말일세."

"네, 태어난 후가 아닙니다."

"그러면 태어나기 전인가?"

"네, 그렇습니다."

"그러니, 오오 심미아스, 우리의 영혼은 우리의 육체가 인간의 형상을 취하기 전에도, 육체를 떠나서 있었고, 또 생각하는 능력도 가지고 있었을 걸세."

"우리가 이 모든 지식을 바로 태어날 때에 얻는 것이 아니라면 그럴 테지요. 이 태어날 때라는 게 그밖에 남아 있는 유일한 때이니까요."

"그렇지, 오오 나의 벗이여, 그러면 우리는 언제 그것들을 잃어버리는가? 우리가 그것들을 가지고 태어난 것이 아님은 방금 인정한 일이니 말일세. 그것들을 얻는 순간에 잃어버리는가? 그렇지 않으면 다른 어떤 때에 잃어버리는가?"

"오오 소크라테스, 그럴 수 없어요. 저는 정신없이 무의미한 소리를 하고 있었습니다."

"그러면 오오 심미아스, 늘 거듭 말해 온 바와 같이 아름다움, 선 및 그 모든 것에 본질이 있다면, 그리고 우리가 이 세상에 태어나기 전에 이미 있었고, 또 우리가 지금 가지고 있음을 방금 발견한 이것들에 모든 감각을 비추어 보는 것이라면, 우리의 영혼도 이 세상에 태어나기 전에 존재했음이 필연적이 아닌가? 그렇지 않다면 우리의 논의는 공연한 것이 아니겠는가? 그러니 이런 것들도, 또 우리의 영혼도 우리가 이 세상에 태어나기 전에 있었을 것일세. 그런 것들이 없다면 우리의 영혼도 없을 걸세."

"오오 소크라테스"라고 심미아스가 말했습니다. "저는 이제 전자나 후자가 다 똑같은 필연성을 가지고 존재함을 확신합니다. 이제 우리의 논의는, 영혼이 태어나기 전에 있다는 것이, 선생님이 말씀하시는 본질이 있다는 것과 분리될 수 없다는 점에 훌륭하게 도달했습니다.

이제 저에게는 아름다움, 선 그리고 그밖에 선생님이 말씀하시는 것들이 가장 분명히 존재한다는 것보다 명료한 일은 없습니다. 저는 그것이 충분히 증명되었다고 봅니다."

"그러나 케베스도 그렇게 생각할까?"라고 소크라테스가 말씀하셨습니다. "케베스도 설득해야 할 텐데."

"케베스에게도 만족할 만큼 증명이 되었다고 생각합니다"라고 심미아스가 말했습니다. "하기는 저 사람이 뭇 사람 가운데 가장 의심이 많은 사람입니다마는, 저 사람도 영혼이 태어나기 전에 존재했다는 것을 충분히 납득했으리라 믿습니다. 그러나 죽은 뒤에도 영혼이 계속 존재하리라는 것은 저한테도 아직 만족할 만큼 증명되지 않았습니다. 케베스가 아까 말하기를, 사람이 죽으면 그 영혼은 흩어지고 결국 없어진다고 느끼는 사람이 많다고 했습니다마는, 저도 그렇게 느낍니다. 설사 영혼이 어떤 딴 곳에서 태어나고, 어떤 특별한 성분을 가지고 있더라도, 그것이 일단 사람의 몸으로 들어갔다가 떠나게 되는 날에는 결국 소멸하여 없어지고 만다는 것을 부인할 근거가 어디에 있는지요?"

"오오 심미아스, 자네 말이 옳으이"라고 케베스가 말했습니다. "태어나기 전에 우리의 영혼이 존재했다는 증명이 절반은 된 셈일세. 그러나 죽은 후에도 영혼이 존재한다는 것이 증명해야 할 것의 나머지 절반인데, 아직 증명되지 않았네. 이것도 증명되면 우리의 증명은 완성될 걸세."

"그러나 오오 심미아스와 케베스, 지금 증명된 것과 앞서 우리가 합의한 것, 즉 모든 산 자는 죽은 자로부터 온다는 것을 결부시키면, 증명은 다 된 것이 아닌가? 영혼이 태어나기 전에 이미 존재하는 것이며, 또 이 세상에 태어나 생명을 누리게 되는 때에는 죽음과 죽은 자 이외의 다른 아무 데서도 오지 않는다고 하면, 죽은 후에도 영혼은 존재해야만 되지 않을까? 다시 이 세상에 태어나야 하니까 말일세. 그러니 자네들이 말하는 증명은 확실히 다 된 셈이야. 그래도 자네들은 아직도 논의가 모자라 더 추궁해 보려 하는군. 아이들처럼, 영혼이 육체를 떠나면 바람에 불려 산산이 부서지고 흩어지고 말지나 않을까 염려하는 것 같군. 날씨가 조용할 때에 죽지 않고 큰 폭풍우가 일 때에 죽는다면 더욱 쉽사리 그렇게 되지 않나 하고 말일세."

케베스가 웃으면서 말했습니다. "오오 소크라테스, 그렇게 되는 것을 두려워한다고 생각하시고 그렇게 되지 않는다는 것을 납득시켜 주세요. 그런데 사실대로 말씀드린다면, 그런 것을 두려워하는 것은 우리가 아니고, 우리 속에 어린 아이가 있어서 죽음을 마치 유령인 양 무서워하는 거지요. 그러니 이 어린 아이도 설득하여 어두운 데 홀로 있을 때 두려워하지 않도록 해주세요."

"그러면 그 두려움이 사라질 때까지 매일 마법의 노래를 부르기로 하세"라고 소크라테스가 말씀하셨습니다.

"그러나 오오 소크라테스, 선생님이 떠나가시면 어디서 좋은 마술사를 얻어 우리의 공포를 없앨 수 있겠습니까?"

"오오 케베스, 헬라스는 넓은 곳이야. 훌륭한 사람은 많아. 또 외국 태생도 이제는 적지 않아. 이 많은 사람들 가운데서 그런 마술사를 찾아야지. 멀리 또 널리 찾아보게. 돈이나 수고를 아껴서는 안 돼. 돈을 쓰는 데 이보다 더 좋은 일이 어디 있겠는가? 그리고 여러분 가운데서도 서로 찾아야 해요. 아마 여러분 자신보다 그런 일을 더 잘 하는 사람을 찾을 수 없을지도 모르니 말이에요."

"네, 꼭 찾아보기로 하겠어요"라고 케베스가 말했습니다. "그것은 그렇고 이제는 생각이 나시면, 아까 이야기를 중단했던 데로 되돌아가기로 하지요."

"그러세. 그 밖에 내가 좋아하는 것이란 없으니까."

"좋습니다."

"자 그러면, 어떤 것이 그렇게 흩어지고 소멸하기 때문에 우리가 종말을 두려워하는 것인지, 그리고 어떤 것은 그렇지 않은 것으로서 우리가 그것에 관해서 두려움을 가질 필요가 없는 것인지, 스스로 물어볼 일일세. 그 다음에 우리는 영혼이 그 중 어느 것에 속하는지 생각해 보아야 하네. 이렇게 해 보면 자신의 영혼에 희망을 품을 것인지 그렇지 않고 두려운 생각을 가질 것인지 알게 될 걸세."

"옳은 말씀입니다."

"그런데 말이야, 합성되어 있는 것은 그 본성상 분해될 수 있는 것이 아닐까? 이와 반대로 합성되어 있지 않은 것은 어느 것이나 분해되지 않는 것이 아닐까?"

"그럴 것 같습니다"라고 케베스가 말했습니다.

"그리고 합성되지 않은 것은 항상 그대로 있으면서 불변하는 데 반하여 합성된 것은 항상 변화하며 절대로 그대로 있지 않을 테지?"

"저도 그렇게 생각합니다."

"그러면 아까 논하던 데로 돌아가 보기로 하세. 우리의 모든 물음과 대답에서 참으로 존재하는 것으로 보고 있는 이 본질은 항상 그대로 있는가? 그렇지 않으면 변화하는가? 내가 말하고 있는 것은 같음 자체, 아름다움 자체나 그밖에 어떤 것이나 그 자체에 있어서 존재하는 본질일세. 이것들은 언제나 그대로 있으며, 언제나 불변하는 모습으로 독자적으로 존재하며, 또 어느 모로나, 어디서나 언제나 달라지는 법이 없는 것일까?"

"오오 소크라테스"라고 케베스가 말했습니다. "그것들은 언제나 그대로 있을 겁니다."

"그러면, 수많은 아름다운 것들은 어떨까? 즉 사람이나 말이나 옷이나 그 밖의 어떤 것이나 아름답다는 말을 듣는 모든 개별적인 것들은 불변하며 언제나 그대로 있을까? 그렇지 않으면 이와 반대로 그 자체에서나 그 상호간에서나 거의 언제나 변하며 그대로 있는 법이 없는 것일까?"

"그렇지요"라고 케베스가 말했습니다. "그것들은 항상 변화하고 있습니다."

"그것들은 손으로 만져 볼 수도 있고 눈으로 볼 수도 있고 또 다른 감각기관으로 지각할 수도 있으나, 불변하는 것들은 오직 이성의 사유에 의해서만 파악할 수 있고, 볼 수 있는 어떤 꼴을 가지지 않으므로 우리 눈에는 보이지 않는 것이 아닐까?"

"확실히 그렇습니다."

"그러면 존재하는 것에는 두 종류가 있다고 정하면 어떨까? 눈에 보이는 것과 눈에 보이지 않는 것 말이야."

"좋습니다."

"눈에 보이는 것은 변하는 것이고, 눈에 보이지 않는 것은 변하지 않는 것일 테지?"

"그럴 겁니다."

"그런데 말이야, 우리 자신을 두고 볼 때 일부는 육체이고, 또 다른 일부는 영혼이 아닌가?"

"바로 그렇습니다."

"그러면 육체는 어떤 것에 더 가깝고 어떤 것을 더 닮았다고 보아야 할까?"

"물론 눈에 보이는 것에 가깝지요. 이건 누구에게나 분명한 일일 겁니다."

"그러면 영혼은 어떤가? 눈에 보이는 것인가 눈에 보이지 않는 것인가?"

"적어도 사람에게는 보이지 않는 것이지요, 오오 소크라테스."

"그런데 보인다 안 보인다 하는 것은 사람의 눈으로 볼 수 있거나 볼 수 없는 것을 말하는 것이 아닐까?"

"물론이지요."

"그러면, 영혼은 보이는 것인가 안 보이는 것인가?"

"안 보이는 것입니다."

"그럼 무형한 것일 테지?"

"네."

"그럼 영혼은 무형한 것에 더 가깝고 육체는 유형한 것에 더 가깝단 말이지."

"당연히 그렇지요."

"아까도 말했지만, 영혼이 지각의 수단으로서 신체를 사용할 때, 즉 시각이나 청각이나 그 밖의 다른 어떤 감각을 사용할 때—신체를 가지고서 지각한다는 것은 다름 아닌 감각을 통해서 지각한다는 것이니 말일세—영혼은 신체에 이끌려 변화하는 것들의 세계로 휩쓸려 들어가 방황하며 혼미에 빠지는 것이 아닐까? 그리하여 술 취한 사람처럼 허둥지둥하는 것이 아닐까?"

"그렇습니다."

"그러나 제정신으로 돌아와 고요히 생각할 때면, 순수하고 영원하고 불멸하며 또 불변하는 것의 세계로 향하는 것이 아닐까? 이것은 영혼과 동질적인 것이므로, 영혼이 제 자신으로 돌아가기만 하면 영혼은 언제나 이것과 함께 있을 수가 있는 거야. 그렇게 되면 영혼은 그릇된 길로 들어서기를 그치고 불변하는 것과 사귐으로써 그 자신이 불변하는 것이 되는 거라네. 영혼의 이러한 상태를 지혜라 하는 것이 아닌가?"

"오오 소크라테스, 참으로 훌륭하고 옳으신 말씀입니다."

"그러면 앞서 말한 것과 지금 말한 것으로 미루어 영혼은 어느 종류에 더 가깝고 동질적인 것일까?"

"오오 소크라테스, 지금까지 논한 것을 다 들은 사람이면 누구나 영혼이 변하는 것보다 불변하는 것을 한없이 닮았다고 생각할 줄 압니다. 가장 무지한 사람도 그것을 부인하지는 못할 거예요."

"그러면 육체는 변하는 것과 더 비슷하단 말이지?"

"네."

"이렇게 한번 생각해 보게. 영혼과 육체가 함께 결합되어 있을 때, 자연은 영혼으로 하여금 주인이 되어 지배하도록 하고 육체로 하여금 그 노예가 되어 섬기도록 해 놓았어. 이 두 가지 일 가운데 어느 것이 더 신적인 것인가? 그리고 어느 것이 사멸할 인간적인 것인가? 신적인 것은 으레 지배하고 인도하는 것이며, 인간적인 것은 으레 지배를 받고 섬기는 것이라 생각하지 않는가?"

"네, 그렇게 생각합니다."

"그러면 영혼은 그 중 어느 것을 닮았지?"

"오오 소크라테스, 분명히 영혼은 신적인 것을 닮았고, 육체는 사멸할 것을 닮았지요."

"그러면 오오 케베스, 이것이 결국 지금까지 말한 모든 것의 결론이 아닌지 한번 생각해 보게. 즉 영혼은 신적인 것과 흡사하여 불멸하며, 예지적이고, 한결같은 모습이며, 분해될 수 없으며, 불변하는 것인데 반하여, 육체는 인간적이고 사멸할 것이며, 비예지적이며, 형태와 모양이 다양하여 분해될 수 있으며, 가변적인 것이라고 말일세. 오오 케베스, 여기에 이론(異論)을 내세울 수 있을까?"

"없습니다."

"그렇다면, 육체는 얼마 안 가서 분해되고 말 것이 아닌가? 그리고 영혼은 거의 혹은 전혀 분해되지 않는 것이 아닐까?"

"분명히 그렇습니다."

"자네도 알 테지만, 사람이 죽으면 그 가시적 부분인 신체는 가시적 세계에 있는 것으로서 시체라 불리는데, 이것은 그 본성상 분해되고 소멸하고 마는 것이지만, 죽자마자 분해되고 소멸해 버리는 것이 아니라 얼마 동안 세상에 머물러 있는 것이며, 또 죽을 때 체격이 좋고 계절이 좋으면 오래 보존될 수 있는 것이 아닌가? 또 이집트에서처럼 시체에다 향료를 발라 딱딱하게 만들면 거의 영구히 보존되는 것이 아닌가? 그리고 또 썩는다 하더라도 육체의 어떤 부분, 가령 뼈라든가 근육 같은 것은 사실 그대로 유지할 수 있으니 불멸이라 할 수 있지 않은가?"

"네 그렇습니다."

"그러나 영혼은 정말 하데스, 즉 영혼처럼 보이지 않고 순수하고 고상한 곳, 선하고 지혜로운 신이 있는 곳으로 가는 거야. 신이 허락하면 내 영혼도 거기로 갈 거야. 그런데 이런 본성을 지닌 영혼이 육체를 떠나는 즉시, 많은 사람들이 말하는 것처럼, 바람에 흩날리고 소멸할 것인가? 오오 친애하는 심미아스와 케베스, 절대로 그럴 수는 없어. 실상은 이와 반대야. 특히 이 세상에 사는 동안 육체와 어울리기를 애써 피하여 자기 자신을 가다듬은 영혼은 육체를 떠날 때에 육체의 흔적이 전혀 없는 깨끗한 것이므로, 더구나 그와 같이 육체에서 해탈할 것을 일생동안 연구한 영혼, 즉 참으로 철학적인 영혼은 항상 죽음을 연습해 왔는데, 철학은 다름 아닌 죽음의 연습이 아닌가?"

"그렇고말고요."

"그런 영혼은 무형한 것으로서 역시 무형한 세계, 즉 신적이고 불멸하며 예지적인 세계를 향하는 것이 아닐까? 그리고 그곳에 다다르면 과오와 우매, 공포와 야욕 및 그 밖의 온갖 악에서 해방되어 큰 행복을 얻고, 마침내는 밀교에 입교한 사람들을 두고 세상 사람들이 말하는 것처럼, 영원토록 신들과 함께 있게 되는 것이 아닐까? 오오 케베스, 그렇지 않겠는가?"

"의심할 여지가 없습니다"라고 케베스가 말했습니다.

"그러나 더럽혀진 영혼, 육체를 떠날 때에 깨끗하지 못한 영혼, 늘 육체와 짝하고 육체의 노예 노릇을 하며 육체를 가지고 야단스럽게 굴며 또 육체의 여러 욕망과 쾌락에 정신이 팔린 영혼, 그리하여 진리는 오직 만져 볼 수 있고 눈으로 볼 수 있고 입으로 맛볼 수 있고 또 여러 가지 욕정에 이용할 수 있는 육체적인 것에만 있다고 믿는 영혼, 즉 육체의 눈에는 보이지 않고 오직 철학에 의해서만 도달할 수 있는 무형의 예지적인 것을 미워하고 두려워하고 회피하는 영혼이 제대로 정화되고 순수하게 되리라고 생각할 수 있을까?"

"불가능한 일이지요."

"그러한 영혼은 늘 육체와 짝하여 밤낮 육체의 일을 염려함으로써 마침내 육체적인 것이 그 본성으로 스며들어 결국 육제적인 것에 내 이게 되는 거야."

"말씀하신 대로입니다."

"오오 친애하는 벗이여, 이 육체적인 것은 무겁고 둔하며 또 땅의 성질을 띠고 있어서 가시적이야. 그리하여 보이지 않는 저 세상, 즉 하데스를 두려워하는 까닭에, 그러한 영혼은 그 무게 때문에 다시 이 가시적 세계로 끌려 내려와 이 세계에 매이게 되는 거야. 무덤가를 배회하는 유령들의 영혼은 육체를 깨끗이 떠나지 못하고 가시적인 것에 매어서 볼 수 있기 때문에 나타나는 거야."

"그럴 성싶습니다, 오오 소크라테스."

"그렇고 말고, 오오 케베스. 그런 영혼들은 좋은 영혼이 아니고 좋지 못한 영혼일세. 그 영혼들은 기왕의 악한 생활로 말미암아 벌을 받아 그런 장소에서 배회하지 않을 수 없는 거야. 그렇게 계속 배회하다가, 절대로 벗어날 수 없는 육체적인 것에 대한 갈망 때문에 마침내 다시 다른 육체에 갇히게 되는 거야. 그리고 전생에 가졌던 여러 가지 습관에 다시 매이게 되지."

"어떤 습관들에 말입니까, 오오 소크라테스?"

"가령 폭식한다든가 제멋대로 산다든가 술에 취한다든가 하는 습관일세. 이런 습관에 젖어 이런 것들을 피하려고 생각한 적이 없는 사람은 당나귀 따위의 동물로 태어나는 거야. 그렇게 생각하지 않나?"

"그럴 거라고 생각합니다."

"또 부정한 일과 포악한 일과 도둑질을 한 사람들은 이리나 독수리나 매 같은 것으로 태어나는 것이 아닐까? 그밖에 다른 어디로 갈 수 있으리라 생각할 수 있는가?"

"그렇지요"라고 케베스가 말했습니다. "그런 짐승 속에나 들어갈 겁니다."

"그러면 다른 모든 것들도 그 습성과 경향에 따라 제각기 어울리는 데로 가는 것이 분명하지 않은가?"

"분명하지요."

"이들 가운데 가장 행복한 사람들, 그리고 가장 좋은 곳에 가는 사람들은 세상 사람들이 절제와 정의라 부르는 공공의 국민적인 덕을 실천한 사람들, 철학과 이성은 못 가졌어도 습관과 수련으로 그런 덕을 획득한 사람들이 아닐까?"

"어째서 그들이 가장 행복합니까?"

"그들이 자신들을 닮은 평화스럽고 사회적인 종족, 가령 꿀벌이나 노랑벌이나 개미가 되어 다시 나올 수도 있고, 또는 다시 사람이 되어 나올 수도 있겠고, 또 점잖고 절제 있는 사람들이 이러한 동물들로부터 나오는 것이라 생각되니까."

"그럴 것 같군요."

"그러나 신들의 세계로 들어가 신들과 함께 있을 수 있는 것은 오직 철학을 하고 육체를 완전히 해탈하여 깨끗해진 사람에게만 허락되고, 그밖에는 아무에게도 허락되지 않는 일일세. 그러므로 오오 심미아스와 케베스, 참 철학자는 온갖 육체의 정욕을 멀리하고 그런 것들에 빠지지 않도록 조심하는 것일세. 그들이 이와 같이 하는 것은 돈을 사랑하는 자나 일반 세상 사람들처럼 가난이나 자기 집의 파멸이 두려워서도 아니며, 또 권력이나 명예를 사랑하는 자들처럼 좋지 못한 행위로 말미암아 당하게 될 불명예나 악평을 두려워해서도 아니야."
"물론 그렇겠지요, 오오 소크라테스"라고 케베스가 말했습니다.
"그렇고 말고. 그러므로 자신의 영혼에 조금이라도 마음을 쓰고, 육체를 돌보는 데만 머리를 쓰면서 살지 않는 사람은 육체를 돌보지 않을 것일세. 그들은 자기가 어디로 가고 있는지도 알지 못하는 자를 뒤따르지는 않을 걸세. 그러니 그들은 철학이 정화와 해탈을 이끌기 때문에, 철학이 인도하는 방향으로 나아가고, 그에 반대되는 길로 나아가지 않겠다고 결심하는 걸세."
"무슨 말씀이신지, 오오 소크라테스."
"이런 거야. 학문을 사랑하는 사람은, 영혼이 육체 속에 갇혀 있는데, 철학을 접하기 전에는 감옥의 창살을 통해서만 사물을 볼 수 있고 자기 자신을 통해서 보지는 못함을 깨닫고 있는 것과도 같아. 그래서 영혼이 온갖 무지의 구렁텅이에서 허덕이고 있고 또 육욕 때문에 자신이 그 속박의 공범자가 되고 있음도 알고 있지. 이런 것이 영혼의 본래 상태지. 내가 말한 바와 같이, 그리고 또 학문을 사랑하는 사람들이 잘 알고 있는 바와 같이, 이런 상태에서 철학은 영혼의 구금이 얼마나 끔찍한 것인가를 보고서, 그러한 구금을 스스로 마련하고 있는 영혼을 달래어 해방시키려는 거야.

영혼의 해방은 철학이 영혼에게 눈과 귀와 그 밖의 감각기관들이 속기 쉬운 것임을 알려 주고, 그런 것들로부터 물러서도록 하며, 불가피한 경우를 제외하고는 이런 것들을 사용하지 않게 하지. 그리하여 자신을 가다듬어 자신을 신뢰하고, 또 순수한 존재에 대한 자신의 순수한 이해를 신뢰하게 하며, 다른 통로를 통해서 자신에게 오는 그리고 변하기 쉬운 모든 것을 신뢰하지 않도록 함으로써 이루어지는 거야. 이런 것들은 볼 수 있고 만질 수 있는 것이지만, 영혼이 그 자신의 본성에서 보는 것은 예지적이고 보이지 않는 것이니까 말이야. 그리고 참 철학자의 영혼은 이 해방을 거역해서는 안 된다고 생각하고, 될 수 있는 대로 쾌락과 욕망과 고통과 공포를 멀리하는 거야. 이건 만일 어떤 사람이 기쁨이나 슬픔이나 공포나 욕망을 가지면, 흔히 예측할 수 있는 해악, 가령 병든다든가 재산을 탕진한다든가 하는 일을 당할 뿐더러, 그보다 훨씬 더 큰 해악, 즉 모든 해악 가운데 최대 최악의 것이자 그가 미처 생각하지도 못하는 해악을 당한다는 것을 헤아리기 때문이지."

"그 최대 최악의 해악이란 어떤 것인가요?"

"그 해악이란 쾌락이나 고통의 감정이 가장 강렬할 때에 어느 누구의 영혼이나 그 강렬한 감정의 대상을 가장 명료하고 가장 참된 것으로 여긴다는 것이지. 사실은 그런 대상들이란 가시적인 것인데도 말이야."

"옳은 말씀입니다."

"영혼이 육체에 의하여 가장 심하게 구속되는 것은 바로 이런 상태에서가 아닌가?"

"왜 그렇지요?"

"그야 모든 쾌락과 고통은 못과도 같아서, 영혼을 육체에다 넣어 결부시켜 마침내 육체와 닮게 하여 육체가 옳다고 하는 것을 같이 하기에 이르도록 하기 때문이지. 그리고는 육체와 어울려 똑같은 습성을 가지게 되어 세상을 하직할 때에 절대로 깨끗해지는 법이 없고 하데스에 깨끗이 갈 수 없으며 언제나 육체에 물들어 있기 때문이지. 그래서 결국 다른 육체로 옮아 들어가서는 거기에 빠져 거기서 싹트고

자람으로써 신적이고 깨끗하고 소박한 존재와는 전혀 가까워지지 못할 걸세."

"다시 없이 옳은 말씀입니다, 오오 소크라테스"라고 케베스가 말했습니다.

"이런 이유 때문에, 오오 케베스, 참으로 학문을 사랑하는 사람은 절제가 있고 용감한 거야. 세상 사람들이 생각하는 바와 같은 다른 이유 때문이 아니야."

"물론 세상 사람들이 생각하는 이유 때문이 아니겠지요."

"아니고말고! 철학자의 영혼은 이렇게 생각할 거야. 즉 철학이 영혼을 해방시켜 주는 것은, 또 다시 영혼을 쾌락과 고통의 속박에 내맡겨, 베를 짰다가 다시 푸는 페넬로페 이야기와[12] 반대로 육체가 풀어헤친 것을 다시 짜는 일을 한없이 되풀이하게 하려는 까닭이 아니라고. 영혼은 오히려 정욕을 가라앉히고 이성을 따라서 언제나 이성 속에서 살면서 참되고 신적인 것을 바라보며 그러한 분위기에서 자랄 것을 생각할 걸세. 살아 있는 동안에는 이렇게 살고 죽은 다음에는 자신을 닮은 자들이 있는 곳으로 가서 인간적인 모든 악에서 해탈할 것일세. 그러니 오오 심미아스와 케베스, 이렇게 성장하고 이러한 것들을 추구한 영혼이 육체를 떠나는 날, 바람에 흩날려 산산이 부숴져 아주 없어지고 말리라고 염려할 필요는 조금도 없는 걸세."

소크라테스가 이 말을 마치자 한동안 침묵이 흘렀습니다. 우리들 대부분도 그랬습니다마는, 소크라테스 자신도 지금까지 서로 말한 것에 대해서 깊은 생각에 잠기는 듯싶었어요. 케베스와 심미아스만이 서

---

12) 트로이아로 출정하여 소식이 없는 남편 오뒷세우스의 귀환을 기다리던 페넬로페(Pēnelopē)는 성가시게 청혼하는 사람들에게 베 한 폭을 다 짜면 청혼자의 한 사람과 결혼하겠다고 약속했으나 낮에는 짜고 밤에는 다시 풀었다고 한다.

로 몇 마디 주고받았지요. 이윽고 소크라테스가 그들을 보고 다음과 같이 물었습니다. "자 어떻게들 생각하나? 지금까지 우리가 말한 것이 부족하다고 생각하지는 않을 테지? 사실 철저히 따져 보면, 아직도 많은 의문과 반론이 있을 수 있을 테니 말일세. 만일 자네들이 지금 다른 일을 문제 삼고 있는 것이라면 나로서는 더 할 이야기가 없네만, 그렇지 않고 아직도 이 문제에 관해서 생각하고 의심하고 있는 것이라면, 주저하지 말고 생각하는 바를 분명히 말해 보게. 그래서 더 좋은 의견이 있으면 그것을 채택하기로 하고, 또 자네들 생각에 내가 조금이라도 무슨 도움이 될 수 있다고 하면 나도 함께 생각하여 도움이 되게 하는 것이 좋지 않을까 하네."

그러자 심미아스가 다음과 같이 말했습니다. "사실 대로 말씀드리죠, 오오 소크라테스. 아까부터 우리 마음속에는 여러 가지 의문이 일어나서 서로 선생님께 물어 보라고 권하고 재촉하고 있었어요. 선생님의 대답을 듣고는 싶었으나 감히 묻지 못한 것은 혹 지금과 같은 불행을 당해서 괴로워하실 텐데 더 귀찮게 해드리는 것이 아닐까 주저한 때문이에요."

이 말을 듣자 소크라테스는 미소를 지으면서 말했습니다. "그게 무슨 말인가, 오오 심미아스. 만일 내가 자네를 설득하지 못하고, 지금 내가 과거 어느 때보다 괴로워하고 있다고 자네가 생각한다면, 내가 현재의 형편을 불운으로 보지 않는다는 것을 아무에게도 설득할 수 있을 것 같지 않군. 분명히 자네는 내가 백조보다 못한 예언자라고 생각하는 것 같군 그래. 백조들은 이 세상에 사는 동안 늘 노래하지만, 죽음이 가까워 온 것을 알면 자신들의 주인인 신들에게 되돌아가게 되는 것이 기뻐 더욱 아름답게 노래한다네. 그런데 죽음을 무서워하는 사람들은 백조들도 죽음을 슬퍼하여 울부짖는 거라고 잘못 생각하는 거야. 사실은 제비든 오리든 꾀꼬리든, 어떤 새를 막론하고 춥거나 배고프거나 고통스러울 때에는 우는 법이 없다는 것을 몰라서 그렇게 생각하는 거지. 사람들은 이 새들이 슬퍼서 우는 거라고 말하지만 나는 그렇게 생각하지 않네. 또 백조도 슬퍼서 우는 것이 아니라고 생각해. 백조들도 아폴론신의 사자이기 때문에 예언 능력이 있고 저 세상에 있을 여러 가지 좋은 일을 미리 아는 거야. 그래서 어느 때보다도 더 즐겁게 노래하며 기뻐하는 것이지. 나도 백조와 마찬가지로 같은 아폴론신의 종이요, 저들과 함께 아폴론신을 섬기는 터라, 저들 못지않은 예언 능력을 받았다고 생각하며, 따라서 저들 못지않게 기쁜 마음으로 떠나는 걸세. 그러니 그렇게 내 형편이 염려스러워 자네들이 말을 하는 것이라면, 염려 말고 무엇이든지 묻고 싶은 것을 묻게. 아테나이의 11인 집행위원의 명령이 오기 전에 말이야."

"좋습니다"라고 심미아스가 말했습니다. "그러면 저는 제 의문을 말씀드리고, 케베스는 케베스대로 납득하지 못한 점을 말씀드리기로 하지요. 선생님두 동감이실 줄 믿습니다마는, 이 현세에서 이러한 문제들에 대해서 분명하고 확실한 것을 안다는 것은 불가능하지는 않더라도 매우 어려운 일이라 생각합니다. 하지만 그러한 문제를 철저하게 구명하지 않거나 지칠 때까지 탐구하지 못하고 포기하는 사람은 유약한 사람이라고 생각합니다. 인간의 의무는 다음 두 가지 가운데 하나리고 생각합니다. 즉 그러한 문제에 대해서 스스로 진실을 발견하거나 남에게서 배워 알거나 하는 것, 그렇지 않으면 이것이 불가능한 경우, 인간이 생각해 낸 모든 이론 가운데서 가장 좋은 것을 받아들여 뗏목처럼 의지하고 인생의 바다를 항해하는 것, 둘 중 하나를 선택하는 거지요. 물론 후자의 경우, 신이 조언해주어서 좀더 안전하고, 좀더 확실하게 인도해 주지 않는다면 위험도 없지 않겠지요. 이제 선생님께서 저더러 생각하는 바를 말해 보라 하시니 주저 없이 여쭤 보겠습니다. 이렇게 하면 나중에 왜 그때 그 생각을 말하지 않았을까 후회하는 일은 없겠지요. 이 문제에 대해서 저 혼자서 생각해 보기도 하고 혹은 케베스와 이야기도 했지만 지금까지 전개된 논의가 암만해도 불충분하게 여겨지는군요, 오오 소크라테스."

그러자 소크라테스는 이렇게 말했습니다. "아마 자네 말이 옳을지도 모르겠네. 그런데 그 논의가 어떤 점에서 불충분한지 한번 말해 보게."

"이런 점에서입니다. 가령 어떤 사람이 화음과 류트에 대해서 같은 논법을 전개한다고 생각해보세요. 그런 경우, 그 사람은 말하기를, 화음은 그 류트에서 우러나오는 것이지만 보이지 않고, 비물체적이며 더할 나위 없이 아름다우며 신적인 데에 반하여, 류트와 그 줄은 물질이고, 물질로 합성되어 있고, 땅에서 나온 것의 성질을 가지고 있으며, 사멸하여 없어질 수밖에 없는 것들과 비슷한 성질을 가지고 있는 것이라고 하지 않을까요? 그래서 누가 그 류트를 부수고 그 줄을 끊거나 태우거나 하는 경우, 선생님과 같은 견해를 가진 사람들은 선생님과 비슷한 논법으로, 화음이 없어진 것이 아니고 어디엔가 그대로 계속해서 존재하는 거라고 주장할 테지요. 줄 없는 류트나 부서진 줄은 소멸할 것밖에 없는데도 그대로 남고, 신적이고 불멸히는 성질을 띤 화음은 사라져 없어졌다고는 도저히 상상할 수 없다고 말할 테지요. 그 사람의 생각으로는, 아무래도 화음은 어디까지나 어디엔가 있고, 화음에 무슨 일이 있기 전에 류트의 나무와 줄이 먼저 썩어 없어져야 되겠지요. 저는 우리가 영혼을 이런 것으로 보고 있다고 생각하며, 또 선생님께서도 그렇게 보시는 줄 아는데요, 어떻습니까, 오오 소크라테스? 또 우리의 육체는 더위나 냉기 그리고 습기와 건조 같은 것으로 한데 뭉쳐 있는 것인데, 우리의 영혼은 바로 이런 것들이 잘 조화를 이루고 섞여 있는 것이라고도 생각하시는 줄 압니다. 그렇다면 말입니다, 육체의 줄이 질병이나 다른 상해로 말미암아 지나치게 느슨해지거나 너무 팽팽하게 동여 있으면, 제 아무리 영혼이 가장 신적인 것이라 하더라도, 음악의 화음이나 다른 예술 작품의 조화처럼, 즉시 소멸해 버리고 마는 거지요. 한편 육체의 잔해는 불태워지거나 썩어서 없어질 때까지 꽤 오랫동안 남아있는 것입니다. 그러니 누군가가 영혼이란 육체의 여러 성분의 조화이며, 죽으면 가장 먼저 소멸하는 것이라고 주장한다면 뭐라고 대답하시겠어요?"

 늘 그랬듯이 소크라테스는 우리를 뚫어지게 보고, 미소 지으면서 말했습니다. "심미아스의 말에도 일리가 있네. 누구든 자네들 가운데 나보다 더 잘 대답할 수 있는 사람이 대답하는 것이 좋지 않을까? 하기 심미아스의 공박이 강력하긴 해. 그러나 답변하기 전에 먼저 케베스의 말을 듣는 것이 좋을 것일세. 그 말을 듣는 동안 깊이 생각해보고, 말이 끝난 다음에, 그들의 말 가운데 옳은 점이 있으면 찬성할 수도 있고, 그렇지 않으면 우리의 입장을 그냥 지킬 수도 있을 걸세. 자 그럼 케베스, 자네의 마음에 아직 해결되지 않을 것이 무엇인지 말해보게."

 "그럼 말해드리지요"라고 케베스가 말했습니다. "저는 그 논의가 제자리를 맴돌고 있고, 앞서 말한 반론이 그대로 제기될 수 있다고 느낍니다. 저는 영혼이 육체 속으로 들어가기 전에 존재한다는 것에 대해서는 반대하지 않습니다. 그것은 아주 훌륭하게 그리고 충분히 증명됐다고 봅니다. 그러나 죽은 후에도 영혼이 어디엔가 존재한다는 것은 증명이 안 되었다고 봅니다. 그러나 제 반론은 심미아스의 반론과는 다릅니다. 저는 영혼이 육체보다 더 강하고 더 오래 존속한다는 것을 부인할 생각이 없고, 오히려 모든 면에서 영혼이 육체를 훨씬 능가한다고 생각하니까요. 그러면 그 논의는 저더러 이렇게 말하겠지요. '더 약한 것이 죽은 후에 계속해서 존재하는 것을 보고 안다면 어째서 더 오래 존속하는 것이 그 못지않게 살아남아야 한다는 것을 인정할 수 없단 말인가?'라고. 여기 대하여 저도 심미아스처럼 비유로 말씀드리겠는데, 제 대답이 타당한지 한번 생각해 주십시오. 저는 어떤 직조공을 예로 들어볼까 합니다. 그가 나이 많아 죽었다고 칩시다. 그러면 어떤 사람은 말하기를, 그 노인은 죽은 것이 아니고, 어디엔가 편안히 잘 있는데, 그가 짜서 만들어 입었던 옷이 그대로 잘 있고 없어지지 않은 것이 그 증거라고 할 테지요. 혹 못 미더워하는 사람이 있으면, 사람이 더 오래 가는가 그렇지 않으면 그 사람이 쓰고 입던 옷이 더 오래 가는가 물을 수 있지요. 이 물음에 대해서 사람이 더 오래 간다는 답을 듣는다면 사람보다 덜 오래 가는 것도 남아 있으니까 그보다 더 오래 가는 사람은 으레 고스란히 생존해 간다는 것이 확실히 증명되었다고 생각할 거예요. 그러나 오오 심미아스, 나는 이것이 옳다고 생각하지 않아요. 이제 내가 말하는 것을 잘 생각해 보시오. 누구나 이러한 논의를 어리석기 짝이 없는 거라고 생각할 거예요. 왜냐하면 그 직조공은 많은 옷을 지어 입고 버리고 했을 테지만, 맨 마지막에 지은 옷이 닳아 없어지기 전에 그 사람이 죽는다면,

그 옷이 그 사람보다 더 오래 갈 테니까요. 그렇다고 해서 사람이 옷보다 못하다거나 약하다는 것은 아니에요. 영혼과 육체에 대해서도 이와 같은 비유를 쓸 수 있겠지요. 그리하여 영혼은 더 오래 가고 육체는 영혼보다 약하고 덜 오래 간다고 말할 수 있지요. 그리고 영혼마다 많은 육체를 입고 버리고 입고 버리고 한다고도 할 수 있을 거예요. 특히 영혼이 오래 사는 경우에 그럴 수 있지요. 즉 사람이 살아 있는 동안 육체는 소모되고 소멸되지만 영혼은 항상 새로운 옷을 짜 입으면서 소멸된 것을 보충해 가는 거지요. 그러나 물론 영혼이 사멸하는 날엔, 영혼이 그 최후의 옷을 입을 것이고, 그 옷은 영혼보다 오래 있을 테지요. 그리고 이렇게 영혼이 사멸하면 육체도 조만간 그 연약한 본성을 드러내어 쉬 썩고 사라져 버릴 테지요. 그러니 영혼이 육체보다 낫다는 것을 토대로 전개하는 논의는 죽은 후에도 영혼이 계속해서 존재한다는 것을 충분히 증명한다고 볼 수 없어요. 설사 선생님께서 말씀하시는 것 이상을 인정하고, 영혼이 우리가 태어나기 전에 있었다는 것뿐 아니라, 어떤 사람의 영혼은 죽은 후에도 계속 존재하며 여러 차례 태어났다 죽었다 한다는 것과, 또 영혼에는 그렇게 여러 번 태어났다 죽었다 할 만한 힘이 있다는 것을 인정한다 하더라도, 영혼도 마침내는 이와 같이 거듭 나는 일에 지쳐 언젠가는 끝내 육체의 죽음과 함께 죽어서 완전히 사라지는 것이 아닐까 생각되는군요. 이와 같이 영혼에 최후의 파멸을 주는 육체의 죽음과 분해는 누구에게도 알려지지 않은 것일 거예요. 우리 가운데 아무도 그런 것을 감지할 능력이 없으니까요. 사리가 이런데, 죽음에 임하여 마음이 든든하고 죽음을 두려워하지 않는다는 것은 어리석은 일이지요. 영혼이 전적으로 불사(不死)하는 것이요, 소멸하는 것이 아님이 증명된다면 또 모르겠지만 말입니다. 그러니 영혼의 불사를 증명할 수 없다면, 바야흐로 죽으려 하는 사람이 육체의 분해와 이산(離散)과 함께 영혼 역시 완전히 사멸할지도 모른다고 두려워하는 것은 까닭 없는 일이 아니지요."

 나중에 서로 주고받은 말입니다마는, 이 두 사람이 하는 말을 듣고 우리는 모두 불쾌한 감정에 사로잡혔습니다. 그때까지 우리는 확고하게 믿었는데, 이제 우리의 믿음이 뒤흔들리니 혼란과 불안이 지금까지 말해 온 것에 대해서 뿐 아니라 앞으로 전개될 모든 논의에도 생길 것처럼 보였습니다. 그러니 우리가 아무 것도 판단할 수 없든가, 그렇지 않으면 그 문제 전체에 도대체 믿을 만한 근거가 전혀 없든가, 둘 중 하나라고 밖에 생각되지 않더군요.

 에케크라테스 : 오오 파이돈, 그 점은 나도 정말 동감입니다. 그런 이야기를 듣고 있노라니, 내 마음 속에 이런 의문이 저절로 생기는군요. "도대체 그러면 어떤 논의를 우리가 신뢰할 수 있단 말인가? 소크라테스가 말한 것이 그렇게 옳아 보였는데, 이제 그것도 못 믿을 것이 되었으니." 영혼이 일종의 조화라는 생각은 늘 내 마음을 굳게 사로잡아온 것입니다. 이제 말씀을 들어 보니, 내가 전에 그런 생각을 품게 되었다는 생각이 드는군요. 우리는 이제 사람이 죽은 후에도 영혼이 살아남는다는 것을 확증해 주는 논의를 처음부터 다시 찾아야 되겠군요. 소크라테스는 이 논의를 어떻게 진전시켰는지 좀 말씀해 주십시오. 그도 당신들처럼 불쾌한 감정을 가졌던 것 같았나요? 그렇지 않으면 자신의 논의를 조용히 변론하셨나요? 그리고 그 변론은 충분한 것이었나요? 될 수 있는 대로 정확하게 그때의 일을 말해 주십시오.

파이돈 : 오오 에케크라테스, 정말 나는 여러 번 소크라테스를 놀랍게 생각했습니다마는, 이때처럼 놀랍게 본 일은 없었어요. 그가 답변을 할 수 있다는 것은 당연한 일이겠지요. 그러나 내가 놀란 것은 첫째로, 젊은이들의 말을 받아들이는 그의 태도가 매우 부드럽고 쾌활하고 열심이었던 점이고, 그 다음으로는 그 논의로 받은 상처를 대뜸 알아차려 재빨리 고친 점이에요. 패잔병을 모아 다시 정렬시키는 장군처럼 우리로 하여금 자신을 따라 논전(論戰)의 마당으로 되돌아가게 한, 그 솜씨에 정말 놀랐습니다.

에케크라테스 : 그래 어떻게 됐나요?

파이돈 : 네, 말씀드리죠. 저는 마침 그때 그의 바로 곁에 있는 조그마한 걸상에 걸터앉아 있었어요. 그리고 그 분은 침대에 앉아 있었는데, 그 침대는 그 걸상보다 훨씬 높았지요. 그 분은 내 머리를 두들기고 내 머리털을 목에다가 꼭 눌렀습니다. 그 분은 자주 이렇게 내 머리털을 가지고 장난치곤 했지요. 그런데 내 머리를 쓰다듬다가 이렇게 말씀하시더군요—"오오 파이돈, 내일 자네는 이 아름다운 머리털을 깎을 것 같군 그래."13)

"그럴 겁니다. 오오 소크라테스"라고 제가 대답했지요.

"만일 자네가 내 말을 듣는다면, 그러지 않을 것일세."

"어째서 그런가요?"라고 제가 물었습니다.

"만일 우리의 논의가 죽어 버리고 우리가 그것을 되살릴 수 없다면, 내일이 아니라 오늘이라도 자네나 나나 모두 머리를 깎아야 할 걸세. 사실 내가 자네라면, 그리고 그 논의를 나에게서 빼앗겼다고 하면, 나는 아르고스 사람들처럼 맹세하고14) 심미아스와 케베스 하고 다시

---

13) 머리털을 깎는 것은 슬픔의 표시이다. 여기서는 소크라테스의 죽음을 슬퍼하여 머리털을 깎으라는 것이다.

논전하여 그들의 논진(論陣)을 깨뜨릴 때까지 절대로 머리를 다시 기르지 않기로 할 거야."

"그야 그렇지요, 그러나 헤라클레스도 두 사람을 상대해서는 이기지 못했다고 하지 않습니까?"15)

"그러면 해가 지기 전까지는 나를 자네의 이올라오스로서 불러내어 도와 달라고 하지 그래."16)

"헤라클레스가 아니라, 이올라오스로서 헤라클레스를 불러오는 셈치고 선생님을 불러들이기로 하지요."

"어차피 마찬가지야. 그러나 먼저 한 가지 위험을 조심하기로 하세."

"위험이라니 무슨 위험인가요?"

"그건 논의를 싫어하는 자가 되는 걸세. 사람을 싫어하듯 논의를 싫어하는 것은 인간의 가장 나쁜 병폐야. 논의를 싫어하는 것이나 사람을 싫어하는 것은 모두 같은 원인에서 생기는 거야. 그 원인이란 세상을 모르는 것이지. 사람을 싫어하는 것은 어떤 사람을 덮어놓고 믿고 그 사람이 말하는 것은 전적으로 옳고 믿을 만하다고 생각하다가 얼마 후 그 사람이 나쁜 사람이고 믿을 수 없고 지금까지 생각하던 바와는 아주 다르다는 것을 알게 되는 때 생기게 되는 거야. 이런 일을 여러 번 당하고 특히 가장 가깝고 가장 믿었던 친구들한테서 당하면, 그들과 여러 차례 다투고 난 후에는 모든 사람을 싫어하고 미워

---

14) 아르고스(Argos)는 펠로폰네소스 동부 지방. 그 주민은 옛부터 머리를 길게 기르는 풍습이 있었으나, B.C. 550년, 스파르타와 싸워 퀴레아라는 도시를 빼앗긴 후 머리털을 자르고 그 도시를 탈환할 때까지 다시 기르지 않기로 맹세하였다.

15) 헤라클레스가 머리가 여럿 달린 뱀과 싸우고 있을 때, 제우스의 아내 헤라는 큰 게가 되어 헤라클레스를 공격하였다.

16) 이올라오스는 헤라클레스의 조카로서 자주 헤라클레스를 도왔다. 헤라클레스는 머리 여럿 달린 뱀과 싸울 때 게가 나타나 함께 덤벼들자 이올라오스에게 도움을 청하여 그 뱀을 물리쳤다.

하게 되며 또 세상에는 온전한 사람이 하나도 없다고 믿게 되는 거야. 이런 일을 자네는 본 적이 없나?"

"있어요."

"그것은 부끄러운 일이 아닐까? 그리고 그런 사람은 다른 사람과 사귐에 있어 인간성을 전혀 알지 못하는 것이 분명하지 않은가? 인간성에 대한 지식을 가지고 있다면, 아주 선한 사람이나 아주 나쁜 사람은 극소수이고 대부분의 사람은 그 중간임을 알 것이니 말일세."

"무슨 말씀이신지요?"

"아주 큰 사람이나 아주 작은 사람에 관해서와 마찬가지 이야기야. 아주 큰 사람이나 아주 작은 사람, 혹은 아주 큰 개나 아주 작은 개, 또 그밖에 어떤 것이나 아주 큰 것과 아주 작은 것은 극히 드문 것이 아닌가? 이것은 일반적으로 모든 극단에 들어맞는 말일세. 즉 큰 것이나 작은 것이나, 빠른 것이나 느린 것이나, 아름답거나 추하거나, 검거나 희거나, 이 모든 것에서 극단적인 것은 드물고 중간 것이 많은 거야. 이런 것을 관찰해 본 적이 한 번도 없었나?"

"물론 있었지요."

"그러면 나쁜 것끼리 경쟁한다고 하면, 일등을 하는 것은 극소수가 아닐까?"

"그렇지요."

"그렇고 말고. 그러나 그 점에서 논의의 경우는 사람의 경우와는 달라. 자네 말에 끌려서 여기까지 이야기하게 됐는데, 다음과 같은 점은 비슷하다고 봐. 즉 논의에 익숙하지 못한 사람이 어떤 논의를 옳다고 믿었는데, 얼마 안 가서 그 논의가 실제로 옳건 그르건 아무튼 옳지 않다고 생각되고, 그런 일이 거듭되면, 그 사람은 마침내 어떤 논의도 신뢰하지 않게 되고, 특히 논쟁하는 데 재미를 붙여 허송세월 하는 사람들은 마침내 자기들이야말로 세상에서 가장 현명한 자라고 생각하게 되는 거야. 그리하여 그들은 실제 일에서나 이론에서나 건전하고 확실한 것은 하나도 없고 모든 것은 에우리포스의 물결17)처럼 쉴 새 없이 여기저기로 밀려 잠시도 그대로 있는 법이 없다는 것을 자기들만 알고 있다고 생각하게 되는 것일세."

"옳은 말씀입니다."

"그러면, 오오 파이돈, 옳고 확실하고 또 이해할 수 있는 논의가 없지 않은데, 과거에 때로는 옳아 보이고 때로는 옳아 보이지 않는 논의를 많이 보았다고 해서 허물을 자기 자신과 자기의 지능의 부족 탓으로 돌리지 않고 도리어 논의에 돌리고, 마침내 논의란 논의를 모조리 증오하면서 여생을 살아가며 사물들에 관한 진실과 지식을 떠나서 살아간다는 것은 슬픈 일이 아닌가?"

"사실 그렇습니다. 참 슬픈 일이지요."

"자 그러면, 먼저 우리의 영혼이 어떤 논의에도 건전성이나 확실성이 전혀 없다는 생각을 용납하거나 인정하지 않도록 조심하기로 하세. 도리어 우리는 자신이 아직 건전한 데 나아가지 못했으니 마음의 건강을 얻기 위하여 씩씩하게 분투해야 된다고 말해야만 할 걸세. 자네를 비롯하여 다른 모든 사람은 앞으로 전 생애를 위하여 그리고 나는 목적에 다다른 죽음에 대비하여. 사실 지금 나는 이 문제에 관해서 철학자적인 태도를 가지고 있지 않음을 절실히 느끼네. 오히려 교육받지 못한 사람들처럼 덮어놓고 이기기만 하려는 것이 사실이야. 즉 나는 지금 지혜를 사랑하는 자(철학자)가 아니고 이기기를 좋아하

---

17) 에우리포스(Euripos)는 에우보이아 섬과 본토인 보이오티아 사이의 좁은 해협. 해류의 방향이 하루에도 여러 차례 바뀌는 것으로 유명하다.

는 자일세. 저들 교육받지 못한 자들은 논쟁을 할 때 문제 속에 진리가 어디 있는가는 전혀 생각하지 않고 청중에게 자신의 주장을 덮어놓고 믿게 하려고만 하는 거야. 지금 나와 저들 사이에 차이가 있다면 이것 하나 밖에 없다네. 즉 저들은 자신의 주장이 옳다는 것을 청중에게 납득시키려 하는데 반하여 나는 오히려 나 자신을 납득시키려 하고 있는 거야. 이것은, 오오 친애하는 벗들이여, 내가 너무 욕심이 많아 다음과 같은 계산을 하고 있기 때문일세. 내가 말하는 것이 옳다면 그 진리를 따르는 것이 좋을 것이고, 그렇지 않고 죽은 후에 아무 것도 남는 것이 없다고 하더라도, 이제 나는 시간이 얼마 남지 않았으니 그동안 슬퍼함으로써 내 벗들을 서글프게 할 생각이 없으며, 내 무지는 물론 좋지 못한 것이지만 그것은 나와 함께 죽을 것이므로 아무런 해도 끼치지 않을 거라고 말이야. 오오 심미아스와 케베스, 이런 마음가짐으로 나는 우리의 문제를 다루고 있는 것일세. 그리고 자네들이 나보다 진리를 더 생각해 주기 바라네. 내가 진리를 말하고 있다고 생각되면 동의하고, 그렇지 않으면 온 힘을 다하여 반대하게. 그래서 내 열심이 자신이나 자네들을 속이지 못하도록 해주게. 나는 세상을 떠나면서 자네들 속에 벌처럼 침을 남기고 싶지는 않으니 말일세.

 자, 그러면 앞으로 나아가기로 하세. 그런데 먼저 자네들이 말한 것을 잘 기억하고 있는지 분명히 하고 나아가기로 하세. 내 기억이 옳다면, 심미아스는 영혼이 육체보다 더 아름답고 더 신적인 것이기는 하나, 일종의 화음과 같은 것으로서 육체보다도 먼저 사멸하는 것이 아닌가 생각하여 두려워하고 있는 것이지? 한편 케베스는 영혼이 육체보다 더 오래 간다는 것은 인정하나, 영혼이 여러 육체를 입고 쓰고 한 후에는 자신도 사멸하여 마지막 육체를 자기 뒤에 남길 수도 있지 않느냐고 말했지. 그리고 이것이 다름 아닌 죽음으로서, 육체 속에서는 소멸하는 일이 쉴 새 없이 일어나고 있으므로, 죽음이란 육체의 소멸이 아니라 영혼의 소멸이라고 말했지? 오오 심미아스와 케베스, 이것이 우리가 생각할 문제점들이 아닌가?"

두 사람 다 이 말에 동의했습니다.

"자 그러면, 자네들은 앞서 우리가 내어놓은 논의를 전부 다 반대하는가, 그렇지 않으면 일부만 반대하는가?"

"일부만 반대합니다."

"지식은 상기이고, 따라서 우리의 영혼이 우리의 육체 속에 들어가기 전에 어디엔가 있었다고 한 부분에 대해서는 어떻게 생각하는가?"

"저는" 하고 케베스가 말했습니다. "거기 대해서는 큰 감명을 받았습니다. 지금도 거기 대해서는 굳게 믿어 의심치 않습니다."

"저도 그렇습니다"라고 심미아스가 말했습니다. "거기 대해서는 달리 생각할 도리가 없지요."

그러자 소크라테스가 말씀하셨어요. "그러나 오오 테바이의 친구여, 자네가 아직, 화음이나 조화는 합성된 것이요, 영혼은 육체에 매어진 여러 줄이랄까, 그 모든 요소들로 이루어지는 조화라는 생각을 품고 있다면 생각을 고쳐야 하네. 합성된 것인 조화가 그것을 구성하고 있는 요소들보다 먼저 존재한다는 것은, 설사 자네가 말했다 해도 인정할 수 없을 테니 말이야. 그렇지 않고 인정한단 말인가?"

"아니에요, 오오 소크라테스."

"그러나 사실은 자네가, 영혼은 인간이 육체를 뒤집어쓰기 전에 존재했고, 또 그 요소들이 아직 존재하지도 않았는데 그 요소들을 가지고 영혼이 만들어져서 존재했다고 말할 때, 바로 그렇게 말한 것이 아닌가? 그러나 조화란 자네가 생각하는 것처럼 영혼과 비슷한 것이 아니야. 먼저 류트와 류트의 줄, 그리고 조화되지 못한 여러 가지 소리가 있고, 그 다음에 최후로 조화 있는 화음이 울려 나오고, 또 맨 처음에 사라지는 것이 아닌가? 그러니 영혼을 조화로 보는 논의와 앞서의 우리의 논의가 어떻게 서로 맞을 수 있는가?"

"맞을 수 없지요"라고 심미아스가 말했습니다.

"그리고 조화를 문제 삼고 있는 논의 자체에도 조화가 있어야 하지 않을까?"

"물론 있어야죠"라고 심미아스가 말했습니다.

"그런데 지식은 상기라는 주장과 영혼은 조화라는 주장 사이에는 아무런 조화도 없어. 그 중 어느 것을 자네는 보전하려는가?"

"저는 앞의 것을 더욱 굳게 믿습니다. 오오 소크라테스. 그건 충분히 증명됐으니까요. 나중 것은 많은 사람들이 믿는 것입니다마는, 그럴 듯하고 확실치 않은 근거에서 전개된 것이기 때문에 도대체 증명된 거리고 할 수 없지요. 이와 같이 그럴듯한 추측에서 하는 논의는 가짜죠. 그런 것을 다룰 때 세심하게 주의하지 않으면 기하학이나 그 밖의 모든 일에서 기만당하기 쉽다는 것을 저는 너무나 잘 알고 있어요. 그러나 상기와 지식에 관한 논의는 믿을 만한 근거에 의해 증명되었다고 봅니다. 그 근거란 다름 아니라, 그 명칭 자체에 '참으로 존재한다'는 뜻을 내보하고 있는 본질처럼, 영혼은 육체에 늘어가기 전에 존재한다는 것이지요. 이와 같은 결론을 충분한 근거에 의해 받아들였으니, 이제 영혼이 하나의 조화라는 설을 저 자신도 또 남도 내세우지 않도록 해야 하리라고 생각합니다."

"자 그러면 심미아스, 조화나 그 밖의 어떤 합성물이 그 구성 요소의 상태와는 다른 상태로 존재할 수 있을까?"

"존재할 수 없지요."

"또 그것은 그 구성 요소들이 하거나 당하는 것 이외의 다른 것을 하거나 당할 수는 없겠지?"

심미아스는 여기에 대해서 동의했습니다.

"그러면 조화란 사실대로 말하면, 조화를 이루고 있는 부분들이나 요소들을 이끄는 것이 아니고 다만 따라가는 것뿐이로군."

심미아스는 여기에 찬성했습니다.

"따라서 조화는 그 부분들에 반대되는 움직임이나 소리나 그밖의 다른 성질을 전혀 가질 수 없어."

"가질 수 없지요."

"그러면 모든 조화의 본성은 그 구성 요소들이 어떻게 조화되는가에 달려 있는 것이 아닌가?"

"잘 모르겠는데요."

"내가 말하려는 것은 조화에는 여러 가지 정도가 있다는 거야. 즉 좀 더 잘 조화될수록 더 참된 조화가 되고, 더 완전한 조화가 되며, 덜 참되게 덜 충분히 조화될 때에는 완전한 조화에 미치지 못하는 덜 완전한 조화가 된단 말이야."

"사실 그렇습니다."

"그런데 영혼에도 정도가 있을까? 한 영혼이 다른 영혼보다 좀 더 영혼답거나 좀 덜 영혼다우며, 좀 더 완전하거나 좀 덜 완전하게 영혼일 수 있을까?"

"절대로 그럴 수는 없겠지요."

"그러나 두 영혼에 대해서 그 중 하나는 지성과 덕을 가지고 있어서 선하고, 다른 하나는 우매와 악덕을 가지고 있어서 악하다고 말할 수 있는 것은 분명한 일이 아닌가? 이것은 사실에 맞는 일인가?"

"사실에 맞지요."

"그러면 영혼이 조화라고 주장하는 사람들은 영혼 속에 덕과 악덕이 있는 것에 대해서 어떻게 말할 것인가? 그들은 여기에 다른 조화가 또 하나 있고 다른 부조화가 또 하나 있으며, 유덕한 영혼은 조화되어 있는데, 그 자체로 조화이기 때문에 자기 속에 또 하나 다른 조화를 가지고 있고, 악한 영혼은 부조화한 것으로서 조화를 가지고 있지 않다고 말할 것인가?"

"잘 모르겠습니다"라고 심미아스가 말했습니다. "그러나 영혼이 조화라고 하는 사람들은 그렇게 말할 것 같군요."

"그러나 우리는 한 영혼이 다른 영혼보다 영혼이 된 점에서 더하고 덜한 것이 없다는 것에 합의했지. 이것은 곧 한 조화가 다른 조화보다 조화인 점에서 더하고 덜함이 없음을 말하는 것이 아닌가?"

"그렇지요."

"그런데 더 조화인 것도 아니요 덜 조화인 것도 아닌 것은 더 조화된 것도 아니고 덜 조화된 것도 아닐 테지?"

"그렇겠지요."

"그리고 더 조화된 것도 아니고 덜 조화된 것도 아닌 것은 조화를 더 가지거나 덜 가질 수 없고 똑같은 정도의 소화를 가질 수 있겠지?"

"네, 똑같은 정도의 조화를 가질 수 있을 뿐이죠."

"한 영혼이 다른 영혼보다 영혼이 된 점에서 절대로 더함과 덜함이 없다면, 조화되어 있는 점에서도 더함과 덜함이 없지 않겠나?"

"물론이지요."

"따라서 부조화나 조화에 더함과 덜함이 없단 말이지?"

"없지요."

"악덕은 부조화이고 덕은 조화라고 한다면, 두 영혼을 비교할 때 조화나 부조화에 더하고 덜함이 없으니, 따라서 한 영혼이 다른 영혼보다 덕이나 악덕을 더 가질 수 있는 것이 아닌가?"

"더 가질 수 없지요."

"좀더 정확하게 말해 보기로 하세. 오오 심미아스, 영혼이 조화라면, 영혼은 어떠한 악덕도 지니지 않을 것일세. 왜냐하면 완전히 조화라면, 부조화한 것을 전혀 지니지 않을 테니까."

"그렇지요."

"따라서 영혼도 완전히 영혼이라면 악덕을 전혀 지니지 않겠지?"

"여태 우리가 말해 온 것에 비추어 어떻게 악덕을 지닐 수 있겠습니까?"

"그러면, 모든 영혼이 그 본성상 똑같은 정도로 영혼이라면, 모든 생물의 영혼은 똑같은 정도로 선하겠군."

"그렇겠지요, 오오 소크라테스."

"자네는 그렇게 말하는 것이 옳다고 생각하는가? 이건 영혼이 조화라는 가정에서 필연적으로 나오는 귀결인데."

"옳을 수 없지요."

"자 그러면, 인간 속에 있는 모든 것 가운데 영혼 이외의 다른 어떤 것이 지배한다고 볼 수 있는가? 특히 현명한 영혼의 경우에는 어떻다고 할 것인가?"

"영혼 이외의 다른 것이 지배자일 수는 없다고 생각합니다."

"그리고 영혼은 육체가 느끼는 것에 보조를 같이 하는가 혹은 반대하는가? 가령 말이야, 육체가 덥고 목마른 경우, 영혼은 우리로 하여금 물을 마시지 못하게 하는 일이 있지 않은가? 또 배고플 때 음식을 먹지 못하게 하는 일도 있지 않은가? 이밖에도 영혼이 육체의 욕구에 반대하는 일이 무수하지 않나?"

"사실 그렇습니다."

"그런데 영혼이 조화라면, 그것을 구성하고 있는 요소들이 너무 팽팽하게 매어져 있거나 너무 느슨하게 매어져 있거나 또 그 줄(弦)이 뜯기거나(彈) 이밖에 또 어떻게 취급되든, 이 모든 경우 영혼이 절대로 그 구성 요소에 반대할 수 없는 것임은 아까 인정하지 않았나?"

"그랬지요."

"그런데 지금 우리는 영혼이 아주 정반대되는 일을 하고 있다는 것을 발견하지 않았나? 즉, 자신의 구성 요소들을 이끌며 일생 동안 모든 면에서 그것들에 반대하고 또 강제하지만, 때로는 신체 단련과 의술 같은 것으로 신체에 고통을 줌으로써 가혹하게 다루고 때로는 경계도 하고 욕망이나 정욕이나 공포를 달램으로써 좀 부드럽게 대하는 것이 아닌가? 결국 영혼은 육체를 자기와 아주 다른 것으로 대하는 것이 아닌가? 마치 호메로스가 ≪오뒷세이아≫에서 오뒷세우스에 관하여,

가슴을 치며, 그는 자신의 마음을 꾸짖었다—
참고 견디어라 내 마음아, 더 심한 것을 너는 견디지

않았느냐!

라고 말한 것처럼 말이야. 자네는 호메로스가 이 시를 지었을 때 영혼을 일종의 조화로 보았으며 육체의 여러 가지 정념에 이끌리는 것으로 보았다고 생각하는가? 오히려 정념을 이끌고 지배하는 것이요, 조화 같은 것은 비교가 안 될 정도로 신적인 것으로 보았을 것일세."

"오오 소크라테스, 저도 그렇게 생각합니다."

"그러니 오오 벗이여! 영혼이 조화라 함은 결코 옳지 않네. 그건 저 신적인 시인 호메로스의 말에도 어긋나고 또한 우리 자신의 생각에도 어긋나기 때문일세."

"옳은 말씀입니다."

"자 그러면"하고 소크라테스가 말했습니다. "테바이의 여신 하르모니아[18]에 대해서는 이 정도로 하세. 그녀는 우리에게 완전히 졌으니까. 그러나 카드모스에 대해서는 뭐라고 말할까? 어떻게 그를 진정시킬 수 있을까?"

"선생님이야 어떻게든 그를 달랠 수 있겠지요"라고 케베스가 말했습니다. "하르모니아에 대해서는 제가 전혀 예기하지 못한 방식으로 논파하셨으니까요. 사실 심미아스가 의문을 제기했을 때에는 아무도 답변할 수 없을 줄 알았어요. 그런데 선생님의 일격에 고스란히 넘어지는 것을 보고서는 참 놀랐어요. 그러니 카드모스도 같은 운명을 당할 테지요."

"오오 현명한 친구여"라고 소크라테스가 말했습니다. "그렇게 추켜올리지 말게. 어느 귀신이 우리가 이제 전개하려는 논의를 뒤집을지

---

[18] 하르모니아(Harmonia)는 테바이의 건설자 카드모스(Kadmos)의 아내. 조화라는 말과 동음이므로 여기서 소크라테스는 말장난을 하고 있다.

도 모르니 말이야. 하지만 이건 신에게 맡기기로 하고, 우리는 호메로스의 말마따나 문제에 바싹 다가서서 자네의 주장을 검토해 보기로 하세. 자네가 문제 삼고 있는 것은 이런 것이 아닌가? 즉 자네는 영혼이 불멸이며 불사라는 것을 증명하고 싶은데, 바야흐로 죽는 마당에 마음이 든든한 철학자가 이것을 증명할 수 없다면, 아무리 그가 자기와 다른 생활을 해 온 사람보다 저 세상에서 훨씬 더 행복하게 되리라 확신할지라도, 그 확신은 헛되고 어리석은 거라고 생각한단 말이지. 또 영혼이 힘 있고 신적인 것이며, 우리가 인간으로 태어나기 전에 이미 존재했다는 것이 증명된다고 해도, 그렇다고 해서 반드시 영혼이 불사라고 할 수는 없단 말이지. 설사 영혼이 오래 가는 것이요, 어디선가 헤아릴 수 없을 만큼 오랜 세월을 살면서 많은 것을 알았고 많은 일을 했다고 하더라도, 그렇다고 해서 불사인 것은 아니란 말이지. 그리고 영혼이 인간의 육체 속에 들어간 것은 일종의 병으로서 그 분산과 소멸의 시초이고, 일생 동안 고생하면서 살다가 결국 이른바 죽음으로 끝맺는단 말이지. 또 영혼이 육체 속으로 한 번 들어가건 여러 번 들어가건, 죽음에 대한 우리의 공포에는 아무 변함이 없단 말이지. 누구든 무지하지 않다면 영혼의 불사를 확실히 알거나 승명할 수 없는 한, 으레 공포심을 가지게 마련이니까. 이런 것이 자네 생각인 줄 아는데, 어떤가, 오오 케베스, 내가 이렇게 되풀이하는 것은 문제를 철저하게 드러내기 위함일세. 보탤 것이 있거든 보태고 뺄 것이 있거든 빼게."

그러자 케베스가 말했습니다. "지금 저로서는 보탤 것도 뺄 것도 없습니다. 제가 생각한 것을 그대로 말씀하셨습니다."

소크라테스는 한동안 말없이 깊은 생각에 잠긴 듯하더니, 이윽고 말쓸하셨습니다. "오오 케베스, 자네는 굉장한 문제를 제기하였네. 그 문제에는 생성과 소멸의 원인에 관한 문제가 모두 포함되어 있네. 자네가 원한다면 나 자신이 생각하고 경험한 바를 이야기하겠네. 혹 내가 말하는 것 가운데 자네의 문제를 해결하는 데 도움이 될 듯싶은 것이 있거든 이용해 보도록 하게."

"선생님의 생각을 꼭 들었으면 합니다."라고 케베스가 말했습니다. "그러면 이야기하겠네. 젊은 시절에, 오오 케베스, 나는 소위 자연철학에 몹시 흥미를 가지고 알아보려 했었네. 모든 사물의 원인을 아는 것, 즉 그것들이 어째서 있게 되었으며 어째서 소멸하며 어째서 존재하는지 아는 것을 아주 훌륭한 일로 생각하였다네. 나는 다음과 같은 문제들을 생각할 때에는 늘 엎치락뒤치락했다네. 어떤 사람들[19]이 말하는 것처럼, 생물이 발생하는 것은 부패물이 온기와 냉기를 받은 결과인가? 우리는 피에 의하여 생각하는가, 아니면 공기나 불에 의하여 생각하는가?[20] 혹은 이런 것이 아니고, 뇌수가 청각·시각·후각 같은 감각을 공급하여 이 감각들로부터 기억과 판단이 생기고 또 이 기억과 판단이 고정되어 지식이 생기는 것인가? 그리고 또 나는 이것들의 소멸에 관해서 성찰했고, 나아가 하늘과 땅 사이에서 일어나는 모든 것을 살폈다네. 그리고 결국 내가 이러한 연구에 적합하지 않음을 알았다네. 그 충분한 증거는 이런 걸세. 이 연구에 열중하다 보니 눈이 흐려져서, 그때까지 나 자신에게나 또 남에게 내가 분명히 알고 있다고 생각되던 것이 뭔지 모르게 되었는데, 특히

---

19) 아나크시만드로스(Anaximandros), 아낙사고라스(Anaxagoras) 등.

20) 생각이 혈액에 의한다는 것은 엠페도클레스(Empedoklēs)의 설이고, 공기에 의한다는 것은 아나크시메네스(Anaximenēs)의 설이며, 불에 의한다는 것은 헤라클레이토스(Hērakleitos) 학파의 설이다.

사람이 왜 성장하는지에 대해서 알 수가 없게 되었다네. 사람이 성장하는 것은 먹고 마시기 때문이며, 이것은 누구에게나 자명한 일이라 생각했지. 왜냐하면 음식물이 소화되면 살이 찌고 뼈가 굵어지며 또 이와 마찬가지로 신체의 다른 부분에 각기 그 부분과 같은 물질이 더해져 작았던 부피가 커져 작은 사람이 커지는 거니까. 이건 당연한 생각이 아닌가?"

"저도 그렇게 생각합니다"라고 케베스가 말했습니다.

"그러면 이제는 이런 것을 생각해 보세. 나는 한때 더 큰 것과 더 작은 것의 의미를 잘 안다고 생각했었네. 어떤 큰 사람이 작은 사람 곁에 서 있는 것을 보았을 때 한 사람이 다른 사람보다 머리 하나만큼 크다고 생각했지. 또 어떤 말이 다른 말보다 얼마만큼 크다고 생각한 거야. 그리고 10이 8보다 많고 두 척(尺)이 한 척보다 많다는 것은 더욱 분명한 일이라 생각했지. 8에다 2를 더 보태야 10이 되고 한 척에 한 척 더 보태야 두 척이 되니까."

"지금은 어떻게 생각하시나요?"라고 케베스가 물었습니다.

"그런 것 가운데 어떤 것에 대해서도 그 원인을 안다고는 도저히 생각할 수 없어. 이제 나는 하나에 하나가 더해졌을 때 본래의 하나가 둘이 되었다고 볼 수도 없고 또 덧붙여지는 나중의 하나가 둘이 된다고도 볼 수 없게 되었다네. 따로따로 있을 때에는 각기 하나인데 어째서 함께 모으면 그저 한 군데 붙인다고 해서 둘이 되는 것인지 알 수 없단 말이야. 또 하나를 쪼개어 둘로 만들 때에도 어째서 그 쪼갠다는 것이 둘이 되는 원인인지 이해할 수가 없어. 아까는 함께 모으는 것이 둘의 원인인데 이제는 쪼개는 것이 원인이 되니 말이야. 또 이제 와서는 도대체 어째서 그 하나가 생겼는지, 또 다른 어떤 것이든 도대체 어째서 그것이 생기고 또 없어지는지 잘 알 수가 없게 됐다네. 지금까지의 방법으로는 도저히 이 문제를 풀 수가 없단 말이야. 그러나 나는 어렴풋이 새로운 방법을 하나 모색하고 있다네. 이전의 방법은 도저히 쓸 수 없으니까.

 그런데 언젠가 나는 어떤 사람이 아나크사고라스의 저술이라 하면서 어떤 책을 읽어 주는 것을 들었는데, 정신이 만물의 원인이라 하더군. 나는 이 사상에 큰 기쁨을 느꼈다네. 그것은 아주 훌륭한 사상이라 생각되었네. 그리고 그것이 옳다면 만물을 질서 있게 하는 정신은 모든 것을 가장 좋게 질서 있게 하리라고 나는 생각했었네. 그러므로 누구든지 어떤 사물의 원인을 알려고 하면, 즉 어째서 그것이 생기고 소멸하고 존재하는지 알려면 그것이 어떤 상태에서 존재하고 행위하며 외부의 영향을 받는 것이 가장 좋은지 알기만 하면 된다고 생각했지. 이렇게 생각해 오면, 이런 것과 이 밖의 다른 모든 것에 관해서 인간이 추구할 것은 결국 완전한 것과 최선의 것이 무엇인가 하는 것이야. 이런 것을 아는 사람은 또한 반드시 언짢은 것이 무엇인지도 알게 될 것일세. 이 양자는 동일한 학문에 포함되니까 말이야. 이렇게 생각할 때, 나는 아나크사고라스에게서 내가 찾던 스승, 즉 만물의 원인을 알려 주는 스승을 찾았다고 생각하여 기뻐 마지않았다네. 나는 그가 먼저 대지가 평평한지 아니면 둥근지 알려 주리라 생각했지. 그 다음엔 평평하다면 왜 평평한지, 둥글면 왜 둥근지, 설명하리라 기대했지. 거기에 무슨 필연성이 있어서 그렇다고 설명해 줄 것으로 알았던 거야. 그리고는 최선의 것의 본질과 대지가 그런 형상을 가지고 있는 것이 가장 좋은 일임을 나에게 가르쳐 줄 줄 알았던 거야. 그리고 그가 만일 지구가 우주의 중심에 위치하고 있다고 말한다면, 나아가 그 위치가 최선의 위치임을 설명해 줄 줄 알았네. 이 모든 것에 대해서 그가 설명하면, 그것으로 만족하고 다른 원인을 더 찾아 볼 생각이 없었네. 이쯤 되면 더 나아가 태양과 달과 별들에 관해서 물어 보려 했지. 그것들의 운행 속도, 회전, 그 밖의 여러 가지 능동적 및 수동적 상태, 또 어떻게 이 모든 것이 최선의 것을 위해서 있는가를 말이야. 그가 이것들에다 질서를 부여하는 것은 정신이라고 말했다면, 이것들이 그렇게 있는 것이 가장 좋은 일이라는 것 밖에 다른 원인을 내세우리라고 상상할 수 없었기 때문이지. 그리고 나는 그가 이것들 각각의 원인을 샅샅이 설명하고 나면, 그 모든 것을 위해서 가장 좋은 공통의 선이 무엇인지 설명해 주리라 생각했네. 누가 아무리 많은 돈을 주고 사겠다 하더라도 나는 이 희망을 팔 생각이 없었네. 그래 나는 그 책을 움켜쥐고 최선의 것과 최악의 것을 될수록 빨리 알려고 열심히 읽었다네.

내 희망과 기대는 얼마나 컸던가! 하지만 나는 얼마나 크게 실망하지 않으면 안 되었던가! 그 책을 읽으면서 보니, 그 사람은 정신 같은 것은 전혀 문제 삼지 않고, 다만 공기니 에테르니 물이니 그 밖에 여러 가지 이상야릇한 것을 원인으로 끌어대고 있더란 말이야.

그 사람은 정신이 소크라테스의 모든 행위의 원인이라고 주장해 놓고는, 소크라테스의 여러 가지 행위의 원인을 자세히 설명함에 이르러서는, 소크라테스가 여기 앉아 있는 까닭은 소크라테스의 육체가 골격과 근육으로 되어 있기 때문이라고 하는 사람과 같아. 그의 논법을 따르면 골격은 단단하고 골격과 골격을 연결해주는 관절이 있으며, 신축성이 있는 근육이 골격을 싸고 있고, 다시 살과 피부가 골격을 싸고 있어서 여러 뼈가 근육의 수축이나 이완으로 관절이 있는 곳에서 쳐들어지면 다리를 구부릴 수 있고, 그래서 소크라테스가 여기에 비스듬히 앉아 있는 거라는 거야. 마찬가지로 내가 자네들과 이야기하는 것도 소리와 공기와 청각과 그 밖의 비슷한 무수한 것들이 그 원인이라고 하면서 참 원인을 미처 생각지 못하고 있더란 말이야.

사실은 아테나이 사람들은 나에게 유죄 판결을 내리는 것이 옳다고 생각했고 나는 나대로 여기 머물러서 그 처벌을 받는 것이 좋겠다고 생각한 것이 참 원인인데. 만일 내 뼈들과 근육들이 제멋대로 저들이 제일 좋다고 생각하는 바를 따라 움직였다면, 또 내가 도망치기보다는 나라의 명을 따라 어떠한 벌이든지 받는 것이 좋다고 믿지 않았다면, 나의 뼈들과 근육들은 벌써 메가라나 보이오티아에 가 있었을 테니 말일세. 그런 것들을 원인이라고 하는 것은 엉뚱한 짓이야. 뼈나 근육이나 그 밖의 신체의 다른 부분들이 없다면 내가 원하는 바를 할 수가 없다는 것은 옳은 말이야. 그러나 그런 것들 때문에 내가 모든 행위를 하고, 또 정신이 활동하는 것이지, 최선의 것을 선택해서가 아니라고 말하는 것은 아주 부주의하고 경솔한 짓이라 하지 않을 수 없네. 원인과 조건을 분간하지 못하기 때문이야. 내가 보기에는 많은 사람들이 항상 혼미하여 이렇듯 참 원인과 그것 없이는 원인이 원인 될 수 없는 것을 잘못 알아보고 엉뚱한 것에다 원인이라는 이름을 붙이고 있단 말이야. 그래서 어떤 사람[21]은 지구 주위에 선풍이 돌아서 지구가 공중에 머물러 있는 것이라 하고, 또 어떤 사람[22]은 지구는 마치 빵을 반죽하는 넓은 그릇과 같은데, 공기가 그 밑을 받쳐주고 있다고 말하는 거야. 저들은 지구와 그 주위의 모든 것을 가장 좋은

---

21) 엠페도클레스(Empedoklēs).

22) 아낙시메네스(Anaximenēs), 아낙사고라스(Anaxagoras), 데오크리토스(Demokritos) 등.

자리에 있게 하는 힘을 찾는 일은 절대로 없고, 그 힘이 신적인 능력을 가지고 있다는 것도 알지 못하고, 장차 언젠가는 신보다 더 힘이 있고 더 불사적이고 만물을 더 잘 통합하는 아틀라스[23]를 발견하리라 기대하고 있다네. 모든 것을 필연적으로 결부시키고 유지하는 선에 대해서는 정말 조금도 생각하는 바가 없어. 이러한 원인이 있다는 것을 누가 나에게 가르쳐 준다면 나는 얼마나 그 사람을 따를 것인가! 그러나 나 자신도 그런 원인을 찾지 못했고, 또 아무한테서도 배워 알지 못했네. 자네가 원한다면, 오오 케베스, 어떻게 이 원인을 찾아서 제2의 항해를 했는지 말해 보려네."

"무엇보다도 듣고 싶은 일입니다."

"이 모든 일이 있은 후, 나는 사물들을 아는 데 실패했으므로 내 눈이 상하지 않도록 하겠다고 생각했네. 일식을 관찰하고 연구하는 사람들이 물 위에 비친 태양의 그림자만을 보거나 다른 어떤 방법을 통해 조심스럽게 간접적으로 관찰하지 않으면 눈을 상하게 되는 것처럼 말이야. 그래서 사물들을 내 눈으로 보고 감각기관의 도움으로 이해하려 한다면 내 영혼이 아주 소경이 되어 버리지 않을까 염려했지. 그래서 나는 정신의 세계로 물러가 거기서 사물의 진상을 찾는 것이 좋겠다고 생각했지. 물론 이 비유는 꼭 적합하다고 할 수 없을 거야. 왜냐하면 나로서는 순수한 사유를 통해서 사물을 성찰하는 사람이 행동과 경험을 통해서 살피는 사람보다 더 희미하게 안다고는 도저히 인정할 수 없으니까. 어떻든 나는 이 방법을 택했다네. 먼저 가장 확실하고 건전하다고 생각되는 이론을 가정해 놓고, 원인에 관해서나 그 밖의 어떤 것에 관해서나 이 이론에 일치하는 것은 참이고 일치하

---

23) 아틀라스(Atlas)는 천공을 떠받치고 있다고 하는 거구의 신이다.

지 않는 것은 참되지 않은 것이라 정하기로 했다네. 그런데 자네가 아직 잘 이해하지 못한 듯하니 좀더 분명히 설명해 보겠네."

"정말 잘 이해할 수가 없습니다"라고 케베스가 말했습니다.

"내가 말하려는 것은 조금도 새로운 것이 아닐세. 지금까지 우리가 말해 오는 가운데서나 또 다른 여러 경우에 내가 어디서나 늘 거듭 말해온 거야. 나는 바로 원인일 것이라고 늘 생각해 오던 것을 자네에게 말하려네. 나는 사람들의 입에 자주 오르내리는 저 유명한 낱말들을 다시 써서 아름다움 자체, 선 자체, 큼(大) 자체 등등이 있다는 전제에서 출발하려 하네. 이것을 자네가 인정하면, 이 여러 낱말을 가지고 시작하여, 원인이 무엇인지 자네에게 설명할 수도 있고, 또 영혼의 불멸도 증명할 수 있으리라 생각하네."

"저는 그것을 인정합니다"라고 케베스가 말했습니다. "그러니 어서 끝까지 말씀해 주십시오."

"그러면 그 다음 문제를 생각해보고 동의할 수 있는지 생각해 보게. 내 생각으로는, 아름다움 자체 이외에 다른 어떤 것이 아름답다고 하면, 그것은 오직 그 아름다운 것이 아름다움 자체에 참여함으로써만 가능하다고 하겠네. 또 그 밖의 모든 것에서도 이와 같이 말할 수밖에 없네. 자네는 원인에 대한 이와 같은 생각에 동의할 수 있는가?"

"네 동의합니다."

"나는 이제 우리가 들어보던 저 여러 가지 훌륭한 원인에 대해서 그 어느 하나도 인정할 수 없고, 또 이해할 수도 없네. 혹 어떤 사람이 나더러 아름다운 빛깔, 모양 혹은 그 밖의 이런 것들이 아름다움의 원인이라 하면, 나는 그 사람에게 "좋은 말씀이오" 하고는, 그 모든 말을 받아들이지 않을 것일세. 그 모든 것은 나를 혼란에 빠뜨릴 뿐이야. 나는 이 한 가지 일반, 즉 아름다운 것은 어느 모로든 아름다움 자체가 거기 있거나 아름다움 자체에 참여함으로써만 아름다운 것이 된다는 것만을 단순하고 철저하게 그리고 아마도 어리석게 견지하고 마음에 단단히 아로새기려네. 그것이 어느 모로 아름다움에 참여하는가에 대해서는 잘 모르네. 그러나 모든 아름다운 것이 아름다움 자체에 의하여 아름답게 된다는 것은 내가 강력히 주장하는 것일세. 이것은 나 자신에게나 남에게나 내가 줄 수 있는 가장 확실한 답이 아닐까 하네. 이 원리에 의지하면 절대로 잘못된 데 빠지지 않을 것이며, 또 아름다움 자체에 의하여 모든 아름다운 것들이 아름답다는 것은 나 자신에게나 또 다른 누구에게나 안전한 답이 되리라 생각하네. 어떻게 생각하나?"

"저도 그렇게 생각합니다."

"또 큼 자체에 의하여 큰 것들은 크고, 더 큰 것들은 더 크며, 또 작음 자체에 의하여 작은 것들은 작은 것이 아닌가?"

"그렇지요."

"만일 어떤 사람이 A라는 사람과 B라는 사람을 비교하여 말하기를, A는 B보다 머리만큼 크고 B는 A보다 머리만큼 작다고 하면, 자네는 이런 말이 옳지 않다고 할 것일세. 자네는 자네의 생각을 철저히 주장하여 모든 더 큰 것은 오직 큼 자체에 의하여서만 다른 것보다 더 크며, 더 작은 것은 오직 더 작음 자체에 의하여서만 더 작다고 말하는 것이 좋을 것일세. 이렇게 하면 머리 크기에 의하여 더 큰 것이 더 크며, 또한 그 머리 크기에 의하여 다시 더 작은 것이 더 작다는 엉뚱한 소리를 하지 않을 수 있을 것이며, 또 더 키가 큰 사람이 사실은 작은 머리에 의하여 큰 사람이 된다는 괴상한 생각을 하지 않아도 될 걸세. 자네는 이렇게 엉뚱하게 추리하는 것을 두려워하지 않나?"

케베스가 웃으면서 말했습니다. "두려워하고말고요."

"그와 마찬가지로, 자네는 10이 8보다 많은 것은 2때문이라고 감히 말하지 않을 것이고, 오히려 수로 인하여 수 때문에 그런 거라고 말할 걸세. 또 두 자가 한 자보다 큰 것은 절반 때문이 아니라 길이 때문이라고 말할 걸세. 이 모든 경우에 똑같이 잘못에 빠질 우려가 있으니까."

"정말 그렇습니다."

"또 자네는 하나에 하나를 보태는 것이, 혹은 하나를 쪼개는 것이 둘의 원인이라고 주장하는 데 조심하지 않을까? 그리고 자네는 어떤 것이든지 존재하게 되는 것은 그것의 본질에 참여함으로써요, 이 밖의 다른 까닭을 전혀 알지 못하며, 또 둘의 원인은 오직 둘 자체요, 이것이 둘을 둘 되게 하는 것이요, 또 하나 자체에 참여함으로써 어떤 하나가 생기게 되는 것이라고 소리 높여 단언하는 것이 좋을 걸세. 자네는 그저 이렇게 말하는 것이 좋을 거야—더하기와 나누기 같은 까다로운 것은 나보다 머리가 좋은 사람이 풀도록 내버려 두겠어. 나는 속담에 있는 말과 같이 "나 자신의 그림자, 즉 내 무지에 겁을 집어 먹고 있기 때문에 저 원리의 확고한 기초를 포기할 수가 없네"라고 말이야. 만일 누가 그 원리를 공격해 오면, 자네는 그 사람을 그냥 내버려 두거나 그렇지 않으면 거기서 나오는 여러 가지 귀결이 서로 일치하는지 아니면 모순 되는지를 본 후에 대답하면 되네. 만일 누가 그 원리를 더 설명하라고 요구하면, 자네는 더 나아가 더 높은 원리를 가정하고, 추궁할수록 더욱 높은 원리 가운데서 최선의 것을 찾아 확고한 입장을 세우게. 그러나 논쟁을 일삼는 사람들처럼, 원리와 그 원리에서 나온 여러 귀결을 혼동하지는 말게 — 적어도 진실을 발견하려 한다면 말이야. 저들은 이런 것은 전혀 생각하지도 않고 마음도 쓰지 않아. 저들은 이 모든 것을 뒤죽박죽 해 놓고도 스스로 재미있어 할 만큼 재지(才智)가 있다네. 그러나 자네는 참 철학자인 만큼 내가 말하는 대로 하리라 믿네."

"아주 옳은 말씀입니다"라고 심미아스와 케베스가 이구동성으로 말했어요.

에케크라테스 : 오오 파이돈, 저들이 동의하는 것은 당연한 일이지요. 조금이라도 똑똑한 정신을 가진 사람이라면 누구나 알아듣도록 말씀 하셨으니까요.

파이돈 : 사실 그래요, 오오 에케크라테스. 그 때 거기 있던 사람은 누구나 그렇게 느꼈답니다.

에케크라테스 : 거기 있지 않은 우리도 당신 말을 들으니 그렇게 느껴집니다. 그런데 그 다음엔 무슨 말씀을 하셨나요?

파이돈 : 이상 말한 것에 모두 찬성하고, 개개의 '에이도스'[24]가 정말 존재하며, 다른 것들은 이것에 참여함으로써 그 명칭을 얻는다는 것에 합의를 본 후, 내 기억에 잘못이 없다면, 소크라테스는 이렇게 물었습니다. "자 그러면, 심미아스는 소크라테스보다 크고 파이돈보다는 작다고 자네가 주장할 경우, 자네는 심미아스 속에 큼과 작음이 다 있다고 말하고 있는 것이 아닌가?"

"그렇습니다."

"그러나 자네는 심미아스가 소크라테스보다 크다는 것이 말 그대로 참되지는 않다는 것을 인정할 테지? 왜냐하면 심미아스가 소크라테

---

[24] 에이도스(eidos) : 보통 '형상(形相)'이라 옮긴다. 관념적 내지 이상적 본질. '이데아'와 비슷하다.

스보다 큰 것은 그가 심미아스인 때문이 아니고 그가 가지고 있는 크기 때문이니까 말이야. 또 그가 소크라테스보다 큰 것은 소크라테스가 소크라테스인 때문이 아니고 소크라테스가 심미아스보다 작기 때문이 아닐까?"

"그렇습니다."

"또 파이돈이 그보다 크다고 하면, 그것은 파이돈이 파이돈인 때문이 아니라, 파이돈이 심미아스에 비하여 크고 심미아스는 파이돈에 비하여 작기 때문이지?"

"그렇습니다."

"그러니 심미아스를 두고 크다고도 하고 작다고도 하는 것은, 그가 양자의 중간에 있어서, 그의 큼에 의하여서는 한 사람의 작음을 능가하는 한편, 또 한 사람의 크기로 하여금 그의 작음을 능가하게 하기 때문일세." 그리고 그 분은 웃으면서 말씀하셨습니다. "내 말은 좀 강의조가 되었지만, 아무튼 나는 내 말이 옳다고 믿고 있네." 케베스는 동의했습니다.

"이 말을 하는 것은 자네가 나와 같은 생각을 가질 것을 원하기 때문일세. 내가 생각하기로는 **큼 자체**는 결코 크기도 하고 작기도 할 수 있는 것이 아니고, 또 우리 속에 있는 큼도 작게 되는 것을 용납하지 않는 걸세. 그 큼에는 두 가지 가운데 하나가 일어날 것일세. 즉 그 반대인 작음이 접근해 올 때에 그 자리를 비켜 물러가거나 그것이 가까이 옴에 따라 사라져 없어지거나 말이야. 그것은 작음을 받아들이고 굴복하여 본래의 자기와 다른 것이 될 수 없는 기야. 마친가지로 나는 심미아스와 비할 때 작음을 받아들이고 작음에 굴복하지만, 여전히 나는 본래의 나대로 동일한 작은 사람인 채로 있는 거야. **큼**

**자체**는 결코 작은 것일 수 없고 또 작게 될 수도 없어. 또 우리 속에 있는 작음도 큰 것일 수 없고 크게 될 수도 없어. 어떤 상반되는 것들의 반대든 간에, 어디까시나 자신의 본성을 지키며, 결코 자신의 반대의 것일 수도 없고 반대되는 것으로 될 수도 없지. 그렇게 되는 경우에는 그 변화 속에서 그만 사라져 없어지는 거야."

"저도 바로 그렇게 생각합니다"라고 케베스가 말했습니다. 이 때, 누구였던지는 잘 기억이 나지 않습니다마는 모였던 사람 가운데 한 사람이 이렇게 말했습니다. "아니, 그건 우리가 앞서 인정한 것과 정반대되는 것이 아닙니까? 아까는 더 큰 것에서 더 작은 것이 나오고, 더 작은 것에서 더 큰 것이 나오며, 이렇게 반대되는 것들에서 반대되는 것들이 생긴다고 했는데, 지금은 이 원리가 전적으로 부인된 것 같군요."

소크라테스는 그 쪽으로 고개를 기울이고 듣고 있다가, 이렇게 말씀하셨습니다. "자네는 참 훌륭하군. 그걸 상기시켜 주다니 말이야. 그러나 자네는 그 두 경우가 서로 다르다는 것을 알지 못한 것 같네. 그 때에는 우리가 실제적으로 상반되는 것들에 대해서 말했고, 지금은 반대되는 성질 자체에 대해서 말하고 있는 걸세. 이 후자는 우리 속에서나 자연에서나 그 자신에 반대되는 성질이 될 수 없는 거야. 그 때에는, 오오 나의 벗이여, 반대되는 성질 자체에 의하여 명명된 반대되는 것들에 관해서 말했지만, 지금은 반대되는 것들이 거기서 명칭을 얻는 반대되는 성질들 자체에 관해서 말하고 있는 걸세. 이 성질들 자체는 각기 그 반대되는 것에서 나올 수 없다고 보는 거야." 그리고 케베스를 보고 물었습니다. "자네도 이 친구의 말로 인해 혼란이 일어났나?"

"그렇지 않습니다"라고 케베스가 말했습니다. "물론 가끔 반대론에 정신이 혼미해지기는 합니다마는."

"자 그러면, 우리는 어떤 것이든 그 자신의 반대되는 것이 될 수는 없다는 데 합의를 보았단 말이지?"

"전적으로 합의를 보았습니다."

"그러면 그 문제를 다른 각도에서 살펴보고 동의할 수 있는지 생각해 보게. 자네는 '뜨겁다, 차다'라는 말을 쓰지 않나?"

"물론 쓰지요."

"그런데 그것들은 불이나 눈과 같은 건가?"

"그럴 수 없지요."

"따뜻함은 불과 다르고, 냉기는 눈과 다르단 말이지?"

"네, 그렇습니다."

"그러면 앞서 말한 식으로, 눈이 불에 닿으면 절대로 여전히 눈일 수 없고 더 더울 수도 없으며, 뜨거운 기운이 접근함에 따라 물러가지 않으면 사라져 없어진다는 것을 인정할 줄 아는데."

"네, 인정합니다."

"또 불도 냉기가 접근하면 물러가거나 소멸하지. 즉 불이 냉기를 받으면 그대로 불이면서 찬 것일 수는 없지."

"옳은 말씀입니다."

"그런 일은 그밖에도 여러 가지 있는데, 그런 것들에서 '에이도스' 곧 그 형상의 명칭은 그 형상 자체에만 영원히 합당한 것이 아니고, 또한 형상은 아니면서도 그 형성의 모습을 띠고 존재하는 다른 것에도 합당한 걸세. 예를 하나 들어 좀더 분명히 설명해 보겠네. 홀수에는 언제나 홀수라는 명칭이 붙을 테지?"

"그렇지요."

"우리는 이 홀수라는 명칭을 홀수 자체에만 쓰는가? 그렇지 않으면 홀수 자체는 아니면서도 홀수성을 띠나 언제나 홀수라는 명칭을 붙여야 할 것이 또 있지 않을까? 바로 이것이 내가 묻고자 하는 걸세. 가령 3같은 것 말이야. 이 밖에도 많은 예가 있지만, 3을 들고 생각해 본다면, 그것은 그 자신의 이름으로도 불리고 또 홀수라고도 불리는 것이 아닌가? 그리고 홀수란 명칭은 3이라는 명칭과 같은 것은 아니지. 이런 것은 3에 대해서뿐만 아니라 5에 대해서도 또 모든 수의 절반에 대해서도 말할 수 있지. 즉 그것들은 홀수 자체는 아니면서도 각각 하나의 홀수란 말이야. 또 이 홀수 아닌 수, 그러니까 모든 수의 다른 절반은 짝수 자체는 아니면서도 각각 하나의 짝수란 말이야. 여기에 동의하는가?"

"물론 동의하지요."

"자 그러면, 내가 지금 분명히 밝히려는 것에 주의해 주게. 상반되는 성질들 자체만이 서로 배제하는 것이 아니라, 구체적인 사물들도 그 자체로 반대되는 것은 아니면서도 반대되는 성질을 지니고 있을 때에는 서로 배제한다는 것을 말이야. 이 사물들은 또한 자기들 속에 있는 성질에 반대되는 성질을 물리치며, 그것이 접근해 오면 물러가거나 사라져 없어지거나 하지. 가령 3이라는 수가 3이면서도 동시에 짝수여야 한다면, 아주 없어져 버리거나 어떤 변화를 받아야만 할 것이 아닌가?"

"사실 그렇습니다"라고 케베스가 말했습니다.

"그런데 2라는 수는 3이라는 수에 반대되는 것은 아니지?"

"그런 건 아니지요."

"그러면 상반되는 형상들만이 서로 접근하는 경우 물리치는 것이 아니라, 또한 다른 것들도 반대되는 것의 접근을 물리치는군 그래."

"네, 그렇습니다."

"그러면 어떤 것이 그런 것인지, 힘닿는 데까지 정의해 보는 것이 어떤가?"

"좋습니다."

"그런 것들은 자기 밑에 포섭되는 것으로 하여금 자신의 성질뿐만 아니라 또한 자기가 가지고 있는 어떤 반대적 성질도 가지게 하는 것이 아닌가?"

"무슨 말씀이신지?"

"그건 내가 방금 말한 거야. 알고 있는 줄 아는데. 즉 3이라는 수 밑에 포섭되는 것은 숫자 3일 뿐만 아니라 또한 홀수란 말일세."

"물론 그렇지요."

"3이라는 수가 관여하는 이러한 홀수성에는 그 반대되는 성질이 절대로 가까이 가지 못하겠지?"

"못하지요."

"그럼 3이 3이 되는 것은 이 홀수성 때문이지?"

"그래요."

"홀수에 반대되는 것은 짝수지?"

"네."

"그럼 짝수라는 성질은 결코 3에 가까이 갈 수 없는 거야."

"그렇지요."

"3은 짝수와 아무 상관이 없지?"

"없지요."

"그러면 3이라는 수는 짝수가 아니로군?"
"그렇지요."
"그러면, 어떤 것에 반대되는 것은 아니면서도 그 어떤 것 속에 있는 반대적인 것을 용납하지 않는 것들을 다시 생각해 보세. 가령 3은 짝수에 반대되는 것은 아니지만, 결코 짝수란 성질을 받아들이지 않는단 말이야. 도리어 언제나 거기 반대되는 성질을 띠고 있단 말이야. 또 2는 홀수의 성질을 받아들이지 않고 불은 냉기를 받아들이지 않는단 말이야. 그밖에 이런 예가 많이 있지만, 이런 예에서 자네는 다음과 같은 결론에 도달할 것일세 ─ 즉 반대는 반대를 받아들이지 않을 뿐더러, 또한 어떤 것이나 그 반대되는 것이 들어 있는 것에 접근할 때에는 이 반대되는 것을 용납하지 않는다는 것 말이야. 같은 이야기를 다시 한 번 해보세. 되풀이해서 이야기한다고 해서 해로울 것이 없으니까. 5라는 수는 짝수의 성질을 띠는 법이 없지. 또 그 배수인 10은 홀수의 성질을 띨 수가 없어. 이 배수는 절반이라는 것과는 반대 관계에 있지만 홀수라는 성질을 받아들이지는 않아. 또 3/2이나 1/2이나 1/3 등 모든 분수는 정수라는 성질에 반대되는 것은 아니지만 그런 성질을 전혀 가지고 있지 못하는 거야. 자네두 나와 같이 생각하나?"
"전적으로 동의하며 따릅니다."
"자 그러면, 다시 처음으로 돌아가서 생각해 보세. 그리고 내 질문에 대답할 때에는 내가 질문에서 쓴 말을 써서는 안 되네. 나는 처음에 내가 말했던 저 안전한 답을 듣고 싶지는 않다네. 방금 우리기 말한 것 속에도 처음의 답에 못지않게 확실한 답이 있으니 그것을 듣고 싶네. 만일 자네가 "무엇이 신체 안에 있기에 신체가 따뜻한가"라고 물을 때, 내가 "따뜻함이 있어서 그렇다"고 대답한다면 이것은 안전하고 어리석은 답이지. 그러나 우리가 지금 내놓으려는 답은, 불이 있어서 그렇다고 하는 것인데, 이것은 훨씬 나은 답이야. 또 몸이 아픈 것은 무슨 까닭인가고 물을 때 병이 있어서 아프다고 하지 않고 열이 있어서 아픈 거라고 나는 대답할 거야. 또 어떤 수가 홀수일 때 "그게 어째서 홀수인가"라고 물으면 "홀수 자체가 그 속에 있으니까"라고 하지 않고 1이라는 성질이 그 속에 있으니까"라고 말할 것일세. 이 밖에도 예를 많이 들 수 있지만, 그렇게 안 해도 내가 말하려는 것을 잘 이해할 줄 아네."

"네, 잘 알겠습니다."

"자 그러면, 무엇이 육체 속에 있기에 육체가 살아 있지?"

"영혼이 있어서 그렇지요."

"그건 언제나 그런 건가?"

"물론 언제나 그렇지요."

"그러면 영혼이 들어 있는 것에는 언제나 영혼이 생명을 주는 것이 아닌가?"

"그렇지요."

"생명에 반대되는 것이 있나?"

"있지요."

"그게 뭐지?"

"죽음이죠."

"그러면, 이미 합의한 바와 같이, 영혼은 그것이 지니고 있는 것에 반대되는 것을 절대로 받아들이지 않을 테지?"

"그렇죠"라고 케베스가 말했습니다.

"그런데 조금 전에 말이야, 짝수성을 받아들이지 않는 것을 뭐라고 불렀지?"

"홀수라 불렀지요."

"정의를 받아들이지 않는 것과 음악을 받아들이지 않는 것은?"

"비음악적인 것과 부정이지요."

"죽음을 받아들이지 않는 것을 뭐라고 하지?"

"불사라고 하지요."

"영혼은 죽음을 받아들이지 않지?"

"받아들이지 않습니다."

"그러면 영혼은 불사인가?"

"네, 그렇습니다."

"그러면 이것으로 영혼의 불사가 증명되었다고 할 수 있을까?"

"충분히 증명되었다고 할 수 있지요, 오오 소크라테스."

"홀수가 불멸이라면 3도 필연적으로 불멸하는 것이 아닐까?"

"물론 그렇지요."

"만일 따뜻하지 않은 것, 즉 냉기가 불멸이라면, 더운 것을 눈에 가까이 가져갈 때 눈은 딴 데로 옮겨가 녹지 않고 그대로 있는 것이 아닌가? 그것은 없앨 수도 없고 또 그냥 거기 머물러 열을 받을 수도 없으니 말이야."

"옳은 말씀입니다."

"또 만일 차지 않은 것, 즉 온기가 불멸이라면, 불이 냉기의 공격을 받는 경우, 불은 멸할 수 없고 꺼질 수도 없으며, 다만 고스란히 어디론가 가 버리는 것이 아닌가?"

"분명히 그렇습니다."

"불사적인 것에 대해서도 이와 같이 말해야 하지 않을까? 불사적인 것이 또한 불멸하는 것이기도 하다면, 영혼이 죽음의 공격을 받을 때 멸할 수는 없단 말이야. 왜냐하면, 지금까지 말해온 바와 같이, 영혼은 죽음을 받아들이지도 않으며 죽을 수도 없으니 말일세. 이건 3이나 홀수가 짝수를 받아들일 수 없고, 불이나 불 속의 열이 냉기를 받아들일 수 없는 것과 같은 이치야. 그러나 혹 이렇게 말할 사람이 있을지도 모르지. '짝수가 접근할 때 홀수가 짝수로 될 수는 없다고 하더라도, 홀수가 멸하고 그 자리에 짝수가 들어설 수 없다고 어떻게 말할 수 있는가?'라고 말이야. 이런 소리를 하는 사람에게 우리는 홀수라는 것 자체는 불멸하는 것이라고 대답할 수는 없지. 짝수라는 것이 불멸이라고 하는 데 대해서는 합의를 본 것이 아니니 말일세. 그러나 이것을 인정할 수 있다면, 짝수가 접근해 올 때 홀수 자체나 3이라는 수는 고스란히 물러가서 자신을 보전한다고 말할 수 있을 것일세. 불이나 온기나 그 밖의 다른 어떤 것에 대해서나 이렇게 말할 수 있지 않을까?"

"그렇고말고요."

"불사적인 것에 대해서도 그렇게 말할 수 있을 걸세. 만일 불사적인 것이 또한 불멸이기도 하다면, 영혼은 불사적인 동시에 불멸일 걸세. 그러나 만일 그렇지 않다면, 그 불멸에 대해서 다른 증명을 해야 할 걸세."

"다른 증명을 할 필요는 없지요. 만일 불사적인 것이 영원한 것이면서도 멸할 수 있는 것이라면 불멸하는 것이란 하나도 없을 테니 말입니다."

"그렇지. 그래서 신 자신과 생명이라는 것 자체와 그밖에 무엇이든 불사적인 것은 결코 멸하지 않는다는 것을 누구나 인정하지."

"사실 누구나 인정합니다. 또 사람뿐만 아니라 신들도 인정한다고 봅니다."

"그러니 불사적인 것이 또한 불멸이라면, 영혼은 불사이면서 또한 불멸하는 것이 아닐까?"

"분명히 그렇습니다."

"그러므로 죽음이 엄습할 때 사람의 가사적(可死的) 부분은 죽는다고 볼 수 있으나, 불사적 부분은 고스란히 자기를 보전하면서 물러가는 것이 아닐까?"

"그럴 겁니다."

"그러면 오오 케베스, 영혼이 불사불멸이요 우리의 영혼이 종말에 하데스의 집에 있게 되리라는 것은 더 의심할 여지가 없는 것이 아닌가!"

"이제 분명히 알았습니다. 이제는 반대할 것이 하나도 없어요. 그러나 심미아스나 또 다른 누구든지 더 할 말이 있거든 침묵을 지키지 말고 말하는 것이 좋겠습니다. 이 기회를 놓치면 다시 이런 문제에 대해서 말하거나 들을 수 없을 겁니다."

"저도 더 할말이 없습니다"라고 심미아스가 말했습니다. "그만큼 들으니 의심할 것이 전혀 없군요. 그러나 워낙 문제가 거창한데다가 우리 인간이란 약한 것이고 보면, 아무래도 마음속에 어딘지 모르게 확실치 않은 듯싶은 점이 없지 않군요."

"사실 그러하이. 오오 심미아스"라고 소크라테스가 말씀하셨습니다. "뿐만 아니라 우리의 맨 처음 전제들도 다시 한 번 잘 살펴보고 정말 신뢰할 수 있는지 생각해 보아야 하네. 그것들이 옳다는 것이 충분히 확인되면, 그 다음에는 힘닿는 데까지 우리의 논의를 끝까지 따라가 보게. 그렇게 한 후에 그것이 분명하고 명백하다면 더 추궁할 필요가 없을 것일세."

"사실 그렇습니다."

"그러나 오오 나의 벗들이여, 만일 영혼이 정말 불사라고 한다면, 우리는 이 세상의 짧은 시간을 위해서뿐만 아니라, 영원한 세월을 위해서도 영혼을 보살펴야 할 걸세. 이런 관점에서 볼 때, 영혼을 소홀히 한다는 것은 아주 위험한 일이라 하지 않을 수 없네. 만일 죽음으로 모든 것이 끝난다면 악인은 죽음에 의하여 이득을 본다고 할 수 있을 거야. 그는 죽는 날 그의 육체와 함께 또한 영혼 및 모든 죄과를 온통 내버리고 떠날 테니까. 그러나 우리가 본 바와 같이 영혼이 불사하는 것이고 보면, 죄과에서 벗어나 구원을 얻는 길은 가장 선하고 가장 지혜롭게 되는 것밖에 없네. 영혼이 저 하데스에 갈 때에는 그 교육과 교양 밖에는 가지고 갈 것이 없으니 말이야. 죽은 사람이 저승으로 여행길을 떠날 때 이런 것들이 큰 도움을 주거나 큰 해를 준다고들 하더군.

전설에 의하면, 사람마다 그 다이몬이 있어서, 살아 있는 동안 그 사람을 맡고 있다가 그 사람이 죽으면 죽은 자들이 모여 있는 어떤 장소로 데리고 가는데, 거기서 심판을 받은 후 이 세상에서 저 세상으로 인도하는 안내자를 따라 하데스로 가게 되는 거라더군. 거기서 각자가 당할 일을 당하고 있노라면 오랜 후에 다른 안내자가 그를 다시 이 세상에 데려 온다더군. 그런데 아이스퀼로스의 비극에서 텔레포스[25]는 이 여행길을 단 하나의 곧은길이라 설명하고 있지만, 나는 그

---

25) 텔레포스(Telephos) : 소아시아의 옛 나라인 미시아의 왕. 그는 아킬레우스의 창을 맞고 부상당했는데, 그 창에서 나온 녹물로 만든 고약을 발랐더니 상처가

렇게 생각하지 않네. 그렇다면 안내자가 필요 없을 걸세. 아무도 그 길에서 방황하는 일이 없을 테니까 말이야. 사실은 갈림길과 구부러진 데가 많이 있을 걸세. 이건 여러 길이 합친 데서 저승의 신들에게 제사도 드리고 제물도 바치는 것을 보고 내가 짐작한 걸세. 현명하고 단정한 영혼은 그 길을 따라가며 그 처지를 모르는 바 아니지만, 육체를 그리워하는 영혼은 앞서도 내가 말한 바와 같이, 그 생명이 떠난 육체 주위를 오랫동안 배회하고 또 눈에 보이는 이 세계를 헤매다 많이 고생하고 반항한 후에 결국 강제로 그의 다이몬에 끌려 사라져 버리는 거야. 이런 영혼은 다른 영혼들이 모여 있는 곳에 가더라도, 부정하거나, 부정한 행위를 한 적이 있거나 또는 불의의 살인을 했거나 또 그와 비슷한 일로 그 영혼들이 할 만한 행위를 한 일이 있거나 하면, 누구나 그 영혼에서 달아나 도망쳐 버릴 걸세. 아무도 길동무가 되어 주지 않고, 아무도 안내자가 되어 주지 않을 것이며, 그 영혼은 더할 나위 없이 불운한 처지에서 헤매다가 기한이 차면 운명에 따라 합당한 곳으로 끌려갈 것일세. 한편 일생 동안 깨끗하고 절도 있는 생활을 한 영혼은 신들이 길동무를 해주고 안내해 줄 것이며, 각각 자기가 있을 곳에 이르러 안주할 걸세. 그런데 이 대지에는 놀라운 곳이 여러 군데 있다네. 그리고 어떤 사람이 나한테 이야기해서 내가 옳다고 보는 바에 의하면, 이 대지는 그 모양이나 크기가 지리학자들이 흔히 기술하고 있는 것과는 아주 다른 것일세."

그러나 심미아스가 말했습니다. "무슨 말씀이신지? 오오 소크라테스, 지도 대지에 관한 설명을 많이 들었습니다마는, 선생님께서는 어느 것을 옳다고 여기시는지 꼭 듣고 싶습니다."

---

나왔다고 한다. 텔레포스를 다룬 아이스퀼로스의 비극은 세 개가 있었다 하지만, 지금은 하나도 남아 있지 않다.

"오오 심미아스, 만일 내가 글라우코스26)의 재주를 가지고 있다면 그 모든 것을 자네에게 이야기해 보겠네. 그러나 나는 불행히도 그런 재주가 없네. 또 글라우코스의 재주로서도 별 수 없을 줄 아네. 그리고 설사 내가 글라우코스만한 재주를 가지고 있어서 대지에 관해 설명한다 하더라도, 그 긴 이야기를 마치기 전에 내 목숨이 끊어질 걸세. 하지만 내가 생각하는 대로 대지의 형상과 그 여러 장소에 관해서 설명해 보겠네."

"그것으로 충분합니다"라고 심미아스가 말했습니다.

"첫째로 내가 확신하는 것은 대지가 둥글고 하늘의 중심에 있다면, 그것이 그 자리에 있기 위해서 공기도 필요 없고 그밖에 그와 비슷한 어떤 다른 힘도 필요 없다는 걸세. 대지가 그 자리에 있으면서 떨어지지도 않고 어떤 방향으로도 기울어지지 않는 것은, 주위의 하늘이 어디서나 한결같고 균질적이며 또 대지는 대지대로 스스로 균형을 잡고 있기 때문이야. 스스로 균형을 잡고 있는 것이 균질적인 것의 중심에 자리 잡고 있으면 어느 방향으로든지 조금도 기울어지지 않고 항상 같은 상태에 정지하여 있을 터이니 말일세. 이것이 내가 믿는 첫째 것일세."

"확실히 옳은 생각입니다"라고 심미아스가 말했습니다.

"그 다음으로 내가 믿는 것은 대지는 아주 광대하여 우리가 살고 있는 파시스 강27)에서 헤라클레스의 두 기둥28) 사이는 그 작은 한 부

---

26) 글라우코스(Glaukos)는 발명가였던 듯하다. '놀라운 기능'을 '글라우코스의 재능'이라 하는 것이 당시의 속담이었다.

27) 파시스(Phasis)는 흑해 동안(東岸)으로 흘러 들어가는 강이다.

28) 헤라클레스는 지브랄타르 해협 양쪽에 두 기둥을 세웠다고 전한다. 그것은 곧 해협 양쪽에 있는 칼페 강과 아빌라 산이다. 파시스 강에서 헤라클레스의 두 기둥 사이라 함은 세계의 한 쪽 끝에서 다른 한 쪽 끝이라는 뜻이다.

분이며, 우리는 마치 개미와 개구리가 늪지의 가장자리에 살고 있듯이 바닷가에 살고 있으며, 우리 밖에도 이 비슷한 곳에 다른 많은 사람들이 살고 있다는 것일세. 대지의 표면에는 어디를 가나 여러 가지 모양과 크기의 골짜기가 있는데, 물과 안개와 무거운 공기가 모여 든다네. 그러나 대지 자체는 깨끗하며, 또한 별들이 있는 깨끗한 하늘 가운데 자리 잡고 있는 거야. 이런 것을 전공하는 사람들이 에테르라 부르는 것이 바로 이 하늘이지. 그리고 이 에테르에는 침전물이 있어서, 이 대지의 골짜기들 안으로 흘러 들어오는 걸세. 그런데 이 골짜기들 안에 사는 우리는 대지의 표면에 살고 있는 줄 착각하고 있단 말이야. 이건 마치 바다 밑바닥에 살고 있는 생물이 스스로 바다 표면에 있다고 생각하고, 물을 통하여 해와 별들을 보면서 바다가 하늘이라 생각하며, 또 약하고 둔한 탓으로 물 위에 한 번도 떠올라가 보지도 못하고 육지에 올라와 보지도 못하여 그 위의 세계가 자기의 있는 곳보다 얼마나 더 깨끗하고 아름다운지 알지도 못하고 또 들어보지도 못한 것과 꼭 마찬가지야. 우리도 이와 다름이 없어. 우리도 대지의 한 골짜기 안에 살고 있으면서 그 표면에 살고 있다고 생각하고 있으니 말이야. 또 우리는 공기를 하늘이라 부르고, 또 별들이 이 하늘 속을 운행하고 있는 거라고 상상하고 있어. 그러나 사실 우리는 우리의 약함과 둔함 때문에 이 대기의 표면에까지 이르지 못하고 있는 거야. 만일 어떤 사람이 이 대기의 끝에까지 이르거나 혹은 새처럼 날개가 달려서 그 꼭대기까지 이를 수 있다면, 그는 물에서 고개를 내밀어 이 세상을 바라보는 물고기처럼 저 세상을 바라볼 수 있을 걸세. 그리고 만일 그의 본성에 그 세계를 볼 수 있는 능력이 있다면, 그 세계가 참 하늘과 참 빛과 참 땅임을 알 수 있을 걸세. 우리의 이 대지, 이 돌들과 이 땅 위의 모든 곳은 마치 바다 속의 모든 것이 염소(鹽素)로 말미암아 부식된 것처럼 파손되고 부식되어 있으니 말일세. 바다 속에는 제대로 완전히 자라는 것이 아무것도 없고, 동굴과 모래와 무한한 흙탕이 있을 뿐이야. 땅이 드러난 곳이 있다 하더라도 그곳도 우리가 가지고 있는 여러 아름다운 곳에 비하면 아무 것도 아니야. 그러나 저 세상은 우리의 이 세상보다도 훨씬 나은 곳이야. 저 하늘 밑에 있는 땅에 대해서(신화 비슷한) 이야기를 해도 좋다면 오 오 심미아스, 그 이야기는 정말 들을 만한 것일세."

"정말 그 이야기를 듣고 싶군요"라고 심미아스가 말했습니다.

"그 이야기는 이런 걸세. 첫째로 그 대지를 위에서 보면 꼭 여러 가지 빛으로 칠한 열두 조각의 가죽으로 만든 공처럼 보인다네. 그 빛은 이 지상의 화가들이 쓰고 있는 것과 비슷하지. 그러나 저 위에 있는 땅은 온통 이런 빛으로 물들어 있는데, 그 빛들은 우리의 빛깔들보다 훨씬 더 밝고 환하지. 거기엔 깜짝 놀랄 만큼 아름다운 자홍색이 있고, 황금의 광채가 나며, 또 석고나 눈보다 더 흰색이 있네. 그 땅은 이런 빛깔들로 되어 있는데, 그 빛깔은 인간이 지금까지 눈으로 보아 온 것보다 더 많고 더 아름답다네.

공기와 물로 가득 차 있는 이 골짜기들은 각기 독특한 색채를 띠고 있어서 마치 가지각색 다른 빛들 속에서 번쩍거리는 빛줄기처럼 보이며, 그리하여 그 전체가 하나의 연속적인 아름다운 빛의 흐름 같은 모습을 나타내고 있다네. 그리고 이 아름다운 곳에서 성장하는 모든 것, 즉 나무와 꽃과 과실들도 그곳에 잘 어울린다네. 또 거기엔 산도 있는데 산에는 여러 가지 돌이 있다네. 그 돌들은 아주 매끄럽고 투명하고, 또 이 지상의 아주 값비싼 보석보다도 더 아름다워. 우리가 가지고 있는 홍옥이나 벽옥이나 녹옥 및 그 밖의 보석들은 그 땅에 있는 돌 부스러기에 지나지 않는 거야. 그 땅의 돌은 모두 우리의 보석이나 다름없고 또 훨씬 더 아름다우니 말이야. 그것들은 순수하여 우리의 보석처럼 염분이 섞인 물질에 의하여 부식되지 않기 때문이지. 이 염분이라는 게 이 지상에서는 서로 집결하여 응고하기 쉬운 상태에 있어서, 동물이나 식물뿐만 아니라 땅과 돌들도 추하게 만들고 병들게 하는 걸세. 그러나 저 위에 있는 땅은 이런 보석이나 금과 은 같은 것으로 장식되어 있으며, 그것들이 모두 환한 빛을 발하고 있으며 또 도처에 풍부하기 때문에 이 땅을 바라보는 것은 무한한 기쁨을 주는 걸세.

또 거기에는 사람과 짐승도 있는데, 그 중의 얼마는 내부의 육지에 있고, 또 얼마는 마치 우리가 바닷가에 사는 것처럼 공기의 주변에 살고 있고, 또 얼마는 섬에서 살고 있는데, 그 섬들은 대륙에 가까이 있으며 또 공기가 그 주위를 흐르고 있다네. 쉽게 말하면, 그들은 마치 우리가 물과 바다를 사용하듯 공기를 사용하고 있는데, 에테르는 우리의 공기와 같은 것일세. 더욱이 그 곳은 날씨가 아주 온화하고 쾌적하며 기온은 병이 생기지 않으니, 그곳 사람들은 우리보다 훨씬 더 오래 살고, 또 공기가 물보다 순수하고 에테르가 공기보다 더 순수한 만큼, 시각이나 청각이나 촉각이나 그 밖의 모든 감각능력이 더 완전하다네.

또 그곳에는 신들이 살고 있는 신전들과 성소가 있어서, 그곳 사람들은 신들의 음성을 듣고 또 신들에게 묻고 기원한 것에 대한 응답을 들으면서 신들과 교제하는 걸세. 또 그들은 해와 달과 별들을 그 실상대로 보며, 그 밖의 이에 따르는 온갖 행복을 누리는 걸세.

이상과 같은 것이 그 땅 전체와 그 주위 모든 것의 본성일세. 그런데 그 땅의 표면에는 여러 지역이 있고 또 도처에 골짜기가 있는데, 그 중 어떤 것은 우리가 살고 있는 골짜기보다 더 깊고 더 넓으며, 또 어떤 것은 깊고 더 좁고, 또 어떤 것은 얕고 더 넓다네. 그러나 그 모든 골짜기에는 그 땅 밑으로 구멍이 뚫려 있어서 넓거나 좁은 통로도 서로 연결되어 있다네. 그 통로를 마치 혼주기(混酒器)처럼 큰 물줄기가 들락날락하며, 또 쉴 새 없이 여러 강이 흐르고 있어 뜨거운 물과 찬 물이 나오고 있네. 또한 큰 불이 있고, 여러 큰 불의 강이 있으며, 또 시켈리아에 있는 흙탕물의 강들과 그 뒤를 따르는 용암의 흐름처럼 혹은 좀 멀겋고 혹은 더 시커먼 흙탕물이 흐르는 강들이 있다네. 그리고 이런 강들이 흘러가는 곳 주변은 이런 것들로 가득 차 있네. 또 그 땅 속에서 진동이 일어나 이 모든 것을 위 아래로 움직이게 하고 있는데, 그 원인은 이런 걸세. 즉 그 땅의 모든 틈바구니 중에서 가장 광대한 틈바구니가 하나 있는데, 그게 바로 그 땅을 꿰뚫고 있다네. 그것은 바로 호메로스가,

 멀리 멀리 가장 깊은 구덩이는 땅 밑에 있도다.

라는 말로 노래한 것이며, 또 그가 다른 작품에서, 그리고 다른 시인이 타르타로스라고 부른 걸세. 이 틈바구니 속으로 모든 강물이 흘러 들어가고 흘러나오는데, 그 강물들은 각각 그것이 흐르는 토지의 성질을 띠게 된다네. 이렇게 그 강물들이 쉴 새 없이 흘러들고 흘러나오는 것은 그 물이 머물러 있을 바닥이 없기 때문일세. 그 물이 아래로 진동하며 또 그 언저리에 있는 바람과 공기도 진동하는 걸세. 바

람과 공기도 그 물을 따라 위 아래로 그 땅 위를 떠돌아다니는 걸세. 사람이 숨을 쉬면 공기가 들락날락하는 것과 마찬가지지. 그리고 물과 함께 바람이 들락날락하면 무서운 폭풍이 일어나는 거야. 여러 물줄기가 비교적 낮은 곳에 쏟아져 들어가면 이곳 골짜기들을 채우게 되는데, 이렇게 되면 다시 타르타로스로 들어가 땅을 뚫고 여러 군데로 흘러가서 바다와 호수와 강과 샘이 생기는 거지. 거기서 다시 땅 밑으로 스며들어가는데, 그 중 어떤 것은 멀리 감돌아 많은 지역을 거쳐서 땅 속으로 스며들고, 또 어떤 것은 그다지 먼 곳을 지나지 않고 스며드는 걸세. 결국은 다시 타르타로스로 흘러 들어가서, 어떤 것은 땅 위로 솟았던 위치보다 훨씬 더 아래로, 또 어떤 것은 조금 아래로 흘러 들어가는 거야. 아무튼 강들은 모두 솟아나온 위치보다 얼마간 낮은 점에서 타르타로스로 흘러들어가는 걸세. 또 스며든 곳과 반대쪽으로 솟구쳐 나오는 것이 있는가 하면, 같은 쪽으로 솟구쳐 나오는 것도 있고, 또 뱀이 똬리를 틀듯이 땅을 한 바퀴 혹은 여러 바퀴 돌고는 될 수 있는 대로 낮은 데로 흘러 내려가는 것도 있다네. 어느 쪽으로 흐르는 강이든 한가운데까지만 흘러내려갈 수 있고, 그 이상 더 내려갈 수는 없는데, 거기서부터는 오르막이기 때문일세.

 이런 강들은 수도 많고 힘차며, 모양도 여러 가지야. 그 중 특히 큰 것이 넷 있는데, 이 넷 가운데서도 가장 크고 가장 먼 데까지 뻗친 것이 오케아노스라는 걸세. 이건 그 땅을 뺑 돌면서 흐르고 있는 거야. 이것과 반대 방향으로 아케론29)이 흐르는데, 이 강은 여러 사막 지대를 지나 땅 밑을 흐르다가 아케루시아스 호로 흘러 들이긴다네. 많은 사람의 영혼이 사후에 이 호수의 언덕에 가는데, 여기서 그 영혼들은

---

29) 아케론(Acheron) : 고통의 강, 혹은 비애의 강.

오래 혹은 잠시 정해진 기간이 지나면 다시 이 지상에 짐승으로 태어나는 걸세. 셋째 강은 위의 두 강의 중간에서 솟구쳐 나오는데, 그 분출구 근처에서 맹렬한 불길이 타오르는 넓은 지역으로 흘러 들어가 바다30)보다 더 큰 호수를 이룬다네. 이 호수는 물과 흙탕이 끓고 있어서, 탁류를 이루고 다시 흘러나와 땅 둘레를 구불구불 지나가며 여러 군데를 흘러가다가 마침내 아케루시아스 호 맨 끝에 이르지만, 이 호수의 물과는 섞이지 않고, 여러 차례 땅 둘레를 돌다가 타르타로스의 가장 낮은 부분으로 쏟아져 들어간다네. 이것이 바로 퓌리플레게톤31)이라 불리는 강인데 이 강이 그 용암을 분출시켜 지상의 모든 화산을 낳는 걸세. 이에 대립하여 그 맞은편에 넷째 강이 흘러나와 맨 처음에는 온통 검푸른 빛깔을 띤 무섭고 황막한 지역으로 흘러간다네. 이것이 스튀기오스라 하는 강인데, 이것이 흘러 스튀크스 호가 되는 거야.32) 강물은 이 호수로 흘러 들어가면 무서운 힘을 얻어 땅 밑으로 뚫고 들어가 땅 속을 돌다가 아케루시아스 호 근처에서 퓌리플레게톤의 맞은편으로 나타나는 거야. 이 강물도 다른 강물과는 섞이지 않고, 대지를 삥 돌면서 흐르다가 퓌리플레게톤의 맞은편에서 타르타로스로 들어간다네. 이 강을 시인들은 코퀴토스33)라고 한다네.

이상과 같은 것이 저 세상의 모습일세. 죽은 사람이 각기 그 다이몬의 인도를 따라 그곳에 이르면 먼저 경건하고 바르게 산 사람과 그렇지 않은 사람으로 판정을 받는다네. 그 중간쯤에서 산 사람들은 아케

---

30) 지중해.
31) 퓌리플레게톤(Puriphlegethon) : 불타는 강.
32) 스튀기오스(Stugios), 스튀크스(Stux)는 '증오'를 의미한다.
33) 코퀴토스(Kōkutos) : 비탄의 강.

론 강으로 가서 준비된 배를 타고 호수에 이르네. 그들은 그곳에 머무르면서 자신의 악행이나 또 남에게 행한 죄악에 대해 벌을 받고 속죄하고, 또 선행에 대해 합당한 상을 받는다네. 그러나 죄가 너무 커서 도저히 살아날 것 같지 않은 자들, 즉 번번이 성소에 들어가 거룩한 물건을 훔친 자들이나 무법 무도한 살인을 저지른 자들, 혹은 그 밖에 그 비슷한 짓을 한 자들은 당연히 타르타로스에 던져져 다시 나올 수가 없네. 또 범한 죄는 크지만 다시 개과천선할 가망이 있는 사람들, 가령 순간적인 분노로 아버지나 어머니에게 폭행을 가했으나 후회하면서 여생을 보낸 사람들이나 또는 이와 비슷한 처지에서 살인한 사람들은 물론 타르타로스에 던져지지만, 이들은 거기서 1년만 고통을 당하면, 1년 뒤에는 큰 물결에 의해 그곳에서 밀려난다네. 그저 살인한 사람들은 코퀴토스 쪽으로, 아버지나 어머니를 죽인 자들은 퓌리플레게톤 쪽으로 말일세. 그들은 아케루시아스 호숫가로 밀려가는데, 그들은 여기서 자신들이 죽였거나 악행을 행했던 사람들의 이름을 소리를 높여 부르며, 자신을 불쌍히 여겨 친절을 베풀어 자기를 끌어내어 그 호수로 들어갈 수 있게 해달라고 애걸하는 것일세. 다행히 그 청이 용납되면 그곳에서 나와 고통에서 헤어 나올 수 있으나, 그렇지 못하면 다시 타르타로스에 끌려 들어가 거기서 다시 여러 강으로 더 내려가서, 자신들이 해친 사람들의 자비를 얻을 때까지 같은 운명을 되풀이하는 걸세. 이것이 재판관이 그들에게 내린 판결이니까.

그러나 특별히 경건한 생활을 한 사람들은 감옥과 같은 이 세상의 여러 곳으로부터 해방되어 자유로워지며, 저 위의 청정한 곳으로 올라가 그 곳에서 살게 되는 걸세. 이 사람들 가운데 특히 철학으로 자기 자신을 아주 순결하게 한 사람들은 그 후로는 전혀 육체 없이 살 것이며, 다른 사람들이 사는 곳보다도 더 아름다운 거처에 이르게 될 것일세. 이곳이 어떤 곳인지는 설명하기도 쉽지 않고 또 지금은 설명할 시간도 넉넉지 않군.

그러나 이상과 같은 여러 가지 이유로 해서, 오오 심미아스, 우리는 이 인생에서 덕과 지혜를 얻기 위하여 온갖 노력을 다해야 할 걸세. 그 상은 아름답고 그 희망은 크다네!

양식 있는 사람이라면 이런 것들이 꼭 내가 기술한 대로라고는 주장하지 않을 걸세. 그러나 영혼이 불사한다는 것이 분명해졌으므로, 우리의 영혼에 일어나는 일과 영혼이 가 있을 곳이 대체로 내가 말한 바와 비슷하리라는 것은 믿을 만하다고 생각하네. 이렇게 믿는 것은 모험이지만, 그 모험은 아름다운 것일세. 그러므로 이런 모험을 하는 사람은 이상과 같은 말로 스스로를 달래야 할 걸세. 내가 길게 이야기한 것도 이 때문이야. 이런 까닭에 육체의 쾌락과 장식물이 자신에게 아무 소용도 없으며, 유익하기 보다는 오히려 해가 된다고 보고 이것들을 물리치고 오직 배우는 기쁨에 열중해 온 사람은 자신의 영혼에 확신을 가질 수 있고 기뻐할 수 있는 걸세. 그는 영혼을 이질적인 것으로 장식하지 않고, 오직 영혼 자신의 장식물, 즉 절제와 정의와 용기와 자유와 진실로 장식했기 때문에 운명이 부르는 대로 곧 하데스로 떠날 마음의 준비가 되어 있는 걸세. 오오 심미아스와 케베스, 자네들도 또 누구나 어차피 이 세상을 하직하게 될걸세. 나는 이미, 어느 비극의 주인공 말마따나, "운명의 소리가 지금 부르고 있네." 이제 곧 독약을 마시게 되었으니 먼저 목욕을 하는 것이 좋겠군. 그래야 아낙네들이 내 시체를 씻지 않아도 될 테지.

이 말을 마치자, 크리톤이 말했습니다. "오오 소크라테스, 이 사람들과 나에게 아이들이나 그 밖의 일에 관해서 일러둘 말은 없나? 우리는 자네에게 제일 좋은 일을 기꺼이 하겠네."

　"오오 크리톤, 특별히 일러둘 것은 없네. 다만 내가 늘 자네들에게 말한 것처럼 자네들 자신을 돌보게. 그렇게만 하면 다른 약속을 하지 않더라도 그것만으로 나와 우리 집안사람들과 또 자네들 자신에게 큰 봉사를 하는 셈이 될 걸세. 그러나 자네들이 자신에 관해서 전혀 생각하는 바가 없고 내가 자네들에게 지금까지 여러 번 말했고 또 지금도 말하고 있는 권고를 따르지 않는다면, 지금 이 순간 자네들이 아무리 많은 약속을 하고 지키겠노라 맹세하더라도 아무 소용없는 일이야."

　"우리는 힘껏 자네 말을 따르겠네. 그런데 자네를 파묻는 일은 어떻게 할까?"

　"자네들이 나를 붙잡고 있고, 내가 도망칠 수 없다면, 어떻게든 자네들 좋을 대로 하게." 이렇게 말하면서 그는 우리를 돌아다보며 웃으면서 말씀하셨습니다. "나는 크리톤으로 하여금 내가 지금까지 이야기해 왔고 우리의 토론을 인도해온 바로 그 같은 소크라테스임을 믿게 하지 못했네. 그는 얼마 있다가 시체가 되어 있을 그 사람이 나라고 생각하고서 어떻게 파묻을까 묻고 있군. 나는 독약을 마시고 죽으면 자네들을 남겨 두고 축복된 사람들이 있는 곳으로 가서 그 기쁨에 참여하리라는 것을 누누이 말해왔는데, 크리톤은 이것이 그저 나 자신과 자네들을 위로하기 위한 아무 실속 없는 소리인 줄로만 알고 있군 그래. 그러니 앞서 크리톤은 재판관들에게 나를 위하여 보증을 서주었지만, 이번에는 자네들이 나를 위해 그에게 보증을 서주게. 그런데 이번 보증은 물론 저번 보증과 반대되는 거지. 저번에는 내가 머물러 있겠다는 데 대해서 그가 보증을 섰지만, 이번에는 자네들이 내가 머물러 있지 않고 깨끗이 떠나리라는 데 대해서 보증을 서 주어야 되겠네. 그렇게 하면 내가 죽는 것을 보고 크리톤이 덜 괴로워 할 것이고, 또 내 육체가 불태워지거나 파묻히는 것을 보고 슬퍼하지 않을 걸세. 나는 내 죽음을 당하여 그가 슬퍼하는 것을 원치 않으며, 또 매장할 때에 그가 소크라테스를 거기 뉘었느니 운반했느니 파묻었느니 하는 따위의 말을 하기를 바라지 않네. 그릇된 말을 쓰는 것은 그 자체로 좋지 못한 일일뿐더러 또한 영혼을 해치는 일이니 말일세. 그러니 오오 친애하는 크리톤, 마음을 단단히 먹고 오직 내 육체만을 파묻는 거라고 말하게. 그렇게 말하고 생각한다면 그 다음엔 어떻게 파묻든 상관없으니 관례대로 제일 좋다고 생각되는 대로 파묻도록 하게."

 이 말을 하고 그는 일어나 목욕하러 다른 방으로 들어갔습니다. 크리톤이 그 뒤를 따라가면서 우리에게 기다리라고 말했습니다. 그래서 우리는 뒤에 남아서 지금까지 우리가 담론한 것에 대해서, 또 우리의 큰 불행에 대해서 서로 이야기하며 생각했지요. 그 때 우리는 아버지를 잃은 고아처럼 나머지 생애를 보내야 될 것처럼 느꼈습니다. 그가 목욕을 끝냈을 때 그의 자녀들이 왔습니다. 그에게는 어린 아들이 둘, 장성한 아들이 하나 있었지요. 또 그 집안의 부인들도 왔습니다. 크리톤이 있는 데서 그는 아들에게 몇 마디 일러주는 말을 했어요. 그리고는 그들을 돌려보내고 다시 우리한테로 왔습니다. 그가 안에서 많은 시간을 보냈으므로 해가 질 무렵이 되었습니다. 목욕을 하고 나와서도 그는 우리와 함께 앉아 있었지만, 말은 별로 많이 하지 않았습니다. 얼마 후 11인의 형무 위원의 부하들이 들어와 그의 곁에 서서 말했습니다. "오오 소크라테스, 저는 선생님에 대해서는 나무랄 것이 전혀 없습니다. 다른 사람들은 제가 형무 위원들의 명령에 따라 독약을 마시도록 권하면, 욕하고 저주해서 저도 화를 냈습니다마는, 선생님께는 그런 노여운 감정이 전혀 일어나지 않습니다. 제가 보기에 선생님은 지금까지 여기 들어온 사람들 가운데 가장 너그러우시고 가장 점잖으시고 가장 훌륭한 분입니다. 선생님은 지금 저에 대해서 노여워하시지 않을 줄 압니다. 이 책임이 누구에게 있는지 선생님은 잘 아시고 그들을 노여워하실 테니까요. 제가 무슨 심부름을 왔는지 아실 겁니다. 그러면 운명의 짐을 마음 편히 지시고 안녕히 가십시오." 이렇게 말하면서 눈물을 뚝뚝 흘리고 몸을 돌이켜 나가 버렸습니다.

　소크라테스는 그를 향하여 "자네도 잘 있게. 나도 잘 가겠네"라고 말씀하셨습니다. 그리고는 우리를 보고 이렇게 말씀하셨습니다. "참 좋은 사람이야! 그는 늘 나에게 와서 나하고 이야기하곤 했는데, 언제나 친절했어. 지금도 나를 위해서 진심으로 울었네. 그러니 자 크리톤, 그 사람 말을 들어야지. 약을 갈았거든 이리 가져오게. 아직 안 갈았으면 맡은 이에게 갈게 하게."

　그러나 크리톤이 말했습니다. "하지만 오오 소크라테스, 해는 아직 산 위에서 빛나고 있네. 남들은 독약을 마시라는 통고를 받고도 잘 먹고 마시고 사랑하는 사람들과 한참 동안 함께 지내다가 느지막하게 마신다네. 서두르지 말게. 시간은 너너하니까."

　그러나 소크라테스가 말씀하셨습니다. "오오 크리톤, 자네가 말하는 그 사람들에게는 그렇게 하는 것이 당연한 일일 걸세. 그들은 그렇게 함으로써 이득이 있다고 생각하니 말이야. 그러나 그렇게 하지 않는 것이 당연하다고 생각하지. 독약을 좀 늦게 마신다고 해서 무슨 이득이 있다고는 생각하지 않네. 이미 죽을 목숨을 좀 연장하고 거기 매달린다는 것은 나 자신이 보기에도 웃음거리밖에 되지 않네. 그러니 내가 말하는 대로 해 주게."

크리톤은 곁에 서 있던 사환아이에게 눈짓했습니다. 그러자 그 사환아이는 밖으로 나가더니 한참 만에 독약을 내어 주는 사람과 함께 들어왔습니다. 그 사람은 갈아 놓은 독약을 들고 있더군요. 소크라테스는 그 사람을 보고 말씀하셨습니다. "당신은 이런 일에 밝을 테니 어떻게 하면 좋은지 일러 주시오."

그 사람이 말했습니다. "다리가 무거워질 때까지 그저 걷기만 하면 됩니다. 다리가 무거워지면 누우세요. 그러면 약 기운이 돌 겁니다." 이렇게 말하면서 그는 잔을 소크라테스에게 내밀었습니다.

오오 에케크라테스, 소크라테스는 아주 태연히 조금도 떨지 않고 또 안색이 조금도 변하지 않고 평소와 조금도 다름없이 그 사람을 물끄러미 바라보면서 잔을 들고 이렇게 말했습니다. "신에게 드리는 뜻으로 한 방울 떨어뜨려도 되나요? 혹은 안 되나요? 어떻소?"

그러니까 그 사람은 이렇게 대답하더군요. "오오 소크라테스, 여기서는 마실 만큼 밖에 갈지 않습니다."

"알았소. 그러나 저 세상으로 가는 여행을 잘 하도록 기도를 드릴 수는 있을 테지. 또 드려야만 되고, 내 기도대로 이루어지이다." 이렇게 말하면서 그는 잔을 입술에 대고 조용히 기쁜 낯으로 그 약을 마셨습니다. 그때까지만 해도 우리는 슬픔을 가눌 수 있었습니다마는, 이제 그가 약을 다 들이키는 것을 보고는 더 참을 수가 없었습니다.

저는 그만 울음을 터뜨렸어요. 저는 얼굴을 가리고 울었는데, 그를 위해서가 아니라 이제 그러한 벗을 여의게 된 저 자신의 불행 때문이었습니다. 제가 먼저 운 것은 아니지요. 저보다 먼저 크리톤은 울음을 주체할 수 없어 밖으로 나가려고 일어서더군요. 아폴로도오로스는 벌써부터 줄곧 울고 있었는데, 그 때에는 큰 소리로 흐느껴 울어 우리들 모두의 가슴을 메어지게 했습니다. 소크라테스만이 여전히 조용했어요.

"그게 무슨 꼴인가"라고 소크라테스가 말씀하셨습니다. "이상한 사람들 다 보겠네. 내가 아낙네들을 내보낸 것은 그들이 이런 창피스런 꼴을 보일까봐 그런 거야. 사람은 모름지기 조용히 죽어야 한다고 나는 들어 왔어. 조용히 하고 꿋꿋하게 행동하게."

이 말을 듣고 우리는 부끄러운 생각이 들어 눈물을 삼켰습니다. 그는 이리저리 걷더니 한참 만에 다리가 무겁다고 말하고는 반듯이 드러눕더군요. 약을 준 사람이 하라 한대로요. 소크라테스가 누우니까 그 사람은 소크라테스의 다리와 발을 살펴보더군요. 그리고 한참 있다가 발을 세게 누르면서 감각이 있느냐고 묻더군요. 소크라테스가 "없다"고 하니까, 그 다음엔 다리를 눌러 보고는 우리에게 몸이 차가워지고 굳어진다고 하더군요. 그리고는 다시, "독이 심장에까지 퍼지면 마지막입니다"라고 하더군요. 하반신이 거의 다 차가워진 때에 그분은 얼굴을 덮었던 것을 벗기고— 얼굴을 덮었으니까요 — 이렇게 말씀하셨습니다. 그리고 이것은 그의 최후의 말이었습니다.— "오오 크리톤, 아스클레피오스[34)]에게 닭 한 마리 빚진 것이 있다네. 기억해

---

[34)] 아스클레피오스(Asklēpios): 의약의 신. 병이 나으면 감사의 뜻으로 이 신에게 닭을 바치는 것이 관례였다. 소크라테스는 죽음에 의하여 모든 인간적인 병이 낫는다고 생각한 모양이다.

두었다가 갚아 주게."

"그렇게 하겠네"라고 크리톤이 말했습니다. "그 밖에 다른 부탁은 없나?"

이 물음에는 아무 대답도 없었습니다. 1, 2분 후 몸이 조금 움직였습니다. 그러니까 그 사람이 소크라테스의 얼굴을 가렸던 천을 벗겼습니다. 그의 눈은 허공을 바라보고 있더군요. 이것을 보고 크리톤은 눈을 감기고 입을 다물려 주었지요.

오오 에케크라테스, 우리 벗의 최후는 이러했습니다. 당시에 내가 만난 사람들 가운데 가장 현명하고 가장 올바른 사람이었다고 진심으로 말하지 않을 수 없습니다.

# 에로스[사랑]에 대하여

## 대화하는 사람

아폴로도오로스
그의 친구

## 대화 속에 등장하는 사람들

소크라테스(54세 쯤).

아리스토데모스(Aristodēmos) 소크라테스의 진정한 제자로 자처하여 소크라테스의 흉내를 내며 늘 맨발로 다님. 키가 작고 소박함.

아가톤(Agathōn) 아테나이의 비극 작가. 31세 쯤.

파이드로스(Phaidros) 변론술 애호가.

파우사니아스(Pausanias) 소피스트인 프로디코스의 제자. 교묘한 수사가로서 아가톤을 사랑함.

아리스토파네스(Aristophanēs) 헬라스 최대의 희극 작가.

에뤼크시마코스(Eruximachos) 아테나이의 의사이자, 자연 철학자.

알키비아데스(Alkibiadēs) 부와 재능과 용모가 뛰어난 군인이며, 정치가. 한 때 소크라테스를 따름. 펠로폰네소스 전쟁 말기 시켈리아 원정을 주창하여 아테나이 패전의 책임자가 됨.

'향연'의 헬라스어는 Symposion인데 "함께 마신다"는 뜻이다. B.C. 416년 아가톤은 연극 대회에서 자신의 비극으로 우승, 어느 날 저녁 친구들을 불러 축하연을 베풀었다. 이 대화편은 그 때의 일을 아폴로도오로스가 아리스토데모스에게서 들은 그대로 다시 자신의 친구에게 전하는 형식으로 되어 있다.

**아폴로도오로스** : 자네가 알고 싶어 하는 일에 관해서 나는 대답이 궁하지 않다네. 실은 그저께 팔레론1)에 있는 우리 집에서 시내로 올라오고 있는데 내 친구 하나가 뒤에서 나를 알아보고는 멀찌감치서 장난기어린 어조로 말하기를 "오오, 팔레론 친구, 여보게 아폴로도오로스, 거기 좀 서게" 하더군. 그래 나는 걸음을 멈추고 섰지. 그러니까 그 친구가 하는 말이, "아폴로도오로스, 자네를 찾고 있었는데 마침 잘 됐네. 다름이 아니라, 소크라테스와 알키비아데스와 그 밖의 여러 사람들이 아가톤의 집에서 가졌던 모임과 또 그들이 거기서 사랑에 관해서 한 연설에 대하여 묻고 싶었던 참이야. 하기는 필리포스의 아들 포이니코스한테서 그 이야기를 들은 사람이 나에게 말해 주기는 했다네. 그러나 그 사람 이야기는 전혀 분명치가 못했는데, 그 사람이 자네도 알고 있다고 하더군. 그러니 좀 말해 주었으면 하네. 자네야말로 자네 친구2)의 연설을 가장 잘 보고해 줄 수 있을 테니까. 그런데 무엇보다 먼저 자네가 그 모임에 참석했었는지 안 했었는지 그것부터 말해 주게"라고 하더군. 그래 나는 이렇게 말했지. "정말 그 사람 이야기는 분명치가 못했군. 그 모임이 있은 지 얼마 안 되었고, 또 내가 거기 참석할 수 있었다고 자네가 생각한다면 말이야." 그는 "난 그렇게 생각했는데"라고 대답하더군. 그래 나는 말했지. "그럴 수가 있나, 오오 글라우콘.3) 자네는 아가톤이 벌써 여러 해째 여기 살

---

1) 팔레론(Phalēron) : 여기서 시내라 번역한 도시, 아테나이로부터 서남쪽으로 약 4킬로미터 떨어진 곳에 있는 오랜 항구이다.

2) 소크라테스.

고 있지 않다는 것을 모르나? 또 내가 소크라테스를 알게 되고 그가 말하고 행하는 모든 것을 알려고 날마다 마음을 쓰게 된 지 아직 3년이 채 못 된 것도 모르나? 그때까지 나는 사방으로 돌아다니면서 잘난 체했으나 사실은 누구보다도 불쌍한 사람이었지. 무슨 일을 하든지 철학을 하는 것보다는 낫다고 생각하는 지금의 자네와 조금도 다름이 없었어"라고 했더니 그 친구 하는 말이, "농담은 그만두고 우선 그 모임이 언제였는지 말 좀 해주게나"라고 하더군. 나는 "그건 우리가 어렸을 적 일인데, 아가톤이 맨 처음 지은 비극으로 당선하여 그와 그의 합창단이 감사의 제물을 바친 다음 날이지"라고 대답했다네. "그러면 오래 전 일이로군. 그런데 누가 자네에게 그 이야기를 해주었나? 소크라테스 자신이 해주었나?"라고 묻더군. "아니야. 그런 게 아니고, 내게 이야기해 준 사람은 포이니코스에게 이야기해 준 바로 그 사람이야. 그 사람은 퀴다테나이온[4]구의 아리스토데모스라는 사람인데 키가 작고 신발을 신은 적이 없지. 그 사람은 그 모임에 참석했었어. 내가 보기엔 그 당시 그는 누구보다도 더 소크라테스를 경애하고 숭배한 사람이었지. 그 사람한테서 내가 들은 것 중 서너 가지에 관해서 소크라테스에게도 직접 물어 보았는데, 다 사실이라고 하더군" 하고 나는 말했다네. 그러자 그는 "자, 한 번 더 말해 주게. 시내로 가는 길을 걸으면서 이야기하고 듣는 데 안성맞춤이 아니겠는가?"고 하더군.

그래서 우리는 길을 가면서 이야기하였다네. 그러니 처음에 내가 말했듯이 난 대답이 궁하지는 않았네. 자네 같은 사람에게 다시 이야기

---

3) 여기서 아폴로도오로스와 대화하고 있는 그의 친구의 이름이 처음으로 비쳐지고 있다. 그러나 이 글라우콘(Glaukōn)이 어떤 사람인지는 알 수 없다.

4) 퀴다테나이온(Kudathēnaion) : 아테나이 시내의 아크로폴리스 남쪽에 있는 구.

해야만 한다면 못할 것도 없지. 철학에 관해서 이야기하는 것은, 나 자신이 말하건 남의 말을 듣건, 거기서 얻는 이익은 논외로 하더라도 큰 기쁨을 준다네. 그러나 이와 다른 종류의 이야기, 특히 자네와 같은 부자들과 장사꾼들이 하는 이야기를 들으면 불쾌해진다네. 그리고 자네들이 사실은 하는 일이 아무것도 없으면서도 굉장한 일을 하고 있다고 생각하는 걸 보면 내 친구인 자네들이 불쌍해 못 견디겠네. 물론 자네들은 자네들대로 나를 불쌍한 놈이라 생각할 테지. 그렇게 생각하는 것도 일리가 있겠지. 그러나 나는 자네들이 불쌍하다고 생각만 하고 있는 게 아니야. 분명히 알고 있어.

**친구**  여전하군 그래. 아폴로도오로스. 늘 자기 자신과 남을 욕하는 것 말이야. 자네는 소크라테스 말고는 누구나 다 좋지 못하다고 생각하는 것 같군. 자네 자신부터 말이야! 난 자네가 어째서 '얌전이'라는 별명을 갖게 되었는지 도무지 알 수가 없군. 자네는 말을 하게 되면, 소크라테스 말고는 자네 자신에게나 또 누구에게나 마구 화를 내니까 말이야.

**아폴로도오로스** : 오오 친애하는 벗이여, 내가 미쳤고 제정신이 아니라는 게 분명하단 말이지? 내가 나 자신과 자네들에 대해서 그렇게 생각하고 있으니 말이야.

**친구**  그런 걸 여기서 이러쿵저러쿵 따지면 뭣하나, 오오 아폴로도오로스. 그런 얘기는 그만두고 그때 여러 사람들의 연설이 어떠했는지 말해 주게.

**아폴로노오로스** : 좋아, 아리스토데모스가 내게 이야기해 준 대로 처음부터 이야기해 보겠네. 그건 대개 이러했네.

 나(아리스토데모스)는 목욕을 막 마치고 나오는 소크라테스를 만났는데, 평소와는 다르게 신발을 신고 있더군. 그래서 그렇게 말쑥하게 차리고 어디로 가시느냐고 물었지.

그랬더니, "아가톤의 집으로 간다네. 어제는 승리 축하연에 오라는 청을 받았으나 사람이 너무 많아 혼잡할 테니 못 가겠다고 했고, 그 대신 오늘 가 보기로 했지. 그래 아름다운 사람의 집에는 아름답게 입고 가는 것이 좋겠다 싶어서 좋은 옷을 꺼내 입었다네. 어때, 자네도 초대는 안 받았지만 함께 가 볼 생각 없나?"라고 하시더군.

그래 나는 말했네. "선생님이 원하시는 대로 하지요."

그 분이 말씀하셨네. "그럼 따라 오게. 그리고 그 속담을 조금 고쳐 '좋은 사람들은 아가톤의 잔치에 불청객으로 가도 괜찮으니라'라고 하기로 하지.5) 호메로스는 이 속담을 파괴했을 뿐더러 그것에 포학을 가하기까지 했으니 이쯤 고치는 것은 괜찮을 거야. 그는 아가멤논을 아주 훌륭한 장수로, 메넬라오스를 **겁쟁이 창병**으로 묘사해 놓고는, 아가멤논이 잔치를 베풀고 희생 제물을 바칠 때 메넬라오스를 불청객으로 끌어 들이고 있으니 말이야.6) 즉 못난 자를 잘난 자의 잔치에 참석시키고 있단 말이야."

이 말을 듣고 나는 말했네. "그럼 가 보기로 하지요. 그러나 오오 소크라테스, 선생님의 말씀처럼이 아니고 호메로스의 글에서처럼 지자(智者)의 잔치에 못난 사람이 초대도 받지 않고 가는 격이 되겠지요. 저는 초대 없이 왔노라고는 말하지 않고 선생님이 초대해서 왔다고 말할 테니, 그 때엔 선생님께서 변명해 주세요."

---

5) 본래의 속담은 "좋은 사람들은 속물들의 잔치에 불청객으로 가도 괜찮으니라" 였던 듯하다. '아가톤'이 '좋은', '귀한' 등의 의미를 가지고 있어서 소크라테스가 말장난을 하고 있는 것이다.

6) 메넬라오스(Menelaōs, 혹은 Meneleōs)는 아가멤논(Agamemnon)의 동생으로 스파르타 왕이며, 트로이아 원정의 원인이었던 헬레네의 남편이다.

"어떻게 말하면 좋을지 생각해 보세. '둘이서 길을 가면서.'[7] 자, 가세"라고 그 분이 말씀하셨네.

이런 얘기를 주고받은 후, 우리는 길을 걷기 시작했다네. 도중에 소크라테스는 혼자 생각에 잠기곤 하며 뒤처지게 됐네. 그래서 내가 기다리고 있노라니까 나더러 먼저 가라고 하시더군. 아가톤의 집에 이르러 보니, 문이 열려 있었는데 거기서 우스운 일이 일어났다네. 한 사환아이가 안에서 나오다가 대뜸 나를 보고, 다른 손님들이 비스듬히 누워 있는 연석으로 안내해 주어 들어갔는데 마침 식사를 시작하려는 참이었다네. 아가톤은 나를 보자마자 이렇게 말하더군. "오오 아리스토데모스, 마침 잘 왔네. 저녁이나 함께 하세. 무슨 딴 용무가 있어서 온 것이면 그건 다른 날로 미루게. 자네를 초대하려고 사방으로 찾았으나 결국 찾지 못했다네. 그런데 왜 소크라테스를 모시고 오지 않았나?"

그래서 나는 뒤를 돌아다보았으나 소크라테스가 보이지 않더군. 그래, "소크라테스하고 같이 왔다네. 그 분이 나를 초대했거든"하고 대답했지.

"아무튼 참 잘 왔어. 그런데 그 분은 어디 계신가?"

"방금 내 뒤로 왔었는데. 글쎄 어디 계실까?"

아가톤이 사환아이에게 "애야, 너 나가서 소크라테스 선생님을 찾아서 모시고 오너라" 하고는 나에게 "아리스토데모스, 자네는 여기 에뤼크시마코스 옆에 앉게"라고 하더군.

그러자 사환아이가 발을 씻어 주어서 나는 자리에 몸을 기댈 수가 있었지. 얼마 후 다른 사환아이가 들어와 이렇게 보고하더군. "소크

---

7) 어떤 원전은 이 말 대신에 "두 사람이 함께 갈 때, 그 중 한 사람이 먼저 생각해 낸다"라는 ≪일리아스≫의 말이 인용된 것으로 읽고 있다.

라테스는 옆집 대문 앞에 그냥 서 계세요. 제가 불러도 들어오려 하지 않으십니다."

"거 이상한데. 다시 가서 들어오시라 하고, 가시지 말라 해라"라고 아가톤이 말했네.

"그러지 말고 그냥 내버려 두게. 그게 그 분 버릇이야. 그 분은 가끔 어디서나 외딴 데로 가서 오래 서 계시곤 해. 곧 오실 걸세. 간섭하지 말고 내버려 두게"라고 나는 말했지.

"좋아, 자네가 그렇게 생각한다면 그렇게 해야지"라고 아가톤이 말하더군. "애들아, 그러면 기다릴 것 없이 상을 들여라. 그리고 감독하는 사람이 없거든—나는 감독해 본 적이 한 번도 없어요,8) 너희 마음대로 차려 보아라. 자, 그러면 나나 여기 계신 여러분들이나 너희들의 초대로 만찬에 온 것으로, 칭찬을 받도록 한 번 잘 차려 보아라."

이 말이 있은 후 식사가 시작되었는데, 그래도 소크라테스는 나타나지 않았네. 아가톤이 여러 차례 그를 불러 오게 하려 했으나 내가 말렸지. 마침내 그가 오셨는데, 이번에는 다른 때처럼 오래 있다 오시지 않고, 식사를 반쯤 했을 때 들어 오셨다네.

아가톤은—말석에 혼자 기대고 있다가—"소크라테스, 이리 제 곁으로 오세요. 선생님의 몸을 제 몸에 대고, 저의 집 문간에서 선생님의 머리에 떠오른 지혜로운 생각을 나누어 주세요. 분명히 선생님은 그걸 발견하셨을 줄 압니다. 그렇지 않았다면 그냥 거기를 떠나지 않았을 테니까요"라고 말했지.

그러자 소크라테스는 자리에 앉아서 말했네. "만일 지혜라는 것이

---

8) 손님들에게 하는 말.

우리 가운데서 지혜가 충만한 사람으로부터 지혜가 결여된 사람 쪽으로 흘러간다면 얼마나 좋을까? 마치 잔이 두 개 나란히 있을 때 물이 많이 든 잔의 물이 털실을 통해서 물이 적게 든 잔 쪽으로 흐르는 것처럼 말이야. 지혜가 만일 이런 거라고 한다면, 내가 자네 곁에 있는 것이 매우 소중하다고 생각하네. 내가 자네의 훌륭한 지혜로 차게 될 테니까 말일세. 내 지혜는 보잘것없고 신통치도 않아. 꿈이나 다름없지. 그러나 자네의 지혜는 찬란하고 또 급속히 자라고 있지. 그것이 얼마나 환하게 아직 젊은 자네한테서 튕겨 나왔고 또 그저께는 3만 명 이상의 헬라스 사람 앞에서 과시되었던가!"

"마구 놀리시는군요, 오오 소크라테스"라고 아가톤이 말했네. "선생님과 저의 지혜의 우열에 대해서는 잠시 뒤에 디오뉘소스를 심판자로 하여 결판을 짓도록 하지요.9) 지금은 우선 저녁이나 드시지요."

이런 말이 있은 후 소크라테스는 자리에 기대어, 다른 사람들과 같이 식사를 하였네. 식후, 우리는 술 한 방울을 땅에 부어 신께 드리고, 또 신을 찬미하는 노래를 부르고 그밖에 이런 경우 흔히 하는 여러 가지 일을 하고 나서 술을 마시기 시작하였다네. 그때 파우사니아스가 다음과 같이 말하였네. "이것 보세요, 여러분. 어떻게 하면 가장 해가 되지 않게 술을 마실 수 있을까요? 사실 나는 어제 너무 많이 마셔서 지금은 좀 쉬고 싶습니다. 여러분도 대부분 그러리라 봅니다. 여러분도 어제 참석했으니까요. 그러니 어떻게 하면 가장 편히 마실 수 있겠는지 생각들 좀 해 보시오."

이 말에 대하여 아리스토파네스가 말했네. "오오 파우사니아스, 될 수 있는 대로 편히 마시자는 데에는 동감일세. 나도 어제는 너무 많

---

9) 디오뉘소스(Dionusos, 즉 Bakchos) : 주신. 여기서는 술이 거나하게 한 차례 돌면 판가름이 나리라는 뜻이다.

이 마셨어."

아쿠메노스의 아들 에뤼크시마코스가 이 말을 듣고 말했네. "자네들 말은 다 옳으이. 그러나 나는 여러분 가운데 누구든 한 사람이 어떻게 생각하는지 알고 싶은 것이 있네. 도대체 더 마실 기운이 있는지 말이야. 어때 아가톤, 자네는 더 마실 수 있나?"

"아니야, 난 이제 더 못 해."

"이쪽에 있는 우리 세 사람, 나하고 아리스토데모스하고 파이드로스에게는 주당인 자네들이 이제 더 못 하겠다니 다행스런 일이야. 우린 언제나 약하니까. 물론 소크라테스는 다르지. 그 분은 마실 수도 있고 안 마실 수도 있지. 우리가 어느 쪽을 택하든 상관 안 할 거야. 그러고 보니 여기 있는 사람들 가운데 아무도 많이 마시고 싶어 하는 사람이 없어 보이니까 내가 통음(通飮)에 관하여 진실을 말한다고 해서 비위가 상할 것까지는 없을 것 같네. 술에 취하는 것이 아주 해롭다는 것은 의학상 매우 분명하게 되었다고 생각하네. 그래서 나 자신도 많이 마시려 하지 않고 또 남에게 권할 생각도 없다네. 특히 어제 숙취 때문에 머리가 아픈 사람에게는 말이야."

그러자, 뮈리누스 구의 파이드로스가 말했네. "옳은 말씀이야. 난 언제나 자네 주장을 따르지. 특히 의학에서는. 다른 분들도 깊이 생각하면 그렇게 할 걸세." 이 말을 듣고 모두 그날 모임에서는 술을 많이 마시지 않고 적당히 마시기로 합의했지.

그런 후에 에뤼크시마코스가 말했네. "각자 마실 만큼 마시고 강권하지 않기로 작정했으니, 잘 됐네. 다음에는 이런 것을 제안하고 싶은데, 지금 막 들어온 피리 부는 여자는 다시 밖으로 나가 혼자 불거나, 혹은 소원이라면 안으로 들어가 부인들에게 들려주거나 하고 우리는 오늘만큼은 이야기로 서로 즐겨 보는 것이 어떨까 하는 거야. 또 자네들이 찬성하면 어떤 얘기를 할 것인가에 대해서도 제의하겠네.”

 모두 여기에 동의하고 또 찬성하여 어디 한 번 제의해 보라고 하더군. 그래서 에뤼크시마코스가 말했네. “나는 먼저 에우리피데스의 ≪멜라니페≫10)에 있는 말을 인용함으로써 이야기를 시작하려네. ‘그 이야기는 내 것이 아니오’라는 말인데, 내가 이제 말하려는 것은 내 것이 아니고 파이드로스의 것이야. 파이드로스는 늘 이런 말을 나에게 하면서 분개하곤 했어. ‘이거 되겠어, 에뤼크시마코스. 다른 신들에게 대해서는 시인들이 찬가도 짓고 감사의 노래도 지으면서, 저렇게 오래되고 위력 있는 사랑의 신 에로스11)에 대해서는 그 많은 시인 가운데 한 사람도 찬가를 지은 이가 없으니 말이야. 또 생각이 있거든 저 잘난 소피스트들을 보게. 저들은 산문으로 헤라클레스 같은 사람들에 대한 찬사를 지었지. 저 재주가 비상한 프로디코스가 한 것처럼 말이야—그러나 그런 것은 아무 것도 아니야. 얼마 전 어떤 현인이 저술한 책을 우연히 읽은 적이 있는데 소금이 유익한 물건이라 하여 굉장히 찬양하고 있더란 말이야. 그 밖에두 이와 비슷한 것들이 많이 찬미되고 있는 것을 자네는 볼 수 있을 걸세. 이런 것들에 대해서는 그렇게도 야단스럽게 굴면서 사랑의 신에 대해서는 지금까지 아무도 찬미의 노래를 바치지 않았으니 말이 되는가 말이야. 그렇게도 위대한 신을 소홀히 하다니!’ 나는 파이드로스의 말이 아주 옳다고 생각해. 그래서 조금이라도 그에게 도움이 되는 일을 하여 그를

---

10) 그리스의 삼대 비극 시인 가운데 한 사람인, 에우리피데스(Euripidēs)의 작품.
11) 에로스(erōs) : 일반 명사로는 사랑, 고유 명사로는 ‘사랑의 신’. 후자의 경우에는 Erōs라고 대문자로 되어 있다.

만족시켜 주려고 하네. 동시에 지금 이 기회에 여기 모인 우리가 그 신을 찬미하는 것이 좋다고 생각해. 자네들이 동의한다면, 재미있는 이야기가 많이 나올 걸세. 왼편에서 바른편으로 돌아가면서 한 사람씩 사랑의 신을 찬미하는 연설을 할 것을 제안하네. 각각 최선을 다 해야지. 파이드로스가 왼편 제일 윗자리에 앉아 있고 또 이 논제를 내놓은 사람이기도 하니 파이드로스부터 시작하는 것이 좋겠네."

그러나 소크라테스가 말했네. "오오 에뤼크시마코스, 아무도 자네한테 반대하지 않을 걸세. 나는 평소에 사랑에 관해서밖에는 아는 것이 없다고 말해 왔으니 마다할 수 없고, 또 아가톤이나 파우사니아스도 반대하지 않을 줄 아네. 밤낮 디오뉘소스와 아프로디테[12]를 다루고 있는 아리스토파네스야 물론 반대할 리가 없겠지. 그리고 내가 보는 한, 여기서 반대할 사람은 한 사람도 없을 것 같군. 하지만 그 제안은 말석에 있는 우리에게는 공평치가 못하네. 그러나 우리보다 먼저 말하게 되는 사람들이 아주 좋은 연설을 한다면 우리로선 그것으로 만족하겠네. 그러면 파이드로스가 맨 먼저 시작하여 사랑의 신을 찬미하게. 잘 해 보게."

다른 사람들도 모두 이에 동의하여, 소크라테스가 말한 대로 그에게 먼저 이야기하라고 청했네. 그러나 그 사람들 전부가 각기 무슨 말을 했는지 아리스토데모스는 다 기억할 수 없었고, 나도 그가 나에게 말한 모든 것을 기억하지 못하네. 그러나 가장 기억할 만하다고 생각했던 것을 이야기 하겠네.

내(아리스토데모스)가 말한 것처럼, 파이드로스가 맨 먼저 이렇게

---

[12] 아프로디테(Aphroditē) : 미와 사랑의 여신. 라틴 명은 웨누스(Venus)인데, 영어 발음으로는 비너스이다.

이야기했네. "에로스는 위대한 신이요, 인간들 가운데서나 신들 가운데서나 놀라운 신입니다. 특히 출생에 있어서 그러하지요. 신들 가운데서 그가 가장 오래된 신이니까요. 이것은 그에게 명예로운 일이지요. 그가 가장 오래되었다는 증거는 그에게 부모가 없다는 것입니다. 시인이건 아니건, 아무도 그의 부모에 대해서 말한 사람이 없지요. 헤시오도스에 의하면, 처음에 카오스가 생기고—

　그 다음에 만물의 영원한 보금자리인 넓은 가슴의 대지와 에로스가 생겼도다.
라고 해요. 아쿠실레오스13)도 헤시오도스와 같은 의견으로 카오스(混沌) 다음에 저 두 신, 즉 게에(가이아, 大地)와 에로스가 생겼다고 말하고 있어요. 또 파르메니데스14)는 천지 창조에 관해서 이렇게 노래하고 있어요 —

　모든 신 가운데 맨 먼저 에로스를 지으셨도다.

이와 같이 많은 사람들이 에로스를 신들 가운데 가장 오래된 신으로 인정하고 있지요. 가장 오래된 이 신은 우리에게는 또한 최대의 좋은 것들의 근원이지요. 저로서는 사람이 어려서는 자기를 신실하게 사랑해 주는 자를 얻는 것과, 또 사랑하는 자에게는 사랑스러운 소년15)을 얻는 것보다 더 좋은 일을 알지 못하니까요. 사실, 사람의

---

13) 아쿠실레오스(Akousileos) : B.C. 5세기의 역사가.

14) 파르메니데스(Parmenidēs) : B.C. 5세기의 엘레아 학파의 철학자.

15) 여기서 '사랑하는 자'라는 말의 원어는 erastēs. 남자끼리의 사랑에 있어서 사랑하는 쪽을 의미하고, '소년'이라는 말의 원어는 paidika로서 사랑받는 쪽의 나

일생을 통하여 훌륭한 생활을 할 수 있도록 이끌어 주는 것은 좋은 가문이나 높은 지위나 부귀나 그 밖의 다른 어떤 것도 아니고 오직 사랑입니다. 이와 같이 말하는 것이 무슨 뜻인지 아십니까? 그것은 다름 아니라, 추악한 일에는 부끄러워할 줄 알고 훌륭한 일에는 야심을 가지라는 말이예요. 이 두 가지, 즉 부끄러워 할 줄 아는 것과 야심이 없으면, 국가나 개인이나 위대하고 훌륭한 일을 할 수 없으니 말입니다. 그래서 나는 이렇게 주장합니다—사랑하는 자는 어떤 추악한 일을 하다가 들키거나 또는 남에게 모욕을 당하면서도 비겁한 탓으로 그것을 감수하는 경우, 그의 부친이나 친구나 다른 누구보다도 자기가 사랑하는 소년이 그걸 보는 것을 가장 괴로워하는 거라고. 이와 마찬가지로, 사랑받는 소년은 소년대로 어떤 추악한 형편을 당할 때 특히 그의 사랑하는 자가 그걸 보는 것을 부끄러워하죠. 그러므로 어떤 국가나 군대가 오직 사랑하는 자들과 애소년들로만 구성되는 어떤 방안을 발견할 수만 있다면 그보다 더 좋은 생활양식은 없을 것입니다. 왜냐하면 그들은 온갖 비루한 짓을 멀리 하고 서로 아름답고 훌륭한 일을 하려고 경쟁할 테니까요. 그리고 전장에서는 나란히 서서 싸울 것이기에, 그런 사람들로 이루어진 군대는 비록 숫자는 적을지라도 온 세계를 정복하고도 남을 것입니다. 그건, 사랑하는 사람은 전열을 이탈하거나 무기를 버리는 것을 사랑하는 소년이 보는 것을 이 세상의 다른 모든 사람이 보는 것보다도 더 싫어하고, 또 이런 꼴을 보이느니 차라리 골백번이라도 죽기를 더 택할 것이기 때문이지요. 세상에 자기가 사랑하는 소년을 버리고 도망가는 자가 어디 있겠으며, 위험한 때에 그냥 내버려두는 자가 어디 있겠어요? 그

---

이어린 소년을 의미한다. 전자를 '(소년을)사랑하는 사람', 후자를 '사랑받는 소년' 혹은 그냥 '소년'이라 옮기기로 한다.

런 때에는 아무리 겁이 많은 자라도 나면서부터 가장 용감한 자에 못 지않을 만큼 용감하게 될 거예요. 에로스 자신이 그에게 힘을 줄 테니까요. 호메로스가 말한 바, 신이 영웅들의 가슴 속에 '용기를 불어 넣어 주셨다'라고 하는 것은 바로 에로스가 사랑하는 사람들에게 주는 선물입니다.

그리고 남을 위해서 죽는 일은 오직 사랑하는 자들만이 결심하는 것입니다. 이런 사람들 가운데는 남자도 있고 여자도 있지요. 여기 대해서는 펠리아스의 딸 알케스티스16)가 온 헬라스에 충분한 증거가 됩니다. 그녀의 남편에게는 아버지도 있었고 어머니도 있었습니다마는 오직 그녀만이 남편을 위하여 목숨을 버리려고 한 것입니다. 남편에 대한 그녀의 두터운 사랑은 이들을 훨씬 능가했으므로 그녀는 이들이 자기들 자신의 아들에 대해서 남이요, 이름만의 어버이임을 증명한 것입니다. 이와 같은 일을 함으로써, 그녀는 사람들에게 뿐만 아니라 신들에게도 아주 고귀한 일을 한 것으로 여겨졌던 거지요. 그러므로 고귀한 일을 한 사람은 많이 있습니다마는, 그 가운데서 신들이 영혼을 하데스로부터 다시 돌려보내 주는 사람은 많지 않은데, 신들은 그녀의 행위에 찬탄한 나머지 그녀의 영혼을 다시 지상으로 돌려보내 주었던 것입니다. 이렇듯 신들도 사랑의 헌신과 용기를 특별히 소중하게 여기는 것입니다. 그러나 오이아그로스의 아들 오르페우스에게는 목적을 이루지 못하고 하데스로부터 되돌아가게 했는데, 그가 찾으러 온 아내의 그림자만 보여 주고 실물은 내어 주지 않았지요.17) 이건 그가 류트를 연주하는 자이기 때문에 유약하였고 또 알케

---

16) 알케스티스(Alkēstis) : 동 텟탈리아의 왕 아드메토스의 왕비였다고 전한다.
17) 오르페우스(Orpheus) : 트라키아의 시인이자 음악가. 전설에 의하면, 그의 아내 에우뤼디케가 죽자, 하데스로 내려가 음악으로 하데스의 임금을 기쁘게 하

스티스처럼 자신의 사랑을 위하여 죽을 용기가 없었고 그저 살아 있으면서 하데스에 이르려고 한다고 신들은 생각하기 때문이지요. 그러므로 이 때문에 신들은 그를 벌하여 여자들의 손에 죽게 했지요. 이와 반대로 테티스의 아들 아킬레우스에게는 영예를 주어 축복받은 자들의 섬으로 보냈지요. 그의 어머니가 그에게 이르기를 그가 헥토오르를 죽이면 그도 죽으려니와 죽이지 않으면 집으로 돌아와 장수하리라고 했음에도 불구하고 오히려 그는 자기가 사랑하는 사람 파트로클로스를 도와주러 갔고, 파트로클로스가 죽자 복수하였으며, 그 사랑하는 사람의 뒤를 따라 최후를 마칠 것을 용감히 선택한 때문이지요. 사랑하는 사람을 그렇게도 깊이 사랑하고 소중히 여긴 까닭에 신들도 그를 지극히 우러러 보아 특별히 영광스럽게 해 준 거예요. 그런데 아이스퀼로스가 아킬레우스를 파트로클로스의 사랑하는 사람이었다고 말하고 있는 것은 엉뚱한 이야기지요. 사실 그는 수염도 없는데다가 호메로스가 말하고 있는 바와 같이 나이가 훨씬 아래였으니까요. 어떻든 신들은 사랑의 덕을 가장 귀하게 여기지만, 사랑하는 자가 그 소년을 사랑하는 것보다도 사랑받는 자가 사랑하는 자에게 애정을 가질 때 더욱 찬탄하고 존경하며 은혜를 내려주는 거지요. 워낙 사랑하는 자는 신에게서 힘을 얻으므로 사랑받는 소년보다 더 신적이니까요. 그런 까닭에 신들은 그를 알케스티스보다도 더 영광스럽게 해 주고 축복받은 자들의 섬으로 보냈던 것입니다.

 이상의 여러 이유로, 나는 에로스가 신들 가운데 가장 나이 많고 가장 존귀하며 또 생전과 사후를 통틀어 사람들에게 덕과 행복을 마련

---

여 아내를 데리고 다시 이 세상으로 돌아가도 좋다는 허락을 받았다. 거기에는 조건이 하나 있었다. 즉 도중에 뒤를 돌아보아서는 안 된다는 것이었다. 그러나 그가 뒤를 돌아보았기 때문에 에우뤼디케는 다시 하데스로 끌려갔다고 한다.

해 주는 가장 유력한 존재라고 단언하는 바입니다."

파이드로스는 대강 이와 같이 말했다네. 파이드로스 다음에 몇 사람이 이야기했지만, 거기 대해서는 그가 잘 기억하고 있지 않았네. 그래서 그는 그걸 그냥 넘겨 버리고 파우사니아스의 연설을 보고해 주었네. 그것은 다음과 같은 것이었다는군. "오오 파이드로스, 그렇게 덮어놓고 에로스를 한 묶음에 다루어서 찬미하는 것은 옳지 않다고 생각해요. 만일 오직 하나의 에로스 밖에 없다면 그렇게 하는 것도 괜찮을 거예요. 그러나 사실은 오직 하나 있는 게 아니지요. 또 하나만 있는 것이 아닌 이상 그 중 어느 것을 찬미할 것인지 먼저 정하는 것이 옳아요. 그러니 나는 이것부터 시정해 보려 하오. 그래서 먼저 어느 에로스를 찬미해야 할 것인지 말하고, 그 다음에 그 신에 합당하게 찬미하려 하오. 에로스 없는 아프로디테가 있을 수 없다는 것은 우리들 누구나 다 아는 사실입니다. 만일 아프로디테가 하나라면 에로스도 하나일 거예요. 그러나 사실은 그 여신이 둘 있으니까 에로스도 둘 있어야만 하지요. 어떻게 이 여신이 둘 있는 게 아니라고 할 수 있어요? 그 중에서 나이가 많은 쪽은 우라노스의 딸로서 어머니가 없으며 우리가 '우라니아'18)라 부르는 여신이고, 나이가 어린 쪽은 제우스와 디오네의 딸로서, 주지하는 바와 같이 우리가 '판데모스'19)라 부르는 여신이지요. 그러므로 에로스에 있어서도, 이 후자와 협력하는 것은 '판데모스'라 부르고, 다른 하나를 '우라니오스'라 불러야만 할 거예요. 물론 우리는 모든 신을 찬미해야겠지만, 그들의 본성을

---

18) 우라니아(Ourania) : '하늘의'라는 뜻. '우라니아', '우리니오스'는 '우라노스'의 형용사형으로서, 전자는 여성형이며, 후자는 남성형이다.

19) 판데오스(Pandēmos) : '모든 민중의', '저속한'이라는 뜻이다.

분간하지 않고서는 찬미고 뭐고 없으므로 먼저 이 두 신의 성격을 구별해야 합니다. 무릇 모든 행위는 그 자체에서는 아름다운 것도 아니고, 추한 것도 아니지요. 가령 우리가 지금 여기서 하고 있는 것, 즉 술을 마시는 것이나 노래하는 것이나 이야기하는 것은, 그 자체가 아름다운 것은 아니지만 그것이 어떻게 행해지는가에 따라 아름다운 것이 되기도 하고 추한 것이 되기도 하지요. 즉 아름답고 바르게 행해지면 아름다운 것이고, 바르게 행해지지 않으면 추한 것이죠. 사랑도 이와 마찬가지입니다. 모든 에로스가 다 아름답고 찬미할 만한 것이 아니고, 오직 올바르고 아름다운 사랑을 고무하는 에로스만이 아름답고 찬미할 만한 것이지요.

그러므로 '판데모스 아프로디테'에 속하는 에로스는 그야말로 정말 저속하고 또 제멋대로지요. 그것은 바로 저속한 사람들의 사랑이에요. 이런 사람들은 첫째로 소년을 사랑하기도 하지만 또한 그에 못지 않게 여자도 사랑하지요. 그들은 영혼보다 육체를 사랑하지요. 그리고 그 다음엔 될 수 있는 대로 어리석은 사람을 택하지요. 이건 그들이 그저 목적의 달성만을 원하고, 그것이 훌륭하게 되는가 그렇지 않은가는 문제 삼지 않기 때문이에요. 그래서 그들은 좋은 일이건 좋지 않은 일이건 무턱대고 마구 행하게 되는 겁니다. 이것은 이 에로스가 다른 아프로디테보다 훨씬 더 나이가 어리고 그 출생에 여성과 남성이 다같이 관계한 아프로디테로 말미암은 때문이지요. 한편 '우라니아 아프로디테'에 속하는 에로스는 첫째로 여성과는 관계하지 않고 오직 남성하고 관계하는 것입니다―소년에 대한 사랑은 바로 이런 것이지요―그리고 이 여신은 나이가 위이고 방종에 흐르는 법이 없습니다. 따라서 이 에로스의 영기를 받은 사람들은 남성에게로 향하지요. 이 사람들은 본래 더욱 용맹하고 더욱 지력이 뛰어난 자를 좋아하니까요. 소년애[20])에 있어서도 우리는 이 순수하고 소박한 에로스에 의하여 움직여져서 활동하는 사람들을 식별할 수 있지요. 그들은 철없는 소년을 사랑하지는 않습니다. 이성을 가지기 시작해야 사랑하게 되는데, 수염이 나기 시작할 즈음이지요. 이때쯤부터 소년을 사랑하기 시작하는 사람은 일생을 통하여 항상 그와 함께 있으며 또 함께 생활할 각오를 하고 있다고 생각합니다. 그는 어린 소년을 아직 철들지 않을 때에 얻었다가 그 다음에 그 소년을 속이고 조롱하고 나중엔 다른 소년한테로 가는 일을 하지 않을 겁니다. 원래는 철없는 소년들에 대한 사랑을 금하는 법률이 있어야만 했어요. 앞으로 어떻게 될지 불확실한 것에 대해서 많은 정력을 소비한다는 건 좋은 일이 아니니까요. 어린 소년은 그 영혼이나 육체가 훌륭하게 될 것인지 신통치 못하게 될 것인지는 알 수 없으니 말입니다. 그런데 훌륭한 사람들은 자진해서 이런 법률을 스스로에게 제정해 놓고 지키는 것입니다. 한편 이 법률은 야비한 사랑하는 자들에게는 강제적인 것이 되어야 합니다. 이들이 자유로운 신분의 부인들과 사랑하지 못하도록 될 수 있는 대로 우리가 이들을 강제하듯이 말입니다. 사실 이들 때문에 사랑 전체를 욕하고 사랑하는 자를 기쁘게 하는 것은 추한 일이라고까지 말하는 사람이 없지 않아 있습니다. 이런 말을 하는 것은 우둔함과 부정함을 보고 공격하느라고 하는 거지요. 무릇 이 세상에서 법에 따라 절도 있게 한 일치고 공연히 비난받는 일이란 있을 수 없으니까요.

  그리고 다른 나라에서는 사랑에 관한 관습이 간결하게 규정되어 있

---

[20]) 파이데라스피아(Paiderastia) 파이드로스의 연설에 나온 바와 같은 '에라스테스' 즉 사랑하는 자와 '파이스' 즉 소년의 동성연애 관계.

어서 이해하기가 아주 쉬워요. 그러나 이 아테나이에서는 복잡해서 자못 아리송해요. 엘리스나 라케다이몬이나 보이오티아나 그밖에 주민의 구변이 좋지 못한 곳에서는 그저 사랑하는 자들을 즐겁게 해주는 것이 아름다운 일이라 정해져 있고, 젊은이건 늙은이건 아무도 이것을 흉측하다고 하지 않아요. 내 생각엔, 그들은 변론을 잘 하지 못하니까 골치 아프게 젊은이들을 설득하려 하지 않는 거예요. 그러나 이오니아를 비롯하여 야만인들이 지배하는 곳21)에서는 어디서나 이런 일이 흉측한 것으로 여겨지고 있어요. 저 야만인들은 전제 정치의 입장에서 지혜를 사랑하거나 체육을 애호하는 것과 한가지로 이런 일도 흉측하다고 합니다. 내 생각엔 피지배 민족 가운데서 큰 뜻을 품은 자가 나타나거나 강한 우정과 단결을 가지게 되는 일이 없는 것은 그 통치자들에게는 유리한 겁니다. 그런데 이런 일은 다른 무엇보다도 사랑이 가장 힘차게 고취하는 거지요. 우리나라의 전제 군주들22)도 이것을 실지로 경험해서 알게 되었습니다. 아리스토게이톤의 사랑과 하르모디오스의 굳은 우정은 마침내 저들의 주권을 뒤엎어 버렸으니까요.23) 그러므로 사랑하는 자들을 즐겁게 해 주는 것이 흉측한 일이라고 규정된 곳에서는, 그런 법을 만들어 낸 사람들의 좋지 못한 습성, 즉 통치자들의 권세욕과 피치자의 비겁한 성품 때문에 그렇게 되는 거지요. 한편 그것이 그저 덮어놓고 좋다고 여겨지는 곳에

---

21) 소아시아의 전 연안 지대. 그 주민은 B.C. 389년 이래 페르샤인의 지배 아래 있었다. 헬라스 사람들은 페르샤인을 경멸하여 바르바로이(barbaroi)라고 불렀다.

22) 히피아스(Hippias)와 히파르코스(Hipparchos) 형제: 이들은 B.C. 527년부터 514년까지 아테나이의 전제 군주였다.

23) 아니스토게이톤(Aristogeiton)과 하르마디오스(Harmadios)는 협력하여 B.C. 514년 폭군 히파르코스를 암살했으나 자기들도 살해되었다. 후세의 아테나이 사람들에게 자유의 전사로 존경받았다.

서는 그런 법률을 제정한 사람들의 정신이 게을러서 그렇게 된 겁니다. 그러나 우리나라에서는 좋은 법률과 관습이 행해지고 있어요. 그래서 앞서 말한 것처럼 그걸 이해하기가 쉽지 않은 겁니다.

 가령, 드러내놓고 사랑하는 것이 몰래 사랑하는 것보다 나으며, 또 남보다 좀 못생겨도 가장 고귀하고 가장 우수한 사람을 사랑하는 것이 특히 좋은 일이라고들 말하는 것을 잘 생각해 보세요. 또 모든 사람이 사랑하는 자를 얼마나 성원하고 있는가 생각해보세요. 그는 결코 추악한 일을 한다고 생각되지 않아요. 그리고 그가 성공하면 아름다운 일로 여겨지고 실패하면 못난 짓으로 여겨지지요. 또 관습은 사랑하는 자가 성공하기 위해서 한 일이라면, 예사롭지 않은 행위도 허용하여 심지어 칭찬까지 받게 하고 있어요. 만일 누가 그런 행위를 사랑 이외의 다른 동기에서 한다면 맹렬한 비난을 받을 거예요. 가령 어떤 사람한테서 돈을 얻거나 감투를 쓰거나 권력을 얻으려는 욕망에서 마치 사랑하는 자가 그 소년에게 하듯 애걸하고 간구하고 맹세하며, 상대방의 집 문간에서 자며, 또 어떤 노예도 하려 하지 않을 천한 일을 자진해서 하려 한다면, 친구나 적이 다같이 이런 행위를 못하게 할 거예요. 친구는 그런 행위를 부끄럽게 여겨 충고를 할 것이고, 적은 아부 근성과 야비한 태도를 욕할 거예요. 그러나 사랑하는 자가 이런 행위를 할 때에는 오히려 세인의 호감을 사며, 관습은 마치 그런 행위가 아주 아름다운 일인 양 아무 비난도 받지 않고 행할 수 있게 해주고 있지요. 그리고 무엇보다도 이상한 일은, 사람들의 말에 의하건내, 오직 사랑하는 자만이 그의 맹세를 깨뜨리고도 신들의 용서를 받는다는 거예요. 그러므로 사랑의 맹세는 도대체 맹세라 할 수 없는 거라고 말하고들 있는 거지요. 이렇듯 신들도 사람들도 모두 사랑하는 자에게 완전한 자유를 주고 있는 것이 우리나라의 법입니다. 그러므로 우리나라에서는 사랑하는 것이나 또 사랑하는 자에 대해서 애정을 품는 것이나 모두 전적으로 아름다운 일로 여겨지고 있다고 해도 잘못이 아닐 거예요. 한편, 아버지들이 소년들 위에 감독자를 두고 소년들로 하여금 그들의 사랑하는 자들과 더불어 서로 이야기하지 못하게 하며, 감독자에게 감시하도록 명령하는 경우, 소년들이 그들의 사랑하는 자들과 이야기하는 것을 동년배 친구들이 보면 저들을 꾸짖어도 좋은 경우, 그리고 또 그렇게 꾸짖는 것을 손윗사람이 보고도 말리지 않고, 쓸데없는 짓을 한다고 꾸짖지 않는 경우—이런 것을 누가 본다면, 그것이 여기서는 아주 추악한 일로 여겨지고 있다고 생각하게 될 겁니다. 사실 우리나라에서는 사정이 단순하지 않다고 봅니다. 처음에도 말한 것입니다마는, 그 자체로 아름답거나 추한 것이 있는 것이 아니라, 아름답게 행해지면 아름다운 것이 되고 추하게 행해지면 추한 것이 되지요. 그리고 추하다 함은 야비한 사람을 야비하게 만족시켜 주는 것이고, 아름답다 함은 선한 사람을 선하게 만족시켜 주는 것이지요. 야비한 사람들이란 영혼보다도 육체를 더 사랑하는 저속한 사랑하는 자입니다. 그는 오래 가지 못하는 것을 사랑하기 때문에 자신도 오래 가지 못하지요. 사랑하던 육체의 꽃이 시들자마자 그는 날개를 달고 날아가 버리지요. 그래서 그 모든 약속과 맹세를 어기는 거예요. 이에 반하여 훌륭한 사람됨을 사랑하는 자는 평생을 두고 충실하지요. 이건 그가 영속하는 것과 하나가 되고 있기 때문입니다. 이리하여 우리나라의 법은 이런 것들을 철저히 검토하여 한쪽은 힘써 추구하게 하고 다른 한쪽은 피하게 하는 것입니다. 그리고 사랑하는 자들과 소년들에게 여러 가지 과제와 시련을 주어 그들이 각각 어떤 종류의 사랑하는 자와 소년인가를 결정짓는 것입니다. 이런 여러 가지 근거에서, 첫째로 너무 빨리 사랑을 받아들이는 것은 추악합니다. 모든 것의 가장 좋은 시금석이라 할 수 있는 시간의 경과를 기다려야만 하기 때문이지요. 둘째로, 돈이나 정치적 권력으로 말미암아 사랑을 허락하는 것은 추악합니다. 돈이나 정치적 권력을 얻지 못함으로써 생기는 고통을 참고 견디어 이기지 못하는 것이나, 또 돈이나 정치적 권력에서 생기는 여러 가지 이익을 멸시하지 못하는 것이나 다 추악한 거예요. 진정한 애정이 절대로 이런 것들로부터 싹터 나올 수 없다는 것은 더 말할 것도 없거니와, 그것들 가운데 어느 하나도 공고하고 오래 가는 것 같지 않으니 말입니다. 그러므로 우리나라의 법에서는 소년이 그 사랑하는 자를 아름답고 기쁘게 해주는 길은 오직 하나 뿐입니다. 즉 우리나라의 법에서는 사랑하는 자가 그 소년에게 어떠한 노예적인 일을 해도 아첨한다든가 비굴한 것으로 생각되지 않는 것처럼, 소년이 그 사랑하는 자에게 바치는 자발적인 노예적 봉사로서 부끄러운 일이 될 수 없는 것이 꼭 하나 있어요. 그것은 다름 아니라 유덕한 봉사입니다. 사실 우리나라의 관습에서는 어떤 사람이 지혜나 그 밖의 어떤 다른 덕에서나 나를 더욱 훌륭한 사람이 되게 할 것이라고 생각하여 그 사람을 섬기려 한다면 이러한 자발적인 노예적 봉사는 흉측한 것도 아니고 아첨도 아닙니다. 그리고 이 두 가지 관습, 즉 소년애에 관한 관습과 애지(愛知) 및 그 밖의 다른 덕에 관한 관습이 결부되어야만 비로소 소년이 그 사랑하는 자를 아름답게 하고 기쁘게 할 수 있는 것입니다. 사실, 사랑하는 자와 소년이 각기 자신의 법도를 가지고 함께 모여 뜻을 같이하게 될 때, 즉 사랑하는 자는 자신의 사랑을 받아주는 소년에게 무슨 일이든 옳은 일이라면 서슴지 않고 해주고, 또 소년은 소년대로 자신을 현명하고 훌륭한 사람이 되게 해주는 사람에게 어떠한 봉사라도 하여 잘 받들 때, 다시 말하면 사랑하는 자는 지혜나 그 밖의 다른 덕을 증진시켜 줄 수 있고, 소년은 이것을 자신의 교육과 지혜를 위하여 얻고자 할 때, 이렇게 두 법도가 서로 맞물릴 때, 오직 그 때에만 소년이 그 사랑하는 자를 기쁘게 해주는 것이 아름다운 일이고, 그밖에는 절대로 아름다운 것일 수 없어요. 이런 경우 속는 것도 추하지 않습니다. 다른 모든 경우에는 속는 것이나 속지 않는 것이나 모두 추하지요. 가령 어떤 사람이 어떤 사랑하는 자를 부자라고 생각하며 기쁘게 해주었는데 그 사랑하는 자가 사실은 부자가 아닌 것이 나중에 드러나, 그 사람이 속고 돈도 얻지 못한다고 하면, 이런 일은 다른 어떤 일 못지않게 추한 일일 거예요. 이런 사람은 자신의 본성을 드러내어 돈을 위해서라면 누구에게든 그리고 어떠한 봉사라도 할 용의가 있음을 보여준 거예요. 이런 일은 결코 아름다운 일일 수 없지요. 이와 동일한 논법에서 또 이렇게도 말할 수 있지요 —즉 어떤 사람이 다른 어떤 사람을 훌륭한 사람이라 믿고, 그 사람을 사랑하면 자기 자신도 더욱 훌륭한 사람이 되리라 기대하고, 그의 뜻을 따르며 그를 기쁘게 해주면, 나중에 그 사람이 좋지 못한 사람이요 덕 없는 사람임이 드러나고, 자신이 속았다할지라도, 그 속은 사람은 훌륭한 사람이라고 말이에요. 그는 덕을 위해서라면, 그리고 더 좋은 사람이 되기 위해서라면 누구에게든지 무슨 일이라도 해주려는 성품이 있음을 보여 주었으니까요. 그리고 이런 일이야말로 모든 일 가운데 가장 아름다운 일이지요. 결국 어느 경우에나 덕을 위해서 남을 기쁘게 해주는 것은 아름다운 일입니다. 이것이 하늘의 아프로디테에게 속하는 사랑으로서, 참으로 하늘의 사랑이요 또 나라를 위해서나 개인을 위해서나 매우 귀중한 것입니다. 그것은 사랑하는 자에게나 소년에게나 다같이 자신의 덕을 증진시키기 위해서 온갖 힘을 기울이지 않으면 안 되게 하는 것이니까요. 그러나 다른 모든 사랑은 다른 여신, 즉 저속한 아프로디테에 속합니다. 오오 파이드로스, 이상이 에로스 신의 찬미에 있어서 내가 당장 여기서 당신에게 할 수 있는 변변치 못한 기여이외다.”

 여기서 파우사니아스가 말을 멈추자24)—이런 투로 내가 말하는 것은 저 말재주꾼들에게서 배운 걸세—그 다음엔 아리스토파네스가 말할 차례였다고 아리스토데모스는 말했네. 그러나 그는 너무 많이 먹은 탓인지 혹은 무슨 이유에서인지 딸꾹질을 하게 되어 연설을 할 수가 없었네. 다만 바로 자기 아랫자리에 기대고 있던 의사 에릭시마코스에게 가까스로 이렇게 말했네.—“오오 에뤼크시마코스, 내 딸꾹질을 멎게 해주든지 그렇지 않으면 저절로 멎을 때까지 내 대신 연설을 해 주게. 그게 자네 직책 아닌가?” 그러자 에뤼크시마코스가 이렇게 말했네 “좋아, 두 가지를 다 해드리지. 자네 대신 내가 먼저 연설을 하고 딸꾹질이 멎거든 자네가 내 대신 연설을 하기로 하세. 내가 연설하고 있는 동안 한참 숨을 죽이고 딸꾹질이 멎나 보게. 그래도 멎지 않거든 양치질을 좀 하게. 그래도 멎지 않고 더 심해지면 무엇으로 콧구멍을 간지럽혀서 재채기를 하게. 그렇게 한 번이나 두 번 하면 아무리 심한 딸꾹질이라도 멎을 거야.” 그러자 아리스토파네스가 “그렇게 해 보지. 그럼, 자네 말을 시작하게”라고 말했네.

---

24) 원전에는 이 구절이 'Pausaniou de Pausamenou'라 되어 있다. 파우사니아스와 '멈춘다'라는 말의 음이 비슷하여 말장난을 한 것이다.

그래서 에뤼크시마코스가 말했네. "내가 말할 수밖에 없을 것 같군. 파우사니아스의 연설은 처음은 좋았으나 마지막이 신통치 않았어요. 그래서 나는 그의 연설의 결말을 훌륭하게 지어 줘야 한다고 생각합니다. 그는 에로스에 두 가지가 있다고 했는데, 이렇게 에로스를 둘로 나눈 것은 옳았다고 생각합니다. 그러나 나는 내 직업인 의술을 통하여 이 신이 얼마나 위대하며 놀라운 신인가를 알게 되었으며, 또 이 신이 인간이나 신의 모든 일에 세력을 미치고 있다는 것을 알게 되었다고 생각해요. 그는 비단 사람들의 영혼 속에만 있어서 아름다운 사람에게만 향하고 있는 것이 아니라, 또한 다른 모든 것 속에도 있으며, 많은 다른 것으로도 향하고 있는 겁니다. 그는 생명을 가진 모든 동물의 몸 안에 또 땅 위에서 자라는 모든 식물 속에 있습니다. 아니 존재하는 모든 것 속에 있다고 하겠습니다. 나는 의학에 관한 얘기에서부터 시작하렵니다. 그건 내가 종사하는 기술에 특별히 영광을 돌리려 하는 때문이지요. 신체의 본성 속에는 그와 같은 두 가지 에로스가 있습니다. 몸이 건강한 상태와 병든 상태는 누구나가 인정하듯 서로 다른 것이며 서로 닮지 않은 것인데, 서로 다른 대상을 욕구하며 사랑합니다. 따라서 건강한 몸속에 있는 사랑이 하나 있고, 병든 몸속에 있는 사랑이 따로 하나 있는 겁니다. 그런데 방금 파우사니아스는 말하기를, 훌륭한 사람을 기쁘게 하는 것은 아름다운 일이고, 무절제한 사람을 기쁘게 하는 것은 추악한 일이라 했어요. 이와 마찬가지로 신체에도 각 신체 안의 건강하고 좋은 부분을 기쁘게 해 주는 것은 아름다운 일이며, 마땅히 그래야만 되는 일로서 이와 같이 하는 것이 다름 아닌 의술입니다.

이에 반하여, 병들고 나쁜 부분을 기쁘게 해주는 것은 추악한 일이며, 의술을 업으로 하는 사람이면 해선 안 될 일이지요. 의학이란 충족과 배설을 둘러싸고 체내에서 일어나는 여러 가지 사랑의 현상에 관한 인식입니다. 그리고 이런 여러 가지 현상 가운데서 아름다운 사랑과 추한 사랑을 잘 구별하는 사람이 가장 완전한 의사지요. 또 그것들 가운데 변화를 일으켜, 두 종류 가운데 한 사랑을 다른 사랑으로 바꾸게 해줄 줄 아는 사람, 그리고 사랑이 있어야 하는데 없을 경우 그 사랑을 넣어 주는 방법을 아는 사람은 명의라 하겠습니다. 사실 이런 사람은 체내에서 서로 가장 불화하는 것들을 서로 사랑하게 하고야 맙니다.

그런데 가장 불화하는 것들이란 서로 가장 반대되는 것들, 즉 더운 것과 찬 것, 쓴 것과 단 것, 마른 것과 젖은 것 등등이지요. 그래 여기 계시는 두 분 시인이 말한 바 있고 또 내가 믿고 있는 바와 같이, 우리의 조상 아스클레피오스는 이런 것들 속에 사랑과 화합을 집어넣어 주는 방법을 알고 있었기 때문에 우리들의 기술을 창건한 겁니다. 그러므로 내가 말하는 바와 같이, 의학은 전적으로 에로스 신의 지배를 받는 것이며, 또 체육과 농사도 그러합니다. 음악도 분명히 그러하다는 것은 잠깐이라도 거기 대해서 생각한 사람에게는 명백한 일이지요. 헤라클레이토스가 한 말은 아주 명료하지는 않기 때문에 잘 알 수는 없지만 아마 이와 비슷한 것을 말하려 한 것이 아닌가 생각합니다. 그는 이렇게 말하고 있어요. '일자'25)는 분열되었다가도 다시 하나가 된다. 마치 '음궁과 칠현금의 화음처럼.' 화음이 분열을 머금고 있다거나 분열 항쟁하고 있는 음들로 이루어져 있다고 말하는 것은 이치에 맞지 않지요. 그러나 아마도 그가 말하려 한 것은 화음이

---

25) 우주의 생성 변화를 머금고 있는 존재의 기체(基體)로 생각된 것이다.

높은 음과 낮은 음으로 되어 있는데 처음에는 분열 항쟁하다가도 나중에는 음악의 기술에 의하여 협화하게 된다는 뜻일 거예요. 높은 음과 낮은 음이 어디까지나 항쟁하면 화음이란 게 있을 수 없으니 말이에요. 무릇 화음이란 협화음이요, 협화음은 일종의 협조지요. 그런데 협조란 사물들이 서로 분열 항쟁하고 있는 동안은 그 사물들로부터 생겨날 수가 없는 거예요. 그러나 분열 항쟁하고는 있어도 다시 협조시킬 수 있는 여지가 있는 것은 조화시키는 게 가능하지요. 이와 꼭 마찬가지로, 리듬이란 음의 빠른 것과 느린 것으로 되는 것인데, 처음에는 서로 어울리지 않다가 나중에 협조하게 되는 거지요. 그러나 위의 경우에는 의학이 이런 모든 것 속에 협조가 생기게 하는 것처럼, 여기서는 음악이 그것들 상호 간에 화합과 사랑을 집어넣음으로써 그 모든 것 속에 협조가 생기게 하는 것이지요. 그러므로 음악도 역시 화음과 리듬을 둘러싼 사랑의 현상에 관한 인식이에요. 그리고 화음과 리듬의 본질적 성질에서 사랑의 현상을 알아보는 것은 어려운 일이 아닙니다. 거기서는 아직 사랑이 두 가지로 나뉘어 있지 않지요. 그러나 리듬과 화음을 사람들을 위하여 써야 할 경우에는, 새로 작곡할 때나 남이 작곡한 곡이나 운율을 올바로 연주할―이것이 교양이라 불리는 것인데―때에는 여러 가지 어려운 점이 생겨서, 능숙한 기교를 가진 사람이 필요하게 되지요. 여기서 우리는 앞에서 전개한 논점으로 되돌아가게 됩니다. 즉 단아한 사람 그리고 아직 완전히 단아하지는 못해도 그렇게 될 가망이 있는 사람의 뜻을 받들어 주고, 이런 사람들의 사랑은 보호해 주어야 한다는 겁니다. 이들의 사랑이야말로 아름다운 사랑이요, 하늘의 사랑이요, 무우사 우라니아[26]

---

[26] 무우사 우라니아(Mousa Ourania) : '하늘의 무우사'. 무우사 즉 예술의 신은 아홉 있다. 무우사 우라니아는 천문학, 천문시를 다스리는 여신.

의 사랑입니다.

　그러나 폴륌니아27)의 사랑은 저속한 사랑인데, 그것이 사람들에게 주어질 때에는 언제나 아주 신중하게 주어져야 합니다. 그리하여 거기서 쾌락을 얻을 때에도 방종에 흐르지 않도록 해야 합니다. 마찬가지로, 우리의 기술(의술)에서도 맛있는 음식에 대한 여러 가지 욕망을 잘 이용하여 병에 걸리지 않고 쾌락을 얻게 하는 것이 중요합니다. 이리하여 음악에서나 의학에서나, 그리고 그 밖의 지상의 모든 일에서 우리는 힘이 닿는 데까지 두 가지 에로스를 다같이 잘 보살피지 않으면 안 됩니다. 두 가지가 다 있으니까요. 일년 사계절이 어떻게 이 둘로 충만하여 이루어지는가를 보세요. 내가 방금 말한 것들, 더운 것과 찬 것, 마른 것과 젖은 것이 상호간에 절도 있는 사랑을 가져 조화와 적절한 융합을 얻으면 좋은 계절이 찾아와서 사람들과 다른 동물들, 야채와 식물을 건강하게 하고 아무런 해도 끼치지 않지요. 그러나 난폭한 사랑이 네 계절에 더 많은 힘을 미치면 많은 해를 입고 파괴를 당하게 되지요. 그 결과 가끔 전염병이 생기고, 짐승과 식물이 그 밖의 여러 가지 좋지 못한 질병에 걸립니다. 또 서리와 우박과 식물을 말라 죽게 하는 병은 이러한 사랑 현상의 탐욕과 난잡에서 오는 겁니다. 이런 것들을 천체의 운행과 계절이 비추어 아는 것이 다름 아닌 천문학이에요. 그리고 또 희생 제물을 바치는 모든 제사나 점치는 일은 결국은 신들과 인간이 서로 교통하는 것인데, 따지고 보면 그것들도 모두가 에로스의 보호와 치유에 관련된 것일 따름이에요. 왜 그린가 하면, 사람이 절도 있는 에로스의 뜻을 받들어 에로스에게 영광을 돌리고, 또 만사에 그를 맨 처음 내세우지 않고 다른 에

---

27) 폴륌니아(Polumnia) : 찬가. 무용을 다스리는 무우사.

로스의 뜻을 받들 때, 부모에 대해서, 그 생전과 사후에, 또 신들에 대해서, 온갖 불경이 생기기 쉬우니까요. 이런 까닭에 점치는 사람이 해야 할 일은 이 두 가지 에로스를 감시하고 그 병폐를 고치는 겁니다. 그리고 점치는 사람은 또한 인간의 사랑 속에 있는 좋은 경향과 불경한 경향을 잘 앎으로서 신들과 인간 사이에 우애 관계를 세우는 창조자인 것입니다.

그러므로 모든 에로스는 위대한 힘, 아니 전능한 힘을 가지고 있습니다. 그러나 우리 가운데서나 신들 가운데서나 절제와 정의로 좋은 일에 마음을 쓰는 에로스야말로 가장 위대한 힘을 가지고 있어서, 우리에게 온갖 행복을 마련해 주고, 세상과 사회를 평화롭게 해줄 뿐만 아니라, 또한 우리보다 높은 신들과도 잘 사귈 수 있게 해주는 것입니다. 아마 에로스를 찬미함에 있어 내가 빠뜨린 것이 적지 않을 줄 압니다. 할 수 없지요. 빠뜨린 것이 있거든, 오오 아리스토파네스, 자네가 메워 주게. 혹 달리 그 신을 찬미하려거든 그것도 좋겠지. 아무튼 시작하게. 딸꾹질도 멎었으니."

이렇게 해서 아리스토파네스가 그 다음에 다음과 같이 말했다더군. "응, 그래, 아주 깨끗이 멎었어. 그러나 재채기할 때까지는 멎지 않더군. 인체 내의 단아한 것이 재채기 같은 소란스럽고 간지럽게 하는 것을 요구한다는 게 난 참 이상해 못 견디겠어. 재채기를 하니까 금방 멎었단 말이야."

그러자 에뤼크시마코스가 말하더군. "여보게, 아리스토파네스. 정신 좀 차리게. 연설할 참인데 농담만 해서야 되겠나? 나로 하여금 자네 연설을 감독하게 하는구먼. 조용히 말해야 할 텐데 무슨 우스운 말이라도 하지 않나 살펴보기도 하고 말이야."

그러나 아리스토파네스가 웃으면서 말했다더군. "옳은 말이야, 에뤼크시마코스. 그럼 내가 말한 것을 취소하기로 하지. 그 대신 나를 감시하지는 말게. 내가 이제부터 얘기하려는 것 가운데는 우스운 얘기도 있을 테지만, 거기 대해서는 조금도 꺼리지 않네. 그건 분명히 하나의 소득이기도 하고 자연스럽기도 한 일이니까. 그러나 내가 말하는 것들이 남의 웃음거리가 되지 않을까 적이 염려스럽군."

 "화살을 쏴 놓고는 곱게 도망치려 하는군, 아리스토파네스"라고 에뤼크시마코스가 말했네. "그러나 조심하게. 그리고 변명할 것도 잘 생각해 놓고. 그러나 나도 형편을 보아서 너무 따지고만 들지는 않겠네."

 그러자 아리스토파네스가 말했네. "좋아, 에뤼크시마코스, 나는 자네나 파우사니아스와는 다르게 이야기하려네. 내가 보기엔 사람들이 에로스의 힘을 알아보는 데 완전히 실패했으니 말이야. 만일 저들이 그 힘을 알아보았다면, 그를 위하여 최대의 성전과 제단을 짓고, 최대의 선물을 바쳤을 것일세. 그러나 반드시 그렇게 했어야 했는데, 그런 일이 한 가지도 행해지지 않았단 말이야. 사실 그는 신들 가운데 가장 인간을 사랑하는 신으로서 인간을 도와주고 인간의 온갖 고뇌를 치유해 주어 최대의 행복을 가져다주는 의사일세. 그러므로 나는 자네에게 이 신의 힘을 알게 해주려네. 그러면 자네는 자네대로 이것을 다른 사람들에게 가르쳐 주게.
 여러분은 먼저 인간의 본성과 그 내력을 알아야 합니다.
 예전에는 인간의 자연적 상태가 지금과 달랐습니다. 처음에는 성이 세 가지 있었지요. 지금은 남성과 여성 두 성이 있지만, 이 둘을 다

가지고 있는 제3의 성이 있었던 겁니다. 지금은 그런 것이 없습니다마는, 그 명칭만큼은 아직도 남아 있지요. 즉 옛날에는 남녀성, 즉, 남성과 여성을 둘 다 가지고 있는 것이 실제로도 있었고 명칭으로도 있었던 겁니다. 그러나 지금은 그 명칭만 남아서 욕하는 데 쓰일 뿐이지요.

 그 다음엔, 사람의 모양이 아주 둥글었는데, 등과 옆구리가 둥그렇게 뻥 둘러 있었지요. 그리고 팔이 넷이고, 다리가 넷이 있고, 둥근 목 위에 똑같이 생긴 얼굴이 둘 있었어요. 머리는 하나인데, 얼굴이 반대 방향으로 둘 있었고, 귀가 넷이고 음부가 둘이었지요. 나머지는 이것들에서 미루어 짐작이 갈 줄 압니다. 그들은 지금처럼 똑바로 서서 어느 방향으로든지 가고 싶은 대로 걸어갈 수 있었습니다. 그리고 빨리 뛰고 싶을 때에는, 마치 요새 공중제비 곡예사가 두 다리를 공중으로 쳐들었다가 저쪽으로 넘어가듯, 그 당시 그들이 가지고 있던 여덟 개의 손발로 연거푸 번갈아 땅을 짚어가면서 아주 빠른 속도로 굴러갈 수 있었지요. 그리고 성이 세 가지 있었는데, 사람의 모양이 이러했던 까닭은 남성은 맨 처음 태양에서 태어났고, 여성은 대지에서 태어났고, 남성과 여성을 다 가지고 있던 남녀성은 달에서 태어난 때문이지요. 저들의 모양이 둥글었고 걸음걸이가 둥글었던 것은 저들이 그 부모를 닮았기 때문이지요. 저들은 무서운 힘과 기운을 가지고 있었고, 또 야심도 대단했습니다. 저들은 신들을 공격했던 것입니다. 호메로스가 에피알테스와 오토스에 관해서 말하기를, 신들과 싸우려고 하늘에 올라가려 했다는 것은 실은 저들을 두고 한 말이지요.[28] 그래서 제우스와 다른 신들은 어떻게 하면 좋을까 회의를 열었

---

28) 에피알테스(Ephialtēs)와 오토스(Otos)는 거인족의 형제이며 포세이돈의 아들이다.

습니다마는, 좋은 방도가 생각나지 않았습니다. 거인들에게 한 것처럼 번갯불로 저들을 쳐서 인류를 전멸시킬 수도 없었고, 그렇다고 해서 저들이 난폭한 짓을 계속하도록 그대로 내버려 둘 수도 없었어요. 한참 만에 제우스는 좋은 생각을 얻어 이렇게 말했습니다. '이것 보세요. 나는 좋은 계교를 하나 발견했다고 생각하오. 우리는 인간을 그대로 생존하게 하면서도 지금보다 약하게 만들어 난폭한 짓을 그만두게 할 수 있소. 내가 지금 어떻게 하려는지 말할 테니 들어보시오. 나는 모든 사람을 두 동강이로 쪼개려 하오. 이렇게 하면 그야말로 일거양득이오. 즉 그들은 지금보다 약하게 될 것이고, 또 그 수가 늘 테니 우리에게 더 유리하게 될 거란 말이오. 그들은 두 다리로 똑바로 서서 걷게 되겠소. 그리고 만일 그들이 앞으로도 계속해서 난폭한 짓을 하며 시끄럽게 굴면 나는 다시 그렇게 하겠소. 즉 그들의 몸뚱이를 다시 둘로 나누겠단 말이오. 그렇게 하면 그들은 한 다리로 깡충깡충 뛰면서 걸어 다니게 될 것이오. 마치 디오니소스 축제 때에 포도주를 담은 미끄러운 가죽 부대 위를 깡충깡충 뛰는 소년들처럼 말이오.' 이렇게 말하고서 그는 마치 마가목 열매를 절여 저장하려 할 때 두 조각으로 쪼개듯, 혹은 잘 삶은 달걀을 머리카락으로 가르듯, 사람들을 한가운데서 두 조각으로 갈라 쪼개었던 것입니다. 한 사람 한 사람 이렇게 쪼개어가면서 그는 아폴론에게 명령하기를, 얼굴과 반 조각의 목을 절단한 곳으로 회전시켜 자신의 상처를 보고 전보다 온순하게 되도록 하라고 했습니다. 그리고는 그 상처를 아물게 해주라고 일렀던 것입니다. 그래서 아폴론은 사람의 얼굴을 돌리고 지금 배라고 불리는 부분 위에서 살가죽을 모아 합쳤지요. 마치 끈을 쭉 잡아당겨 닫게 되어 있는 돈지갑처럼 말이에요. 그리고 조그마한 입을 하나 만들어 배 한 가운데다가 붙였지요. 이걸 사람들은 배꼽이라고 부르는 거예요. 그리고 그는 구두 짓는 직공이 구두 골 위에 가죽을 대고 그 주름을 펼 때에 쓰는 것과 비슷한 연장을 써서 주름살을 대강 펴주고, 또 가슴을 반듯하게 만들어 주었습니다. 배꼽과 배 주변에 있는 주름살만은 그냥 몇 개 남겨 두어 과거에 있었던 일을 상기하도록 했지요. 그래서 본래의 몸이 갈라졌을 때 그 반쪽은 각각 다른 반쪽을 그리워하고 다시 한 몸이 되려고 하였습니다. 그래서 그것들은 서로 목을 끌어안고 꼭 붙어 있으려 했으며, 또 서로 헤어져서는 아무 일도 하려 하지 않았기 때문에 결국 배가 고프고 아무 일도 하지 않은 탓으로 죽고 말았습니다. 두 반쪽의 하나가 죽고 다른 하나가 남게 되는 경우에는, 남게 된 반쪽이 다른 또 하나의 반쪽을 찾아 헤매고, 찾으면 끌어안았던 것이에요. 이런 경우 그는 본래 전적으로 여자였던 사람의 반쪽을 만나는 수도 있었고, 혹은 본래 전적으로 남자였던 사람의 반쪽을 만나는 수도 있었어요. 이렇게 해서 그들은 망하고 말았어요. 그래서 제우스는 그들을 가엾게 여겨 또 한 가지 방안을 생각해 내었지요. 즉 그는 그들의 음부를 앞에다가 옮겨 놓았던 것입니다. 그전에는 음부도 바깥쪽에 있었고, 저희끼리 서로 교접해서 자식을 낳은 것이 아니라, 매미처럼 땅 속에 정자를 넣어 자식을 낳았던 겁니다. 그래서 제우스는 음부도 앞에다가 옮겨놓아 저희끼리 자식을 낳되 남자로 말미암아 여자가 임신하도록 한 것입니다. 이리하여 한 남자가 한 여자를 만나면 서로 포옹함으로써 자식을 낳아 자손을 이을 수 있게 했고, 또 남자와 남자가 만나면 서로 만나는 것만으로 만족하여 욕망을 진정시켜 일하는 데 정신을 쓰고 생업에 종사할 수 있게 한 거예요. 이렇듯 사람들이 서로 사랑한다는 것은 먼 옛날부터 그들 속에 깃들어 있던 것입니다. 그건 본래의 몸뚱이 일부를 다시 한데 모아, 둘에서 하나가 되게 하여 인간의 본연의 모습을 되찾게 하려는 거지요. 그러니 우리들 각자는 한 인간의 할부(割符)29)입니다. 마치 넙치처럼 쪼개져서, 하나에서 둘이 생겨나온 거지요. 그래서 사람마다 자신의 다른 쪽 할부를 찾는 것입니다. 그런데 남녀성이라 불린 성을 가진 사람에서 쪼개져 생긴 남자는 모두 여자를 좋아합니다. 간부(姦夫)들은 대개 이 성에서 나오지요. 또 사내들한테 미친 모든 여자와 간부(姦婦)들도 여기서 나오구요. 옛날에 여자였던 사람에서 쪼개져 나온 여자들은 남자들에 대한 관심이 별로 없고, 오히려 여자들에게 마음이 끌립니다. 여자끼리 동성 연애하는 사람들은 여기서 나오는 겁니다. 그러나 남자에서 쪼개져 나온 사람들은 남자를 찾아 얻으려 하며, 아직 소년일 때에는, 자기들이 남성의 조각인 까닭에, 어른 남자들을 좋아하여, 그들과 함께 눕고 그들이 끌어안기를 좋아하지요. 이런 소년들은 천성이 가장 용감한 자들인 까닭에 청소년들 가운데 가장 우수한 자들이지요. 어떤 이는 이들이 파렴치하다고 하지만, 그것은 당치 않은 말입니다. 그들로 하여금 이런 일을 하게 하는 것은 파렴치가 아니고, 오히려 대담과 용기와 사내다움이에요. 이런 것들이 그들로 하여금 자기를 닮은 사람들을 환영하게 하는 겁니다.

여기에 대한 유력한 증거로는 장성하며 정치 생활을 감당해 나아갈 수 있는 것은 오직 이런 사람들이라는 사실을 들 수 있지요. 어른이

---

29) 옛날에 나그네가 어떤 집에 머무르게 되면 작별할 때 기와 조각이나 골편이나 주화를 둘로 쪼개어 주인과 나그네가 한 조각씩 간직하는 일이 있었다. 후일 그들이나 자손들이 만나게 되면, 그 두 조각을 맞추어 보아 과거에 주객의 인연이 있었음을 알았다. 이렇게 쪼갠 물건의 반 조각을 할부라고 한다.

되면, 그들은 소년들을 사랑하여 결혼해서 가정을 이루는 것은 그 본성 상 염려하지 않습니다. 다만 관습이 그들로 하여금 결혼하고 가정을 이루도록 강요하는 거지요. 그들은 결혼하지 않고 저희끼리 함께 살 수 있는 것으로 만족하는 겁니다. 그런 사람은 언제나 소년의 사랑하는 자가 되고 또 사랑하는 자를 사랑하는 소년이 되기 쉽습니다. 그는 언제나 자기와 닮은 자를 좋아하니까요. 그래서 이들 가운데 하나가 자기 자신의 다른 반쪽을 만나게 되면, 그가 소년의 사랑하는 자건 다른 어떤 사람이건, 우정과 친밀감과 사랑에 완전히 사로잡혀 잠시도 떨어져 있을 수 없을 정도가 됩니다. 그들은 일생 동안 함께 지내는 겁니다. 그러나 그들은 피차 자기가 상대방에게서 무엇을 원하고 있는지 설명할 수 없습니다. 사실 아무도, 그것이 성욕을 위한 결합이기 때문에 그토록 열렬히 짝짓기를 원한다고는 생각할 수 없을 거예요. 분명히 그들 각자의 영혼은 무엇인가 다른 것을 찾고 있어요. 그게 무엇인지 영혼은 말로 표현할 수는 없으나, 자신이 원하는 것을 스스로 예감하고 또 수수께끼 같은 말로 말하는 겁니다. 그래서 그들이 함께 누워 있을 때에 헤파이스토스30)가 그 연장을 가지고 그들 곁에 서서 "너희들은 도대체 서로 상대방에게서 바라는 것이 무엇인가?"라고 묻는다고 합시다. 그들이 대답하지 못하고 당황하자 다시 이렇게 물었다고 합시다. "너희가 원하는 것은 그저 될 수 있는 대로 꼭 붙어서 밤이고 낮이고 떨어지지 않는 것인가? 그것이 너희의 소원이라면, 나는 너희를 녹여 용접시켜 줄 용의가 있다. 그렇게 되면, 너희는 두 몸이 한 몸으로 되어, 생전에도 한 몸으로 살고 죽을 때에도 한 몸으로 죽고, 또 죽은 후에도 한 몸으로 하데스로 가게 될

---

30) 헤파이스토스(Hēphaistos) : 대장장이의 일을 주관하는 신.

거야. 이게 너희들의 열망인지, 또 이렇게 되면 너희가 만족하겠는지 생각해 보아라." 이 말을 들으면 저들은 아무도 반대하지 않고, 또 그 밖의 다른 아무것도 원치 않을 겁니다. 누구나 자기가 오래 전부터 바라던 것, 즉 사랑하는 이와 하나가 되고, 용접되어 한 몸으로 되고 싶다는 것을 다시 한 번 생각할 거예요. 그것이 우리의 옛날의 본래 모습이기 때문이죠. 그 때에는 우리가 온전한 하나가 되어 있었기 때문이지요. 그래서 온전한 것에 대한 욕망과 그것에 대한 추구가 에로스라고 불리는 겁니다.

이미 말한 바와 같이, 옛날에는 우리가 온전한 하나였지만, 지금은 부정한 일을 한 때문에 신에 의하여 갈라진 겁니다. 마치 아르카디아 사람들이 라케다이몬 사람들에 의해 갈라진 것처럼 말이에요.31) 그러므로 만일 우리가 신들에 대하여 단아하지 않으면 다시 반쪽으로 쪼개질 염려가 있어요. 그 때에는 우리가 둘로 쪼개진 할부(割符) 모양으로 코 한복판에서 쪼개져 묘비에 부조된 반면상 같은 모습으로 돌아다니게 될지도 모르죠. 이런 까닭에 우리는 모든 사람으로 하여금 만사에 신을 경외하도록 권하지 않으면 안 되는 겁니다. 그리하여 우리는 그런 운명을 피하고 다른 운명을 얻도록 하지 않으면 안 됩니다. 여기에서 에로스는 우리의 지도자이고 통솔자입니다. 아무도 이 신을 거역해서는 안 됩니다. 신들을 적대하는 자는 누구나 이 신을 거역하지요.

사실 이 신과 친구가 되어 잘 사귀면 우리는 바로 우리 자신의 소년을 발견하고 또 신과 더불어 즐겁게 지내게 될 겁니다. 이것은 현재

---

31) 아르카디아(Arkadia)는 펠로폰네소스 반도의 중앙에 있는 산지. B.C. 385년에 라케다이몬 사람들이 아르카디아의 수도 만티네이아를 파괴하고 그 주민을 갈라 네 촌락으로 이주시켰다.

극소수의 사람만이 누리고 있는 일입니다. 여기서 에뤼크시마코스가 참견하여 내 연설을 조롱하면서, 내 이야기가 파우사니아스와 아가톤을 두고 하는 것이라 말하지 못하도록 해주세요. 이 두 사람이 정말 그런 극소수의 사람에 속하고, 두 사람 다 본성이 남성적일는지도 모르지요. 그러나 나는 모든 남자와 여자를 두고 말하는 겁니다. 즉 온 인류가 행복하게 되는 길은 사랑을 완전하게 하며, 사람마다 자기 자신의 소년을 얻어 본연의 모습으로 되돌아가는 것입니다.

　이것이 가장 고귀한 일이라고 하면 현재 있는 것들 중에서 그것에 가장 가까운 것이 으례 가장 고귀한 것이겠지요. 그것은 다름 아니라, 우리 마음에 가장 맞는 소년을 얻는 것이에요. 그러니 이런 일을 성취시켜 주는 신을 찬미하려 한다면 모름지기 에로스 신을 찬미하여야 합니다. 그는 지금도 우리가 우리 자신의 소년과 친밀하도록 해줌으로써 우리에게 큰 축복을 주지만, 미래에도 가장 큰 희망을 줍니다. 즉 우리가 그 신을 잘 경배하면 그는 우리의 본연의 모습을 회복시켜 주고 우리의 병을 고쳐 행복하게 해줄 것입니다.

　이것이 오오 에뤼크시마코스, 에로스에 관한 나의 연설일세. 자네의 연설하고는 매우 다르지만 말이야. 그러니 처음에 내가 간청한 것처럼 제발 조롱하지 말게. 그 다른 분들의 말씀을 듣기로 하세. 다른 분이랬자 이제 아가톤하고 소크라테스 밖에 남지 않았군."

　"원하는 대로 하지" 하고 에뤼크시마코스가 말했네. "자네 연설은 아주 재미있게 들었으니까. 만일 소크라테스와 아가톤이 다같이 사랑의 문제에 관한 대가임을 몰랐다면, 이만큼 여러 가지 설이 나온 지금 그들이 무슨 말을 해야 할지 매우 어리둥절하리라고 염려하지 않을 수 없을 거야. 그러나 사실은 그렇지 않으니, 나는 두려울 것이 전혀 없어."

 그러자 소크라테스가 말했다네. "오오 에뤼크시마코스, 자네는 자네가 맡은 임무를 잘 감당했네. 그러나 만일 자네가 지금 내가 있는 자리에 있거나 혹은 아가톤이 연설을 마친 다음에 내가 처하게 될 입장에 있다고 하면, 아마 상당히 두려워할 것이며, 지금의 나처럼 어찌할 바를 모를 걸세."

 그러자 아가톤이 말했네. "오오 소크라테스, 저한테 마술을 걸려고 하는 것 같군요. 그리하여 청중이 저에게서 훌륭한 연설을 들으리라고 큰 기대를 가지고 있다고 생각하게 하여 저를 곤혹스럽게 하시려는군요."

 "오오 아가톤" 하고 소크라테스가 말했네. "배우들을 거느리고 무대로 올라가 그 많은 청중을 앞에 놓고 조금도 낭패한 빛이 없이 작품을 발표하려 했을 때의 자네의 용기와 도량을 보고서도, 내가 지금 우리와 같은 소수의 사람 앞에서 자네가 곤혹스러워 하리라고 생각한다면, 내 기억력이 매우 나쁜 것이 틀림없을 걸세."

 "무슨 말씀이세요. 오오 소크라테스"라고 아가톤이 말했네. "분별 있는 사람에게는 속 있는 소수가 속없는 다수보다 더 무섭다는 것을 미처 깨닫지 못할 만큼 제 머리가 무대 일로 꽉 차 있다고는 생각하지 않으시죠?"

 "오오 아가톤, 자네가 촌뜨기처럼 둔한 사람이라고 생각하면, 그건 내 잘못일 걸세. 잘 알고 있어. 자네가 지자(智者)라고 보는 사람과 만날 때, 자네가 그 사람을 저 다수의 사람보다 높이 평가한다는 것을 말이야. 하지만 우리 같은 사람이야 지자가 못되지. 우리도 그 관중에 끼어 있었고 그 다수 속에 들어 있었으니까. 그러나 만일 다른 지자들을 만났을 때, 자네가 추하다고 생각하는 일을 그들 앞에서 했다면 자넨 부끄러워할 것이 아닌가? 어떻게 생각하나?"

"말씀하신 대로 입니다."

"그런데 자네는 어떤 추한 일을 하고 있다고 생각되더라도 다수 앞에서는 부끄러워하지 않는단 말인가?"

그러자 파이드로스가 이들의 말을 막으면서 말했다네. "오오 친애하는 아가톤. 자네가 대답을 하면 소크라테스는 여기서 우리가 하는 일이 어떻게 되든 상관하지 않을 걸세. 그는 더불어 이야기할 사람만 있으면 만사를 제쳐 놓는단 말이야. 아름다운 사람과 이야기하게 되면 더구나 그래. 난 소크라테스가 대화하는 것을 듣고 싶지만, 지금 내 의무는 에로스 신을 찬미하는 우리들의 일에 마음을 쓰고 여기 있는 사람들 한 사람 한 사람이 꼭 연설하도록 하는 것이야. 그러니 두 분 다 먼저 이 신에게 제물을 바치고 그 후에 서로 대화하는 것이 좋겠소."

"좋은 말이야, 파이드로스"라고 아가톤이 말했네. "소크라테스하고는 앞으로도 이야기할 기회가 많을 테니까 곧 연설을 하기로 하지. 먼저 나는 내가 어떻게 연설하겠는가 하는 것을 말씀드리고 그 다음에 연설을 하렵니다. 내 생각엔 지금까지 말씀한 분들이 모두 그 신을 찬미하지는 않고, 다만 그 신이 사람들에게 준 여러 가지 좋은 것을 보고 그 사람들의 행복을 찬탄한 데 지나지 않았던 것 같아요. 그런 여러 가지 선물을 준 그 신이 어떤 성질을 가진 분인지는 아무도 설명하지 않았단 말이에요. 그러나 무엇을 찬미하든지 그것을 찬미하는 유일한 옳은 길은, 그것이 어떤 것인지 그리고 그것이 가져오는 결과가 어떤 것인지 밝히는 것이지요. 에로스에 있어서도 그렇습니다. 우리는 먼저 그의 본성을 찬미하고 그 다음에 그가 주는 여러 가지 선물을 찬미해야 합니다. 신들은 모두 행복스럽다고 나는 주장합니다. 그러나 이렇게 말하는 것이 괜찮고 또 주제 넘는 일이 아니라면, 나는 또한 에로스가 신들 가운데 가장 아름답고 가장 훌륭하기 때문에 가장 행복스러운 신이라고 말하려 합니다. 그리고 어떻게 그가 아름다운가를 이제부터 설명해 보려 합니다. 오오 파이드로스, 첫째로 그는 신들 가운데 가장 젊은 신입니다. 유력한 증거 하나를 그자신이 제공하고 있어요. 즉 그는 저 노년 — 우리들 모두에게 그렇게도 빨리 들이닥치기 때문에 아주 발걸음이 빠르다는 것이 분명한 저 노년 — 으로부터 전속력으로 도망치는 겁니다. 에로스는 그 본성상 노년을 싫어하여 가까이 가려 하지 않습니다. 오히려 그는 언제나 청년과 사귀며 짝합니다. 사실 "언제나 비슷한 것끼리 모인다"고 한 옛 속담이 맞습니다. 나는 다른 많은 점에서 파이드로스의 말에 동의할 용의가 있습니다마는, 오직 한 가지, 즉 에로스가 크로노스와 이아페토스보다 나이가 많다는 것에는 동의할 수 없습니다.32) 그런 것이 아니에요. 나는 그가 신들 가운데 가장 어리고 또 영원히 젊은 신이라고 주장합니다. 옛날에 신들 사이에 일어났다고 헤시오도스와 파르메니데스가 전하는 사건들이 사실이면, 그것들은 아낭케33)로 말미암아 생긴 것이지, 에로스로 말미암아 생긴 것이 아닙니다. 만일 에로스가 그 때 이미 신들 가운데 있었다면, 서로 거세하며 결박 짓는 일과 또 그 밖의 모든 난폭한 짓을 하지 않았을 것이며, 도리어 지금처

---

32) 크로노스(Kronos), 이아페토스(Iapetos)는 우라노스와 가이아에게서 난 티탄족. 크로노스는 제우스의 아버지이고 이아페토스는 프로메테우스의 아버지이다.

33) 아낭케(Anankē) : '운명'을 신격화한 여신.

럼 그리고 에로스가 신들 위에 군림한 이후로 쭈욱 그랬듯이 우정과 평화가 있었을 것입니다. 그러므로 그는 젊고, 또한 부드럽습니다. 이 신의 부드러움을 묘사하려면 호메로스와 같은 시인의 재주가 있어야 하겠지요. 호메로스는 아테34)를 두고 말하기를, 그녀는 신이요 부드러운데, 적어도 그녀의 발은 부드럽다고 말하고 있습니다. 그는 이렇게 말하고 있어요—

　부드럽도다, 그녀의 발은 땅에 닿는 일 없고
　사람들의 머리 위를 걸어 다니니.

　그녀가 딱딱한 것 위를 걷지 않고 부드러운 것 위를 걷는다는 것은 그녀의 부드러움에 대한 좋은 증거가 된다고 생각합니다. 그러면 에로스에 대해서도 이와 똑같은 증거를 들어, 부드럽다는 것을 설명해 보기로 합시다. 사실 그는 땅 위를 걷지도 않고 또 머리 위를 걷지도 않습니다. 이런 것들은 정말 부드러운 것이 못 되지요. 그는 만물 가운데 가장 부드러운 것 위를 걸으며 또 그 속에 머물러 있습니다. 그가 깃들이고 있는 곳은 신들과 사람들의 마음과 영혼 속이니 말이에요. 그것도 어느 영혼 속에나 예외 없이 들어가 있는 것은 아닙니다. 그런 게 아니에요. 굳은 마음을 가진 영혼에서는 곧 떠나며, 부드러운 영혼 속에만 자리를 잡는 겁니다. 이렇듯 그는 언제나 그 발로 보나 다른 모든 것으로 보더라도 부드러운 것 가운데서도 가장 부드러운 것을 매만지기 때문에 그 자신이 또한 부드럽지 않을 수 없습니다. 이리하여 그는 정말 가장 젊고 가장 부드러울 뿐만 아니라 날씬

---

34) 아테(Atē) : '미망', '재앙'의 여신.

합니다. 만일 그의 몸이 빳빳하다면 어디에든지 자기 몸을 움츠려서 들어갈 수가 없을 것이며 또 조금도 눈에 띄지 않게 사람들의 마음속으로 드나들 수 없을 테니까요. 그의 몸이 균형이 잘 잡혔고 맵시가 있다는 것은 그의 우아함을 보면 잘 알 수가 있습니다. 누구나 인정하는 바와 같이, 이것은 특히 에로스의 두드러진 특징입니다. 그래서 우아하지 못한 것과 에로스 사이에는 언제나 전쟁이 일어나지요. 그 살결이 고운 것은 이 신이 꽃들 사이에서 살고 있음을 보여 주는 겁니다. 에로스는 육체 안이나 영혼 안이나 그 밖에 어디에나 꽃이 없는 곳이나 꽃이 시든 곳에는 머무르지 않으며, 꽃이 있고 향기로운 곳에만 좌정하며 머무는 것입니다.

 이 신의 아름다움에 대해서는 말할 것이 더 많이 있습니다마는, 이쯤 하기로 하고, 그 다음엔 이 에로스신의 덕에 대해서 이야기하겠습니다. 그 중에서 제일 중요한 것은 에로스가 부정한 일을 하지도 않고 부정한 일을 당하지도 않는다는 것입니다. 즉 그는 어떤 신에게도 부정한 일을 행하지도 않고 또 어떤 신으로부터도 부정한 일을 당하지도 않으며, 또 어떤 사람에게도 부정을 행하지 않고 또 어떤 사람으로부터도 부정한 일을 당하지 않습니다. 그는 무슨 일을 하든지 폭력을 당하는 법이 없습니다. 도대체 폭력은 에로스에 접근할 수가 없습니다. 또 그는 무슨 일을 하든지 폭력에 의하여 하는 법이 없지요. 누구나 무슨 일에서든지 자진하여 에로스에게 봉사하니까요. 그리고 당사자들이 서로 자진하여 동의하는 것은 '나라의 임금인 국법'도 옳다고 하는 것입니다. 그는 공정할뿐더러 절제심도 많습니다. 절제가 쾌락과 욕망을 지배하고 좌우한다는 것과 어떤 쾌락도 에로스보다 강하지는 못하다는 것은 누구나가 인정하는 바지요. 그런데 그런 쾌락들이 에로스보다 약하다면, 으레 에로스가 그것들을 지배하고 좌우하게 되는 거지요. 그러므로 쾌락과 욕망을 지배하는 에로스는 특별히 절제심이 강하다고 할 수밖에 없어요. 더군다나 용기에 있어서는 에로스에게 '아레스도 상대가 못 됩니다.'35) 왜냐하면 아레스가 에로스를 붙드는 것이 아니라, 에로스가 아레스를 붙들기 때문입니다. 전해오는 바에 의하면, 아프로디테에 대한 사랑이 아레스를 사로잡았지요. 본래 붙드는 자가 붙들리는 자보다 강한 법이며, 또 모든 사람 가운데 가장 용감한 자를 지배하는 자는 그 자신이 가장 용감한 자가 아닐 수 없습니다. 이상으로 이 신의 공정함과 절제심과 용기에 관해서 말했는데, 아직 지혜가 남아 있습니다. 그러니 이제는 지혜에 대해서 최선을 다하여 말해야겠습니다. 에뤼크시마코스가 자신의 기술(즉 의술)에 경의를 표한 것처럼 나도 내 기술에 경의를 표하여 말하건대, 첫째로, 이 신은 아주 현명한 시인으로서 남도 자기 같은 시인이 되게 할 수 있습니다. 에로스의 손이 한 번 닿기만 하면 누구나 '전에는 예술과 아무 상관도 없던'36) 사람도 시인이 되는 것입니다. 이것은 에로스가 사실 훌륭한 시인37), 곧 모든 예술적 창작에서 우수한 창작자임을 충분히 증명해 주는 겁니다. 왜냐하면 자기가 가지고 있지 않거나 알지 못하는 것은 남에게 줄 수 없고 가르쳐 줄 수도 없으니까요. 이제 모든 생물을 짓는 일을 생각해 보세요. 모든 생물은 에로스의 지혜로 말미암아 생겨나며 태어나는 것이 아닙니까? 기술에 있어서도 그렇지요. 이 신의 가르침을 받으면 그 기술이 영예스럽

---

35) 아레스(Arēs)는 전쟁의 신. 이 말은 지금은 산실(散失)된 소포클레스의 희곡 ≪튀에스데스≫에서의 인용인 듯하다.

36) 에우리피데스의 ≪스테네보이아≫에서 인용한 것이다.

37) 원어는 Poiētēs. 본래 '만드는 자'. '창작자'라는 넓은 뜻을 지닌 말이다.

고 빛나지만, 에로스의 손길이 닿지 않으면 완전히 암흑 속에 파묻히게 된다는 것을 우리는 알지 않습니까? 또 활쏘기나 의술이나 점치는 일도 아폴론이 욕망과 사랑에 이끌려서 발명해 낸 것인 만큼, 결국 아폴론도 에로스의 제자입니다. 이와 마찬가지로 무우사 신들은 음악에서, 헤파이스토스는 대장일에서, 아테나는 길쌈질에서, 제우스는 신과 인간을 조종하는 것에서 에로스의 제자입니다. 이리하여 신들의 세계에도 에로스가 들어감으로써 질서가 잡히게 된 겁니다. 즉 아름다움을 사랑하게 된 거에요. 에로스는 추한 것 속으로는 들어가지 않으니까요. 처음에 내가 말한 것처럼, 예전에는 아낭케가 지배하고 있었기 때문에 신들 사이에도 끔찍스러운 일이 많이 일어났었습니다. 그래서 그에 관한 이야기가 지금도 전해 내려오고 있는 거죠. 그러나 이 에로스 신이 탄생한 후로는 아름다운 것들을 사랑함으로 말미암아 신들에게나 인간들에게나 온갖 좋은 것이 생기게 된 것입니다.

 그러므로 오오, 파이드로스, 에로스는 먼저 그 자신이 가장 아름답고 가장 우수한 자이며 또 다른 것들도 자기와 같게 만들어주는 원인이 되는 것입니다. 나 자신도 마음에 느낀 바 있어 다음과 같은 시구로 그에 관해 말하고 싶군요. 즉 그는

 사람에게는 평화를, 깊은 바다에는 고요함을,
 폭풍에는 잔잔함을, 고단할 때에는 단잠을

준다고 말이에요. 그는 우리에게서 서먹서먹한 감정을 없애주고, 따뜻한 우애를 가득 넣어 줍니다. 즉 그는 지금의 이 모임과 같은 모든

모임을 마련하여 사람들이 서로 모이게 하고서는 잔치나 무도회나 희생 제물을 바치는 데서 안내자가 되는 겁니다. 그는 부드러운 분위기를 조성하며 야만스런 행위를 물리칩니다. 그는 선의를 베풀기를 좋아하고 악의를 베풀기를 싫어합니다. 그는 우아하고 유순하며, 현인에게는 보고 기리며 즐기는 대상이 되며, 신들에게는 찬탄을 받습니다. 그를 전혀 갖지 못한 사람들에게는 부러운 존재가 되고, 그를 조금이라도 가진 자에게는 소중히 간직됩니다. 그는 화사함과 섬세함과 우아함과 동경과 욕망의 아버지입니다. 그는 좋은 것을 돌보고 좋지 않은 것은 돌보지 않습니다. 곤경과 공포와 갈구와 말하는 데서, 그는 키잡이고, 전우이고, 도와주는 자이고 또 가장 우수한 구원자입니다. 또 그는 모든 신과 사람에게 빛을 더해 주는 장식이며, 가장 아름답고 가장 훌륭한 지도자입니다. 모든 사람은 그를 찬미하면서, 또 신들과 사람들의 마음을 매혹하는 그의 노래에 소리를 합하여 노래하면서 그를 따라가지 않으면 안 되는 것입니다.

　이것이, 오오 파이드로스, 내가 이 신에게 바치는 연설입니다. 그가 이것을 가납하시기를 원합니다. 물론 거기엔 농담도 없지 않았고, 또 될수록 진지하게 말하려 한 데도 없지 않습니다마는, 아무튼 이것이 내가 할 수 있는 최선의 것입니다."

　"아가톤이 말을 마치자"라고 아리스토데모스가 나에게 말했네. "모두 박수갈채를 보냈지. 그 젊은이는 자신과 또 그 신에게 어울리는 말을 한 걸세. 그러자 소크라테스가 에뤼크시마코스를 보고 이렇게 말했네. "오오 아쿠메노스의 아들이여, 이래도 자네는 내가 두려워한 것이 까닭 없는 것이라고 생각하나? 내가 뭐랬어? 아가톤이 아주 훌륭하게 연설할 것이므로 내 할 이야기가 전혀 남지 않으리라 예언하지 않았나?"

 그러나 에뤼크시마코스가 말했네. "아가톤이 훌륭한 연설을 하리라는 예언은 들어맞았어요. 그러나 할 이야기가 전혀 남지 않았다구요? 전 그렇게 생각하지 않습니다."

 "참 비위도 좋은 사람이로군" 하고 소크라테스가 말했네. "그렇게 아름답고 변화가 풍부한 연설을 들은 다음에 내가 무슨 할 말이 있겠는가? 나뿐만 아니라 누구나 그렇지. 첫 부분도 훌륭했지만, 맨 나중 부분은 그야말로 아름다웠어. 낱말과 문구가 어찌나 아름다웠던지 듣는 사람 모두가 압도될 지경이었어. 나는 그를 흉내도 낼 수 없고 멋있는 말을 하나도 할 수 없다고 생각하니, 어떻게나 부끄러운 생각이 들었는지 몰라. 도망갈 곳이 있었으면 당장 도망쳤을 거야. 그 연설은 고르기아스[38]를 생각나게 했다네. 그래서 나는 마치 내가 호메로스의 이야기[39]에 나오는 것과 똑같은 일을 당하지 않았나 느꼈다네. 즉 아가톤이 그 연설 마지막에 대응변가 고르기아스를 고르고의 머리로 삼아 내 연설에 나를 돌로 만들어 벙어리가 되게 하지나 않나 두려워했네. 아까 내 차례가 오면 자네들과 함께 에로스를 찬미하겠다고 약속하기도 하고, 또 사실은 도대체 찬미를 어떻게 하는 건지 알지도 못하면서 사랑에 관한 일에 대해 다 꿰뚫고 있다고 주장하기도 한 것이 얼마나 어리석었는지 절실히 깨달았다네.

 나는 우리가 무엇을 예찬하든지 진실을 말해야 하며, 진실을 기초로

---

38) 고르기아스(Gorgias)는 유명한 소피스트요, 변론가이다.

39) ≪오뒷세이아≫에는, 오뒷세우스가 하데스에 들렀다가 떠나려 할 즈음 페르세포네(Persephonē)가 고르고(Gorgō)를 보내 자기를 돌로 변하게 하지 않을까 무서워하여 창백해진다는 이야기가 있다. 고르고는 두 발이 뱀으로 되어 있어서 그 머리를 보는 자는 화석이 된다는 괴물이다. '고르기아스'와 '고르고'의 변화형이 발음이 비슷하여 이 둘을 연결시키고 있는 것이다.

더 나아가 가장 아름다운 일을 골라내어 그것들을 가장 멋지게 배열하면 된다고 생각했으니 정말 어리석었지. 그리고 진실을 알고 있다고 믿기 때문에, 아주 훌륭한 연설을 하겠다고 단단히 벼르고 있었지. 하지만 사실은 그렇지 못할 것 같네. 아름답게 찬미한다는 것은 그런 것이 아니라 무엇을 찬미하든 그것에다가 가장 위대하고 가장 아름다운 찬사를 모조리 갖다 붙이는 것인 듯싶네. 정말이건 거짓말이건 상관하지 않고, 있는 소리 없는 소리 다 말이야. 그래서 우리가 처음에 내세운 과제는 우리들 각자가 정말 에로스를 찬미하는 것이 아니라, 찬미하는 체하는 것이었다고 생각되는군 그래. 이런 이유로 나는 이렇게 생각하네 — 자네들은 끌어댈 수 있는 온갖 찬사를 에로스에 갖다 붙이면서, 에로스는 이러이러한 성질을 가진 존재이며 또 저러한 모든 좋은 것의 원인이라고 말한다고. 그리하여 그를 가장 아름답고 가장 훌륭한 신인 것처럼 보이게 하고 있는 거야. 그러나 이것은 물론 무지한 사람들에게나 통할 일이지, 식자에게는 통할 리가 없네. 물론 자네들은 아름답고 장엄한 예찬 연설을 했네. 그러나 나는 이렇게 예찬할 줄을 모르면서 내 차례가 오면 나도 찬미하겠다고 말한 거야. 그러므로 약속한 것은 내 혀지 마음이 아닐세. 그래서 그 말과는 이제 작별하려네. 즉 그 말을 취소하겠네. 그런 식으로 찬미하는 연설을 할 생각은 없네. 나에게는 그런 연설을 할 능력도 없어. 하지만 진실을 듣고 싶다면 말해도 좋아. 내 멋대로 진실을 말하라면 구태여 반대하지는 않겠네. 그러나 자네들의 연설과 경쟁해서 웃음거리가 될 생각은 전혀 없네. 어때, 파이드로스, 이런 연설도 괜찮은가? 에로스에 관해서 진실을 말하는 것을 들을 용의가 있는가? 게다가, 이야기해 가면서 생각나는 대로 말과 어귀를 써 가면서 해도 말이야.'

파이드로스와 그 밖의 다른 사람들은 가장 좋다고 생각하는 대로 이야기해 보라고 소크라테스에게 말했지.

"그러면 파이드로스"라고 소크라테스가 말했네. "먼저 아가톤에게 몇 마디 묻게 해주게. 이야기하기 전에 그의 동의를 얻어둘 것이 있으니 말일세."

"좋습니다. 물어 보시지요"라고 파이드로스가 말했네. 이 말을 듣고 소크라테스는 다음과 같이 이야기했네.

"오오 친애하는 아가톤, 연설을 시작할 때에 자네가 먼저 에로스가 어떤 것인지 밝히고 그 다음에 에로스가 하는 여러 가지 일을 논하겠다고 말한 것은 아주 잘 한 일이었다고 생각하네. 그렇게 연설을 시작한 것은 매우 훌륭하다고 보네. 그런데 이제 에로스에 관해서 이런 것을 좀 생각해 보세. 에로스가 무엇인지에 대해서는 아주 훌륭하게 설명했으니까 거기 대해서는 그만하기로 하고, 이런 것을 좀 생각해 보잔 말일세. 즉 에로스는 어떤 것에 대한 사랑인지? 그렇지 않으면 대상 없는 사랑인지? 내가 묻고자 하는 것은 그가 어머니에 대한 사랑인가 아버지에 대한 사랑인가 하는 따위가 아닐세. 에로스가 어머니에 대한 사랑인가 아버지에 대한 사랑인가 하는 것은 어리석은 질문이니 말이야. 내가 묻고자 하는 것은 가령 아버지라는 말을 두고 이렇게 묻는 것과 같은 것일세. 즉 아버지는 어떤 사람의 아버지인가, 그렇지 않으면 아무의 아버지도 아닌가라고 말이야. 만일 옳은 대답을 하고자 한다면, 아버지는 아들이나 딸의 아버지라고 자네가 대답할 것으로 짐작되는군. 어떤가, 그렇지 않은가?'

"바로 그렇습니다"라고 아가톤이 대답했네.

"어머니에 대해서도 마찬가지인가?" 여기 대해서도 동의하였네.

"또 하나 묻겠는데"라고 소크라테스가 말했네. "한두 가지만 더 대답해 주게. 그러면 말하고자 하는 것을 좀더 잘 이해할 수 있을 줄 아네. 다음과 같이 물으면 어떻게 대답하지? [본질적 의미에서 형제는 어떤 사람의 형제인가, 혹은 어떤 사람의 형제도 아닌가?]" 그렇다고 아가톤이 대답했네.

"즉 어떤 형제나 자매의 그것이란 말이지?" 여기 대해서도 동의했네.

"자 그러면, 에로스에 관해서는 어떤지 말해 주게. 에로스도 어떤 것에 대한 사랑인지, 그렇지 않으면 아무것으로도 향하지 않는 사랑인지?"

"물론 어떤 것에 대한 사랑이지요."

"자 그러면" 하고 소크라테스가 말했네. "사랑의 대상이 무엇인가에 대해서 자네가 말한 것[40]을 잘 기억해 주게. 그리고 지금은 에로스가 그 사랑의 대상을 욕구하는가, 그렇지 않은가만을 말해 주게."

"그야 물론, 에로스는 그 사랑의 대상을 욕구하지요."

"그가 이 대상을 욕구하고 사랑하는 것은 그가 이것을 소유하고 있을 때인가 그렇지 않으면 소유하고 있지 않을 때인가?"

"소유하고 있지 않을 때가 십중팔구지요."

"십중팔구가 아니라 반드시 그런 것이 아닐까?"라고 소크라테스가 말했네. "즉 욕구하는 자가 자기에게 없는 것을 욕구하는 것은 필연이 아닐까? 또 결여하고 있지 않는 것을 구태여 욕구하지 않는 것은 필연이 아닐까? 오오 아가톤, 나 자신은 이것이 아주 필연적인 것이라고 확신하네. 어떻게 생각하나?"

---

40) 아가톤은 그것이 아름다움이라 하였다.

"저도 그렇게 생각합니다."

"좋아. 그러면 큰 사람이 크게 되기를 원하고, 강한 사람이 강하게 되기를 원할까?"

"우리가 지금까지 동의해온 바에 의하면 그럴 수 없지요."

"자기가 가지고 있는 것을 결여하고 있다고는 말할 수 없을 테니 말이지?"

"'그렇지요."

"어떤 사람이 현재 강하면서 강하기를 원하고"라고 소크라테스가 말했네. "걸음이 빠르면서 걸음이 빠르기를 원하고 건강하면서 건강하기를 원한다면, 그는 이미 자기가 가지고 있는 것을 원하고 있는 거라고 생각할 사람이 있을지도 몰라. 이와 비슷한 경우는 얼마든지 있을 테지만, 내가 여기서 이런 말을 하는 것은 우리가 잘못 생각하는 일이 없도록 하기 위해서일세. 오오 아가톤, 자네도 생각해 보면 잘 알 수 있을 텐데, 이 사람들은 원하건 원치 않건, 가지고 있는 모든 것을 지금 현재 가지고 있는 것은 명백하지. 그러고도 그것을 원하는 사람이 어디 있단 말인가? 그러므로 어떤 사람이 말하기를 '나는 건강한데 그래도 건강하기를 원해'라든가 '나는 부유한데 그래도 부유하기를 원해'라든가 '나는 내가 가지고 있는 것을 원해'라든가 한다면, 우리는 이렇게 대답할 걸세. '여보게, 자네는 부와 건강과 힘을 현재 가지고 있는데 앞으로도 그대로 가지고 싶단 말이지? 자네가 그것을 원하건 원하지 않건 지금은 자네가 그것을 가지고 있으니 말이야.' 또 자네가 '나는 내가 가지고 있는 것을 원한다'고 말한다면, '좀 잘 생각해 보게. 그건 자네가 지금 가지고 있는 것을 앞으로도 가지고 싶다는 것을 의미하는 것일 따름이 아닌가?' 그 사람도 이에 동의하지 않을까?"

"동의할 거예요"라고 아가톤이 말했네.

그러자 소크라테스가 말했네. "그러니 자기가 지금 가지고 있는 것이 앞으로도 자기에게 보존될 것을 원한다는 것은 결국 아직은 자기가 가지고 있지 않는 것을 원한다는 것과 같은 이야기가 아닌가?"

"물론이지요."

"그러면 그는, 아니, 다른 어떤 사람이라도 무엇을 욕구한다고 하면, 자기가 현재 누리고 있지 못하는 것이라든가 실제로 가지고 있지 않은 것을 욕구한단 말이지? 즉 자기가 아직 이르지 못한 처지라든가 자기에게 결여되고 있는 것들이 욕구와 사랑의 대상이 아닌가?"

"물론입니다."

"자 그러면" 하고 소크라테스가 말했네. "지금까지 말한 것을 요약해 보세. 에로스는 첫째 어떤 것에 대한 사랑이고 둘째 자기에게 없는 것에 대한 사랑이지?"

"그렇습니다."

"그 다음엔 자네 연설에서 에로스의 대상이 무엇이라고 말했는지 상기해 주게. 원한다면 내가 자네에게 상기시켜 줘도 좋아. 내 생각엔 자네가 대체로 이렇게 말한 줄 아네. 즉 신들은 아름다운 것들에 대한 사랑을 통하여 그들의 질서를 세웠으며, 추한 것에 대한 사랑이란 있을 수 없다고 말이야. 어때, 대체로 이런 말을 하지 않았나?"

"네, 그런 말을 했어요"라고 아가톤이 말했네.

"오오 좋은 친구여, 그건 참 옳은 말이었네"라고 소크라테스는 말했네. "그렇다면 에로스는 아름다움에 대한 사랑이지, 추함에 대한 사랑은 아니지?" 여기 대해서도 동의하였네.

"그런데 사람은 자기에게 결여되고 없는 것을 사랑한다는 데 대해서 우리의 의견이 일치하지 않았나?"

"그랬지요."

"그러면 에로스는 아름다움을 결여하고 있고, 가지고 있지 않는 것이야."

"그럴 수밖에 없겠지요."

"그럼 어떻게 된다? 자네는 아름다움을 결여하고 있고 어느 모로나 아름다움을 가지고 있지 않은 것을 아름답다고 말할 생각인가?"

"그렇지 않습니다."

"그러면 이치가 그런데도 자네는 아직도 에로스가 아름답다고 생각하겠는가?"

그러자 아가톤이 말했네. "오오 소크라테스. 저는 제가 한 이야기가 무슨 이야기인지, 저도 모르는 소리가 아니었나 싶군요."

"아니야, 아가톤, 자네 연설은 정말로 훌륭했어. 그러나 한 가지만 더 사소한 물음에 대답해 주게. 자네는 좋은 것은 또한 아름답기도 하다고 생각하나?"

"그렇게 생각합니다."

"그러면 에로스는 아름다움을 결여하고 있고, 좋은 것은 아름다운 것이니, 에로스는 또한 좋은 것들도 결여하고 있겠군."

"오오 소크라테스, 저는 도저히 선생님 말씀에 반대할 수 없습니다. 선생님 말씀이 옳다고 생각합니다."

"모름지기 진리에 반대힐 수 없느고리고 말헤야지. 오오 친애하는 아가톤. 소크라테스에게 반대하는 것은 어려울 것 없지만 진리에는 반대할 수 없는 거야."

자, 그러면 따지는 건 이쯤 하기로 하고, 내가 전에 만티네이아의 디오티마41)에게서 에로스에 관해 들은 이야기를 해 보겠네. 그 분은 이 문제와 그 밖의 여러 가지 방면에 통달한 분이었지. 아테나이 사람들로 하여금 전염병이 내습하기 전에 희생 제물을 바치게 하여 그 병마의 내습을 10년간이나 늦출 수 있었던 분이야. 나에게 사랑에 관한 것을 가르쳐 준 사람도 그 분일세. 그러면 그 분이 나에게 이야기한 것을 여러분에게 말해주겠네. 나와 아가톤이 동의한 점에서 출발하기로 하지. 힘이 닿는 대로 그 분의 이야기를 충실히 전해 보겠네. 나는 먼저 아가톤이 한 것처럼, 에로스가 어떤 존재이며 어떤 성질을 가지고 있는지 말하고, 그 다음에 그가 행하는 여러 가지 일을 설명해 보기로 해야겠네. 이 일을 함에 있어서 나는 그 외국 부인이 나에게 따지고 묻고 한 대로 하는 것이 가장 쉬운 방법이라고 생각하네. 나도 아가톤이 지금 나에게 한 말과 거의 같은 소리를 그 분에게 했지. 즉 "에로스는 위대한 신이요, 아름다운 것들에 대한 사랑"이라고 말했어. 그리고 그 분은 내가 지금 아가톤을 설득한 것과 같은 말로써, 에로스는 아름답지도 않고, 또 내가 전개한 바와 같은 논의를 따라, 좋은 것도 아니라는 것으로 나를 설득했어. 그래서 나는 이렇게 말했다네. "그럼 어떻게 되는 겁니까. 오오 디오티마? 에로스는 추하고 악하단 말인가요?" 그러자 그 분은 "그런 말씀 마시오, 부끄럽지도 않소? 아름답지 않은 것은 반드시 추하다고 생각합니까?"라고 말하더군.

---

41) 만네티아(Mantineia)의 부인 디오티마(Diotima)는 역사적으로 실재했었는지는 미상이다. 여기서 그녀가 한 것으로 소크라테스가 전하는 말은 플라톤의 사상을 나타낸 것이라 하겠다.

"그렇지요, 저는 그렇게 생각하는데요".

"그럼 지혜롭지 못한 사람은 무지한 사람이겠군요? 지혜와 무지 사이에 중간적인 것이 있다는 것은 미처 깨닫지 못합니까?"

"그게 뭔가요?"

"옳은 의견을 가지고 있으나 그 이유를 대지 못한다면 잘 아는 것이 아니지요. 이유를 모르는 의견을 어떻게 잘 아는 거라고 하겠어요? 또 그렇다고 그건 무지가 아니지요. 실재에 부딪친 것을 어떻게 무지라 하겠어요? 그러니 옳은 의견은 참 지식과 무지의 중간임이 틀림없지요."

"옳은 말씀입니다" 라고 나는 말했어.

"그러니 아름답지 못한 것은 추하고, 좋지 못한 것은 곧 나쁘다고 억지를 부리지 마세요. 에로스의 경우도 그렇습니다. 당신이 이제 인정하는 바와 같이, 그는 선하지도 않고 아름답지도 않지요. 그렇다고 해서 그가 반드시 추하고 악하다고 생각해서는 안 되지요. 오히려 이 두 가지 것들의 중간에 있는 거라고 봐야 할 겁니다"라고 그 분은 말했어.

"아무튼 누구나 그를 위대한 신으로는 인정하고 있어요" 라고 나는 말했네.

"누구나 인정하다니 그건 무식한 사람들 누구나가 인정한단 말인가요, 그렇지 않으면 유식한 사람 누구나가 인정한단 말인가요?"

"아무튼 예외 없이 누구나 그렇단 말입니다."

이렇게 내가 말하니까, 그 분은 웃으면서, "오오 소크라테스, 그가 도대체 신이 아니라고 말하는 사람들한테 어떻게 그가 위대한 신이라고 인정된단 말이에요?"라고 말하더군.

"그게 어떤 사람들입니까?"

"첫째는 당신이고, 둘째는 나 자신이지요."

"어째서 그렇습니까?"

"뻔하지 않아요? 신들은 모두 행복하고 아름답다고 생각하지 않으세요? 그렇지 않으면 신들 중에서 어떤 한 신이라도 행복하지 않고 아름답지 않다고 감히 말할 용의가 있으세요?"

"그럴 생각은 전혀 없습니다."

"그런데 당신은 선하고 아름다운 것들을 소유한 자를 행복하다고 하지 않나요?"

"그야 그렇지요."

"그런데 에로스는 선하고 아름다운 것들을 결여하고 있기 때문에, 그가 결여하고 있는 이것들을 욕구한다는 것을 당신은 인정하지 않았던가요?"

"네, 인정했어요."

"그러면 아름답고 선한 것들을 전혀 가지지 못한 그가 어떻게 신일 수 있단 말인가요?"

"그러고 보니, 결코 신일 수 없을 것 같군요."

"그러니, 보세요. 당신 자신이 에로스가 신임을 부정하는 것이 아닙니까?"

"그러면 도대체 에로스는 뭡니까? 가사적(可死的)인 건가요?"

"천만에."

"그러면 뭡니까?"

"바로 아까 말한 대로지요. 즉 가사적인 것과 불사적인 것의 중간자지요."

"그게 도대체 뭔가요, 오오 디오티마?"

"위대한 다이몬이에요, 오오 소크라테스. 무릇 다이몬적인 것은 모두 신적인 것과 가사적인 것의 중간에 있는 것이니까요."

"그게 어떤 힘을 가지고 있습니까?"

"인간들이 신들에게 전해 달라는 말을, 또 신들이 인간들에게 주는 말을 통역하여 전달하는 거지요. 즉 인간들로부터는 기구(祈求)와 희생 제물을, 또 신들로부터는 명령과 보답을 전달하는 거지요. 그것은 중간에서 이들 사이의 간격을 메우고 만물을 묶어 하나가 되게 하는 겁니다. 그것을 통하여 온갖 점치는 일, 희생과 밀의와 주술을 포함하여 성직자의 모든 기술, 예언과 마술이 행해지는 겁니다. 이것은 신이 인간과 직접 교제하지 않고, 이 다이몬을 통해서만 신들과 인간들의 모든 교통이 — 깨어 있을 때에나 잠들어 있을 때에나 말입니다 — 행해지고 있기 때문이지요. 이런 일에 능통한 사람이야말로 다이몬적인 사람이에요. 그밖에는 어떤 것에 능통한 사람이라도, 즉 세상의 어떤 기술이나 공예에 능통한 사람도, 결국 한갓 장인일 뿐이지요. 이러한 다이몬은 물론 수도 많고 종류도 다양합니다만, 그 중의 하나가 에로스입니다."

"그의 아버지는 누구며 그 어머니는 누굽니까?"

"얘기하자면 길어지겠지만, 이야기해 드리죠. 아프로디테가 출생했을 때 신들이 잔치를 베풀었는데, 그 자리에는 메이티스의 아들 포로스도 있었어요.42) 식사가 끝날 무렵 페니아43)가 구걸하러 와서, 거지들이 으레 그렇듯이 요란스럽게 떠들면서 문가에 서 있었습니다. 포

---

42) 메티스(Mētis)는 '교지(巧知)'를 신격화한 것. 포로스(Poros)는 풍요의 신.
43) Penia. 빈곤의 여신.

로스는 벌써 신주를 많이 마시고—그 당시는 아직 포도주가 없었지요—취하여 아주 고단해서 제우스신의 정원에 들어가 깊이 잠들었습니다. 그러자 페니아는 너무 궁핍했던 끝에 포로스에게서 자식이나 하나 얻으려고 그 곁에 누워 결국 에로스를 잉태한 것입니다. 이렇게 해서 에로스는 아프로디테의 수종자이자 종이 되었습니다. 이 여신의 생일잔치 때에 출생하게 되었고 동시에 그가 본성상 아름다움을 사랑하는 자인 데다가 또 아프로디테가 아름다웠기 때문이었습니다. 에로스는 포로스와 페니아의 아들인 까닭에 그 운수도 이들에게서 얻게 된 것입니다. 첫째로 그는 항상 가난합니다. 그리고 많은 사람들이 생각하는 것처럼 부드럽고 아름답기는커녕 딱딱하고 거칠고 신발도 없고 집도 없지요. 그래서 늘 이부자리도 없이 땅바닥에 누우며, 문간이나 길가 같은 한데서 잡니다. 그 어머니를 닮아 언제나 궁핍한 때문이에요. 그러나 아버지를 닮은 데도 있어서 아름다운 것과 좋은 것을 차지하려고 획책합니다. 또 용감하고 저돌적이고 열렬하고, 힘센 사냥꾼이요, 늘 모략을 꾸미며, 실천면에서 지혜를 찾아 마지않되 여기에 성공도 하며, 온 생애를 통하여 애지자이며, 또 놀라운 마술사, 독약 조제사, 궤변가입니다. 그는 본래 가사자도 아니요 불사자도 아닙니다. 오히려 하루에도 몇 번씩 때로는 풍요롭게 꽃피고 생기가 돋기도 하고, 때로는 죽어가는 듯싶지요. 그러다가는 아버지의 본성을 따라 다시 새로운 힘을 얻기도 합니다. 그러나 풍요한 가운데 얻은 것은 늘 어느 사이에 사라져 버리고 맙니다. 그래서 에로스는 가난하지도 않고 부유하지도 않습니다. 그리고 그는 또한 지혜와 무지의 중간에 있습니다. 그 이치는 이러하지요. 즉 어느 신이나 지혜를 사모하거나 지자가 되고 싶어 하지는 않는 거예요. 그들은 이미 지자니까요. 신들이 아니라도 누구든 이미 지혜 있는 사람 치고 지혜를 사모하고 추구할 사람은 없지요. 그리고 아주 무지한 사람도 지혜를 사랑하지 않고 지자가 되고 싶어 하지도 않습니다. 무지가 탈인 것은 아름답고 선하지도 않으며 총명하지도 못하면서 스스로 만족하고 있는 거지요. 그래 그는 이런 것들을 욕구하지 않습니다. 자기에게 결여되어 있다고 생각되지 않는 것을 추구할 리가 없으니까요."

"그러면 오오 디오티마, 애지자란 도대체 어떤 사람들인가요? 지자도 아니고 무지자도 아니라면 말이에요."

"그건 어린애에게도 분명한 일이에요. 철학자란 지자와 무지자의 중간에 있는 사람들이지요. 그리고 에로스도 그들 가운데 하나에요. 왜냐하면, 지혜란 가장 아름다운 것들 가운데 하나이고, 에로스는 아름다운 것에 대한 사랑이기 때문이죠. 그러므로 에로스는 필연적으로 애지자이고, 또 애지자이니까 지자와 무지자의 중간에 있는 거예요. 그가 이렇게 된 것은 출생 내력 때문입니다. 즉 지혜롭고 부유한 아버지와 보잘것없고 가난하고 무지한 어머니에게서 태어난 때문이에요. 그러니 오오 친애하는 소크라테스, 이것이 이 다이몬의 본성입니다. 당신이 처음에 에로스에 대해서 그렇게 생각했던 것은 당연한 일이지요. 당신이 말한 것에서 미루어 생각건대, 당신은 에로스가 사랑받는 자요, 사랑하는 자는 아니라고 생각했던 것 같아요. 그건 에로스가 당신에게 아주 아름다운 것으로 보였기 때문이라고 생각해요. 사실 사랑받는 자는 으레 아름답고 고상하고 온전하고 복스럽지만, 사랑하는 쪽은 지금까지 내가 이야기한 바와 같은 아주 다른 모습을 하고 있으니까요."

그래 나는 말했네. "좋습니다. 오오 부인, 당신 말씀이 옳습니다. 그런데 에로스가 그러한 성질을 가진 거라면, 그가 인간들에게 무슨 유익이 됩니까?"

그러자 그 분은 이렇게 대답했어. "그게 바로 지금부터 가르쳐 드리려 하는 거예요. 소크라테스, 에로스가 그런 것이고, 그렇게 태어났고, 또 아름다운 것들을 사랑하는 자라 함은 이제 당신도 인정하죠. 그런데 누가 우리더러, '오오 소크라테스와 디오티마, 아름다운 것들을 사랑한다는 것은 도대체 어떤 것인가?'라고 묻는다고 가정해 보세요. 이 물음을 좀더 분명하게 한다면, '아름다운 것들을 사랑하는 자들은 결국 무엇을 사랑하는 겁니까?'라고 할 수 있지요."

여기 대해서 나는, "그것들을 획득하는 것이지요"라고 대답했어.

그러자 그 분이 말하더군. "그러나 그 대답에는 다시 다음과 같은 물음이 제기됩니다. 즉 아름다운 것을 획득하는 자는 결국 무엇을 얻는가?"

나는 이 물음에 대뜸 "뭐라고 대답할 수 없다"고 말했네.

"그러면", 하고 그 분이 말했어. "누가 **아름다운**이라는 말 대신에 **좋은**이라는 말을 써서, '오오 소크라테스, 좋은 것을 사랑하는 사람은 결국 무엇을 사랑하며 구하는 겁니까?'라고 물으면 어떻게 하겠어요?"

"그 좋은 것을 획득하고자 하는 거지요"라고 나는 대답했어.

"그럼 좋은 것을 획득하는 사람은 무엇을 얻게 되는 겁니까?"

"그건 아까 물음보다 쉬운 거로군요. 그 사람은 행복하게 될 거라고 저는 대답할 수 있습니다. 그러니 행복한 사람이 행복한 것은 좋은 것을 얻음으로 말미암는 거지요? 다시 여기서, 행복하게 되기를 원하는 사람은 왜 그렇게 되기를 원하는가 물을 필요는 없지요. 답은 여기서 끝나는 듯싶어요."

"옳은 말씀입니다."

"그러면 당신은 이 욕구와 이 사랑이 모든 사람에게 공통되는 것이며, 또 모든 사람이 언제나 좋은 것을 가지기를 원한다고 생각하나요? 혹은 그렇지 않다고 생각하나요?"

"모든 사람에 공통되는 거라고 생각합니다."

"그러면, 오오 소크라테스, 사실 모든 사람이 같은 것을 사랑하며 언제나 사랑하고 있다면, 왜 모든 사람이 사랑하고 있다고 하지 않고 도리어 어떤 이는 사랑하지만 어떤 이는 그렇지 않다고들 말하는 겁니까?"

"글쎄요, 저도 잘 모르겠는데요."

"모를 것 없어요. 그건 우리가 여러 가지 사랑 가운데 한 가지만을 뽑아내어 그것에다 사랑이라는 전체의 이름을 붙여 놓고 다른 종류의 사랑에는 다른 엉뚱한 이름을 붙이고 있기 때문이지요."

"어떤 것이 그런 건가요?"

"가령 이런 거예요. 창작에는 여러 종류가 있다는 것은 당신도 알죠? 무엇이든지 없던 것이 있는 것으로 옮아갈 때, 언제나 그 원인이 되는 것은 창작이지요. 따라서 모든 기술에서 그 과정은 창작이요, 모든 기술자는 창작자이지요."

"옳은 말씀입니다."

"그런데 그들이 모두 창작자44)라고 불리지는 않고 다른 이름으로 불리고 있지요. 그리고 모든 창작 가운데서 그 일부, 즉 음악과 운율

---

44) 포이에타이(Poiētai) : 좁은 의미에서는 '시인'을 의미한다.

에 관계된 것만을 따로 떼어 내어, 그것에다 전체의 이름을 붙이고 있어요. 즉 이것만이 창작이라고 불리며, 또 이런 방면의 창작에 종사하는 사람만이 창작자라고 불리고 있는 거예요."

"옳은 말씀입니다."

"사랑에 있어서도 마찬가지입니다. 일반적 의미에서는, 좋은 것과 행복에 대한 온갖 욕구가 모두 사랑이지요. 즉 **강대하고 간교한 에로스**인 것이에요. 그런데 다른 어떤 길을 통해서, 가령 축제나 운동 경기나 철학 같은 방면에서 거기로 향하는 사람들은 사랑하고 있다든가 사랑하는 자라고는 하지 않죠. 여러 가지 사랑 중의 한 가지를 추구하고 그것에 열렬한 사람들만이 사랑이라는 명칭을 온통 독차지하고 사랑하고 있다느니 사랑하는 자이니 하고 불리는 거예요."

"그 말씀이 옳다고 생각합니다."

"또 이런 말을 하는 사람도 있더군요. 즉 사랑하고 있는 사람들은 자신의 다른 반쪽을 찾고 있는 거라고 말이에요. 그러나 나는 그런 소릴 하지 않습니다. 사랑은 자신의 반쪽을 찾는 것도 아니고, 전체를 찾는 것도 아니에요. 다만 반쪽이니 전체니 하는 것이 동시에 어떤 좋은 것이면 또 모르겠습니다만. 사실 인간은 자신의 손이나 발도 자진해서 잘라 버립니다. 그것이 해롭다고 생각되면 말이에요. 자기 것이라고 해서 덮어놓고 좋아하는 사람은 한 사람도 없다고 생각해요. 자신의 것은 좋은 것이고, 남의 것은 나쁜 것이라는 사람이 있으면 또 말이 달라지겠지만 말이에요. 사실, 좋은 것 이외에 사람들이 사랑하는 것이란 아무것도 없습니다. 이렇게 생각되지 않습니까?"

"네, 그렇게 생각됩니다."

"그러면 이렇게 간단히 말할 수 있겠죠? 인간은 좋은 것을 사랑한다고."

"그럴 수 있을 거예요."

"그러면 어떨까요? 거기다 한 마디 더 붙여서, 좋은 것을 가지기를 사랑한다고 할 수는 없을까요?"

"좋습니다."

"그저 가지기만 하지 않고 영원히 가지기를 원한다고 하면 어떨까요?"

"그것 역시 첨가해도 좋습니다."

"그럼 지금까지 말한 것을 총괄해서 말한다면, 사랑이란 좋은 것을 영원히 자기 것으로 가지기를 원하는 것이로군요."

"다시 없이 옳은 말씀입니다."

"사랑이 언제나 이런 것이라면, 사람들이 그것을 추구하는 방법은 어떤 건가요? 어떠한 행동으로 그들은 강렬한 열정을 표현하여 사랑이라고 불릴 정도까지 되게 하는 겁니까? 도대체 그들이 하는 일은 뭡니까? 대답할 수 있으세요?"

"대답할 수 없어요, 디오티마. 대답할 수 있었다면, 당신의 지혜에 경탄하여 바로 이 문제에 대해 가르침을 받으려고 당신을 찾아올 리가 없었겠지요?"

"좋아요, 가르쳐 드리죠. 그것은 곧 육체적으로나 정신적으로 아름다운 것 속에서 출산하는 것입니다."

"무슨 말씀이신지, 점이라도 쳐야 알아듣겠군요. 저로서는 이해할 수가 없군요."

"그럼 좀 더 분명하게 말씀해 드리지요. 오오 소크라테스. 모든 사람은 육체적으로나 정신적으로 임신하고 있는 것이에요. 그리고 때가 이르면 우리는 본성적으로 자식을 바라죠. 그러나 추한 것 속에서 자식을 낳을 수는 없고 오직 아름다운 것 속에서만 자식을 낳을 수 있는 것이죠. 사실 남자와 여자의 결합이라는 것도 결국 자식을 낳는 것이죠. 그리고 임신과 출산은 신적인 일이요, 가사적인 것 속에서는 될 수 없는 일이에요. 그런데 추한 것은 모든 신적인 것과 조화를 이루지 못하지만, 아름다운 것은 조화를 이루고 있죠. 그러므로 출산에 있어서는 칼로네가 모이라이며, 에일레이튀이아입니다.45) 그러므로 임신할 능력이 있는 자가 아름다운 자에게로 가까이 가면, 다정해지고 기쁨에 넘쳐 이윽고 임신하고 출산합니다. 그러나 추한 자에게 가까이 가는 경우에는 우울해지고 불쾌해져, 오그라들고 뒷걸음치며 물러가 괴로워하면서 임신하기를 거부하고 출산하지 않습니다. 이런 까닭에 임신한 자가 만삭이 되면 아름다운 것으로 인하여 몹시 흥분하여 황홀해지는 것입니다. 그리고 아름다운 것을 가진 자는 해산의 고통도 아랑곳하지 않습니다. 오오 소크라테스, 사랑이라는 것은 당신이 생각하듯 그저 아름다운 것으로만 향하는 것은 아니기 때문입니다."

"그럼 뭔가요?"

"그것은 아름다운 것 속에서 태어나고 자식을 낳기 위해 있는 겁니다."

"정말 그렇군요."

"그렇구말구요. 그러면 왜 출산을 하려는 겁니까? 출산은 가사자에게는 영생하고 불사하는 어떤 것이기 때문이죠. 우리는 모름지기 불사를 선한 것과 함께 욕구해야 합니다. 우리가 지금까지 합의한 대로

---

45) 칼로네(Kallonē)는 '미'를 신격화한 여신이고, 모이라(Moira)는 '운명'의 여신이며, 에일레이튀아(Eileithuia)는 '조산(助産)'의 여신이다.

사랑이란 나 자신에게 좋은 것을 영원히 소유하려는 것이라면 말이에요. 위에서 말한 것에서 필연적으로 나오는 결론은 사랑도 불사를 위해서 있는 거라는 것이에요."

 이 모든 것을 그 분은 여러 기회에 사랑에 관해서 이야기할 때마다 나에게 가르쳐 주었네. 한 번은 그 분이 이렇게 묻더군. "오오 소크라테스. 무엇이 이 사랑과 욕구의 원인이라고 생각합니까? 어떤 동물을 막론하고, 생식하고 싶어 할 때에는 굉장히 흥분한 상태에 빠진다는 것은 잘 아시죠? 이 점에서는 새들이나 다른 짐승들이나 다를 바 없지요. 그들은 모두 병적으로 애욕에 사로잡혀 처음에는 교미하려 하고, 그 다음엔 어떻게 하면 새끼들을 위하여 먹을 것을 얻을까 염려하는 것입니다. 그리고 새끼들을 위해서는 가장 약한 자도 가장 강한 자를 상대로 달려들며, 죽을 각오가 되어 있고, 또 새끼들을 먹여 살리기 위해서라면 굶주림을 참고 견디며, 또 그밖에 어떤 일이든지 하려 합니다. 인간의 경우, 이성적으로 생각하면서 이런 모든 일을 하게 된다고 생각하는 사람이 있을지도 모르겠어요. 그러나 짐승의 경우에는 어떻다고 할 것입니까? 그들이 애욕에 사로잡히게 되는 원인은 뭡니까? 말하실 수 있어요?"

 나는 이때에도 "모른다"고 대답했어. 그러니까 그 분이 하는 말이, "그것도 모르고서 어떻게 사랑의 문제에 대가가 되려고 합니까?"라고 하더군.

 "그러니까 오오 디오티마, 아까도 말한 바와 같이 당신에게 찾아온 것 아닙니까? 저는 스승이 있어야 한다는 것을 알았어요. 제발 그 원인이 뭔지, 또 그밖에 사랑에 관한 모든 것의 원인이 뭔지 가르쳐 주십시오."

"사랑이 그 본성에 있어서, 우리가 여러 번 합의한 바 있는 것[46]에 대한 사랑이라는 것을 믿고 있다면, 별로 어려울 게 없어요. 인간의 경우와 마찬가지로 동물의 경우에도 가사적인 것의 본성은 항상 힘닿는 데까지 죽지 않고 영원히 살기를 원하는 것이니까요. 그런데 이것은 출산에 의해서만 가능한 것입니다. 출산이란 낡고 늙은 것 대신 새롭고 젊은 것을 남겨 두고 가는 것이니까요.

이것은 마치 생명체 하나하나가 자기동일성을 가지고 살아가는 것과 같습니다. 예를 들면, 한 사람을 두고 볼 때, 그는 어렸을 때부터 늙게 될 때까지 동일한 것들을 가지고 있는 것은 아니에요. 그런데도 그는 동일한 사람으로 여겨집니다. 그는 부단히 새로워지고 있는 겁니다. 물론 그는 자신의 여러 부분, 가령 머리털이나 살이나 뼈나 또 온 신체를 잃어가고 있는 거지요. 사실은 육체뿐만 아니라 영혼도 기질이나 견해나 욕구나 쾌락이나 비애나 공포 어느 하나 그대로 있는 것은 없습니다. 그중 어떤 것은 없어지고 다른 것이 새로 생겨나는 겁니다. 이보다 더 신기한 것은 이런 일이 지식에도 생긴다는 것입니다. 즉 어떤 지식은 사라지고 어떤 다른 지식이 생겨남으로써, 우리는 지식에서도 언제나 동일하지 않을 뿐더러, 또한 그 지식 하나하나를 두고 보더라도 같은 일이 생기고 있는 거예요. 그래서 학습이라는 것도 지식이 도망쳐 버린다는 것을 전제하고 있는 겁니다. 학습이란 도망쳐 버리는 것 대신 새로운 지식을 집어넣어 우리의 지식이 전과 다름없는 것인 양 보이게 하는 거지요.

이와 같이 하여 모든 가사적인 것이 보존됩니다. 그러나 그것은 신적인 것처럼 언제나 그냥 그대로 자기동일성을 유지함으로써가 아니

---

[46] 즉 불사적인 것.

라, 늙어서 사라져 버리는 자가 자기 뒤에 과거의 자기와 같은 어떤 새로운 것을 남기고 가는 것입니다. 이런 식으로 오오 소크라테스, 가사자는 불사에 참여하는 겁니다. 그 육체에서나 또 그 밖의 다른 모든 면에서 말이에요. 물론 불사자에게는 다른 길이 있겠지요. 그러므로 만물이 본성상 자신의 소생을 소중히 여기는 것은 조금도 이상한 일이 아닙니다. 불사야말로 그 모든 열정과 사랑이 추구하는 것이니까요."

 나는 이 말을 듣고 경탄해 마지않았다네. 그래서 이렇게 말했지. "오오, 다시 없이 지혜로운 디오티마여, 정말로 그렇습니까?"

 그랬더니 그 분은 마치 완전히 소피스트같은 말투로 다음과 같이 대답하더군, "분명히 그렇습니다. 오오 소크라테스, 다른 건 고사하고 사람들의 명예심만이라도 잠깐 생각해 보세요. 내가 지금까지 당신에게 얘기한 것을 기억하지 않는다면 아마 당신은 그들의 무모함에 놀랄 것입니다. 그들이 유명해지기 위하여, **그리하여 불후의 명성을 영구히 쌓아 올리기 위하여** 얼마나 지독한 상태에 있으며, 또 이를 위하여 자식들을 위하는 경우보다도 더 온갖 위험을 무릅쓸 각오가 되어 있으며, 또 얼마든지 돈을 쓰고 고난을 견디며 심지어는 죽기까지도 하려 하는지 똑똑히 보세요. 알케스티스가 아드메토스를 위해서 죽은 것이나, 아킬레우스가 파트로클로스를 뒤따라 죽은 것이나, 또 코드로스47)가 왕위를 확보하기 위해 죽은 것이, 우리가 지금도 간직하고 있는 그들의 **덕이 불후의 기억**에 남으리라고 생각하지 않았는데도 있을 수 있었다고 생각하세요? 어림도 없는 일입니다. 나는 그와 같은 불멸의 공훈과 또한 영광스러운 명성 때문에 모든 사람이

---

47) 코드로스(Kodros) : 아테나이의 전설적인 왕. 도리스 족이 침입했을 때 아들들의 왕위를 확보하기 위하여 자신의 목숨을 바쳤다.

무슨 일이든지 하고, 또 우수한 사람일수록 더욱 그러하다고 생각합니다. 불사적인 것이야말로 그들이 사랑하는 것이니까요. 그러므로 육체적으로 생식력을 가진 사람들은 여자에게로 향하여 애욕을 불태워 자식을 낳고, 이로써 불사의 추억과 행복을 **영원무궁 자기 자신에게 확보하리라** 생각하는 것입니다. 그러나 정신적으로 생식력이 있는 사람들도 없지 않습니다. 즉 육체보다는 오히려 정신적으로 더 잉태하기를 잘 하는 사람들이 있는 거예요. 그러면 정신이 잉태하고 출산하기에 합당한 것은 무엇입니까? 무엇이 정신에 어울리는 겁니까? 예지와 온갖 덕이에요―모든 창조적 시인들과 독창적이라는 평을 듣는 미술가와 공예가들이 이 부류에 속합니다. 그러나 가장 위대하고 아름다운 예지는 나라와 가정의 질서를 바로잡는 일에 관계된 것으로서 우리가 절제와 정의라 부르는 것입니다―그리고 자신 속에 신적인 성격이 있고 어렸을 때부터 그 영혼이 이런 덕을 잉태하고 있는 사람도 장성하면 자식을 낳고 출산하기를 원하는 겁니다. 그리하여 자식을 낳아 줄 수 있는 아름다운 것을 찾아 헤매는 것입니다. 그는 추한 것 속에서는 절대로 자식을 낳으려 하지 않으니까요. 생식력이 왕성한 그는 추한 육체보다는 아름다운 육체를 환영하며, 또 아름답고 고상하고 잘 자란 영혼을 만나게 되는 날이면 그 육체와 영혼을 한 가지로 반가이 맞이하고, 또 이와 같은 사람에 대해서는 덕에 관해서, 훌륭한 사람이 어떠해야 하며 어떻게 행해야 한다는 것에 관해서 터놓고 이야기하여 그를 교육해 보려 하는 거예요. 나는 아름다운 사람을 가까이하여 함께 지냄으로써 그가 오랫동안 잉태해 오던 것을 출산하게 되는 거라고 생각해요. 그 사람이 곁에 있거나 없거나, 그는 그 사람을 기억하고, 그 사람과 더불어 그 소생을 양육하며, 그 결과 두 사람은 육체의 자식이 있는 경우보다 훨씬 더 밀접하게 사귀고 더 굳은 우정을 유지하는 것입니다. 이건 그들이 육체의 자식보다도 더 아름답고 더 불사적인 자식을 공유하고 있기 때문이지요. 누구나 육체의 자식보다 오히려 이러한 자식들을 낳는 것을 더 좋아할 겁니다. 그리고 호메로스나 헤시오도스나 그 밖의 훌륭한 시인들을 바라보고는 오히려 이들처럼 훌륭한 소생을 낳고 싶어 할 겁니다. 이 시인들 자신도 불멸의 명성을 지녀 후세에 길이 기억되지만, 또한 이에 못지않은 불멸의 명성과 기억을 그 부모에게 돌린 자식을 남기는 것입니다. 또 생각이 있으시거든 뤼쿠르고스48)가 어떠한 자식들을 라케다이몬에 남겼는지 생각해 보셔도 좋습니다. 그는 라케다이몬, 아니, 온 헬라스의 구세주를 남기고 갔다 해도 과언이 아닐 겁니다. 또한 당신 나라에서는 솔론이 그 법률을 낳음으로써 존경받게 된 겁니다. 이 밖에도 여러 나라와 여러 시대에, 또 헬라스 사람으로서나 외국 사람으로서 훌륭한 업적을 이룩하고 온갖 덕을 낳은 사람이 많습니다. 그들의 이름으로 많은 전당이 세워졌지요. 이들이 그와 같은 훌륭한 자식들을 두었기 때문입니다. 그러나 육체의 자식들로 인하여 이렇게 존경을 받은 사람은 여지껏 아무도 없었습니다.

 오오 소크라테스, 이상이 사랑의 비의(秘儀) 가운데 몇 가지인데, 아마 여기까지는 당신도 참여할 수 있을 겁니다. 그러나 당신이 여기서 다시 올바른 길을 따라가야만 올라갈 수 있는 궁극, 최고의 비의에 도달할 수 있을지는 잘 모르겠군요. 그러나 힘닿는 데까지 가르쳐 드리지요. 쉬운 일은 아닐 테지만.

 그러니 잘 들어 주세요. 올바른 길로 나아가는 자는 반드시 이 일을

---

48) 뤼쿠르고스(Lukourgos) : 라케다이몬, 즉 스파르타의 유명한 입법자.

어려서부터 시작해야 하고, 또 아름다운 육체에 접근해야 합니다. 맨 처음에는 그의 지도자가 바르게 지도한다면, 한 육체를 사랑하며 거기서 아름다운 언설(言說)을 낳아야 합니다. 그 다음에는 한 육체의 아름다움이 다른 육체의 아름다움과 비슷하다는 것과, 또 아름다움을 본질에 있어서 추구하면 모든 육체의 아름다움이 결국 동일한 한 가지 것임을 믿지 않는 것은 매우 어리석다는 것에 유의해야 합니다. 이것을 깨닫게 되면, 모든 아름다운 육체를 사랑하는 자가 되어, 한 육체에 대해서 가볍게 생각하여 그것이 지극히 작은 것이라고 믿음으로써 그 한 육체에 대한 강렬한 정욕에서 해방되지 않으면 안 됩니다. 그 다음에는 정신의 아름다움이 육체의 아름다움보다 더 소중하다는 것을 믿지 않으면 안 됩니다. 그리하여 누구든지 정신이 아름다운 사람이 있으면 설사 그 용모가 그다지 환하지 못할지라도 만족하여 살아야 하고 보살펴 주며, 그리하여 자식을 낳고 또 그 젊은이들을 훌륭하게 해 줄만한 이야깃거리를 찾아 이야기해 주어야 합니다.

이와 같이 하면 그는 더욱 우리의 여러 제도와 법률 속에서도 아름다움을 찾게 되고, 또 모든 아름다움이 결국 하나의 동일한 줄로 서로 결부되어 있음을 이해하게 되고, 따라서 육체의 아름다움이란 보잘것없는 것임을 잘 알 수 있을 겁니다. 그 다음에 그는 제도나 법률 같은 것으로부터 지식으로 나아가, 여러 가지 다른 종류의 지식 속에 있는 아름다움을 보아야 합니다. 그리고 이제부터는 아름다움을 하나의 전체로서 바라보고, 다시는 노예처럼 한 가지에 얽매여 한 소년이나 한 인간이나 혹은 어떤 한 가지 일에만 만족하여 구차해지고 속이 좁아져서는 안 됩니다. 오히려 그는 아름다움의 큰 바다로 나아가 그 바다를 바라보며 풍부한 애지심에서 아름답고 숭고한 많은 연설과 사상을 낳아 이런 가운데서 마침내 힘을 얻고 성장하여 하나의 지식, 즉 이제 내가 말하려는 바와 같은 아름다움에 관한 지식을 터득하여야 합니다. 될수록 주의해서 들어주세요.

 아름다운 것들을 올바른 순서로 바라보면서 여기까지 사랑의 길을 인도되어 온 사람은 이제 그 궁극 목표를 향하여 나아가게 되는데, 갑자기 그는 놀라운 본성을 가진 하나의 아름다움을 바라보게 될 것입니다. 그것은 오오 소크라테스, 아름다움 자체입니다. 그것 때문에 지금까지의 모든 고난을 참고 견디어 온 바로 그 아름다움입니다. 첫째로, 그것은 영구한 것이지, 생멸하거나 증감하는 것이 아닙니다. 둘째로, 그것은 어떤 데서는 아름답고 어떤 데서는 추한 것이 아니며, 때로는 아름답고 때로는 추한 것도 아니며, 또 어떤 방향에서 보면 아름답고 다른 방향에서 보면 추한 것도 아니며. 또 어떤 사람에게는 아름답고 어떤 사람에게는 추한 것도 아닙니다. 또 이 아름다움은 얼굴이나 손이나 그 밖의 신체적인 것으로 나타나는 것도 아니며, 또 변론이나 학식으로 나타나는 것도 아니며, 또 생물이나 지상이나 천상이나 그 밖의 어떤 것 속에 있는 것도 아닙니다. 오히려 그것은 독립 자존하면서 영원히 독특한 모습을 띠고 있는 것입니다. 한편, 다른 모든 아름다운 것들은 이 아름다움에 참여하는데, 그 참여의 방식은 이러합니다. 즉 이 모든 아름다운 것들은 생성하고 소멸하지만 저 아름다움은 늘지도 않고 줄지도 않으며 아무 변화도 없이 항상 그대로입니다. 그러므로 누구든지 올바른 소년애를 통하여 이 여러 아름다운 것들로부터 저 아름다움으로 올라가 그것을 바라보기 시작하면 마침내 그 궁극의 목표에 도달하게 되는 것입니다. 그리고 자신의 힘으로나 남의 인도를 받아 사랑의 오묘한 진리로 나아가는 올바른 길은 다음과 같습니다—즉 이 세상의 개개의 아름다운 것들로부터 출발하여 저 아름다움을 향하여 위로 올라가되, 마치 사다리를 올라가듯 하나의 아름다운 육체로부터 두 개의 아름다운 육체로, 또 둘에서 모든 아름다운 육체로 나아가고, 아름다운 육체들로부터 아름다운 일과 활동으로 나아가고, 활동에서 아름다운 학문으로 나아가고, 그리고 마지막으로 저 아름다움 자체만을 아는 완전한 학문으로 나아가, 마침내 아름다움의 완성체를 알게 될 수 있는 것입니다. 인생은 여기 이르러 그리고 여기에서만, "오오 소크라테스"라고 만티네이아의 부인은 말했네. "아름다움 자체를 바라봄으로써만 살 가치가 있는 것입니다. 만일 당신이 이 아름다움을 한 번 보게 되면, 황금이나 화려한 의복이나 아름다운 소년이나 청년 따위와 같은 것으로 여겨지지는 않을 것입니다. 이런 것들의 아름다움을 보면 당신은 곧 황홀해지고 말거예요.

많은 사람들은 사랑하는 이를 바라보고 함께 있으면 먹지도 않고 마시지도 않고 그저 쳐다보고 함께 있으려고만 하지만, 이런 것들의 아름다움을 보면 당신은 금방 황홀해질 거예요. 그러므로 만일 우리 가운데 누가 저 아름다움 자체를 조금도 흐림 없이 순수하게, 다른 것의 혼합 없이, 인간의 살과 여러 가지 빛깔과 그 밖의 여러 가지 썩을 것에 더럽혀지지 않은 채 볼 수 있다면, 더욱이 이 둘도 없이 특유한 모습을 지닌 이 신적인 아름다움을 바라볼 수 있다면, 우리는 이것을 어떻게 생각해야겠습니까? 그것을 바라보며 그 아름다움을 관조하고 묵상하며 그것과 함께 사는 것이 시시한 것이라고 생각하세요? 그 아름다움은 오직 마음의 눈으로만 볼 수 있는 것인데, 마음의 눈을 가진 사람은 그 아름다움을 관조하며 그것과 함께 있을 때에만 덕의 그림자가 아니라 참 덕을 출산할 수 있다고 생각하지 않으세요? 그는 결코 그림자 따위를 포착하는 사람이 아니라, 진실을 포착하는 사람이니까 말이에요. 그리고 진정한 덕을 출산하고 그것을 길러내게 되면, 그는 신의 사랑을 받는 자가 되며, 또 인간에게 불사라는 게 있을 수 있다면, 그 사람이야말로 불사하게 되지 않겠어요?"

 이것이, 오오 파이드로스, 그리고 여러분, 디오티마가 한 말일세. 나는 그 말이 아주 옳다고 믿네. 이렇게 믿으므로 나는 또한 다른 사람들에게도, 이런 보물을 얻는 데 있어 에로스보다 인간의 본성을 더 잘 도와주는 것은 쉽사리 찾을 수 없다는 것을 납득시키려고 노력하는 거야. 그래서 나는 누구나 에로스를 귀하게 여겨야 한다고 주장하고, 또 나 자신 사랑에 관한 일을 귀중하게 여겨 그 방면에 특히 힘쓰고 남에게도 권장하고 있다네. 그리고 지금도 그렇지만 또 언제나 내 힘이 미치는 데까지 에로스의 위력과 용기를 찬미할 걸세. 이만큼 말하는 것으로 괜찮다면 오오 파이드로스, 이것으로 에로스에 대한 나의 찬사를 삼을까 하네. 과연 이것이 찬사라고 할 만한 것인지는 모르겠지만 말이야.

 소크라테스가 말을 마치자 박수갈채가 일어났는데, 아리스토파네스만은 무슨 말을 하려고 했네. 소크라테스가 그의 연설을 두고 넌지시 한 말이 있었기 때문이야. 그러나 그때 마침 문을 두드리는 소리와 술주정꾼들이 떠드는 소리가 들려왔고, 또 피리 부는 여자의 피리소리도 들려왔다네. 그러자 아가톤이 사환아이들에게 "애들아, 어떻게 된 건지 좀 나가 보고 오너라. 혹 우리 친구거든 들어오시라 하고, 그렇지 않거든 우리는 지금 술을 마시지 않고 자려는 참이라고 말해라"라고 이르더군.

얼마 있으니까 알키비아데스의 소리가 마당에서 들려왔다네. 몹시 취해 가지고 큰 소리를 지르며, 아가톤이 어디 있느냐고 하면서 아가톤 있는 데로 데려가 달라고 하더군. 그래서 그의 패거리들과 함께 그를 부축하고 있던 피리 부는 여자가 그를 잔치 자리로 인도해 왔어. 그는 담쟁이와 오랑캐꽃으로 엮은 두툼한 화환을 머리에 쓰고, 또 아주 많은 리본을 머리에 달고 문지방에 서서 "여러분, 안녕하십니까? 몹시 취한 이 사람을 잔치에 한몫 끼워 주시지 않겠어요? 그렇지 않으면, 우리가 온 목적은 아가톤에게 화관을 씌워주려는 것이니까 그저 그렇게만 하고 돌아갈까요? 사실은 어제는 참석할 수가 없어서 오늘 이렇게 머리에 리본을 달고 온 거예요. 리본들을 떼어서 가장 명민하고 가장 아름다운 사람의 머리에 달아주려고 말이에요. 과연 그는 가장 명민하고 가장 아름다운 사람이라고 할 수 있지요. 내가 취했다고 웃으시려는 겁니까? 웃어도 좋습니다. 그러나 내 말은 옳은 말이에요. 나는 그걸 알고 있습니다. 자, 똑똑히 말해 주십시오. 지금 말한 조건으로 들어가도 괜찮은지 그렇지 않은지. 나하고 같이 마시렵니까, 안 마시렵니까?"라고 말했네.

좌중의 사람들은 모두 박수갈채를 보내고 들어와서 자리에 앉으라고 했고, 아가톤은 정식으로 초대한다는 말을 했다네. 그러자 그는 같이 온 사람들의 부축을 받으며 들어와서는 리본을 떼어 아가톤의 머리에 달아 주려고 했네. 그런데 그는 리본이 자기 눈앞에 달려있어서 앞이 잘 안 보인 탓에 소크라테스와 아가톤 사이에 앉았네. 소크라테스가 자리를 비켜 줘서 말이야. 그는 자리에 앉아서 아가톤을 껴

안고 화관을 씌워 줬다네.

그러나 아가톤은, "애들아, 알키비아데스의 신발을 벗겨 드려라. 그리고 우리 자리에 셋이 눕게 해라"라고 말했네.

"좋아, 그런데 여기서 같이 술 마시겠다는 세 번째 사람은 누구야"라고 알키비아데스가 말했네. 동시에 그는 뒤를 돌아보고 소크라테스가 있는 것을 알았지. 소크라테스를 보자마자 그는 펄쩍 뛰면서 소리를 지르더군, "오오, 헤라클레스,49) 이거 어떻게 된 겁니까? 소크라테스가 여기 계시다니! 선생님은 언제나 선생님이 계시리라고 꿈에도 생각 못한 곳에 불쑥 나타나곤 하시더니 여기서도 저를 노려 기다리고 계셨군요! 도대체 여기는 뭣 하러 오신 겁니까? 또 아리스토파네스나 우스갯소리 잘 하는 사람이나 잘난 체 하는 사람 곁에 자리 잡지 않고, 어쩌면 이 가운데서 가장 아름다운 사람 곁에 자리를 잡고 계신 겁니까?"

그러자 소크라테스는, "오오, 아가톤, 나 좀 도와주게. 아무래도 이 사람의 사랑이 단순치 않게 됐나 보이. 내가 이 사람과 사랑하게 된 후로, 나는 단 한 사람이라도 아름다운 사람을 쳐다보아서도 안 되고 아름다운 사람과 이야기해서도 안 되었다네. 그렇게 하는 날이면 이 질투심 강하고 시기심 많은 인간이 나에게 몹시 화를 내고 욕지거리를 퍼부으며 손까지 대려 한단 말이야. 그러니 지금 그런 짓을 못하게 좀 말려 주고, 또 우리 사이를 화해시켜 주게. 그리고 만일 그가 폭력을 쓰면 나를 좀 지켜 주게. 정말 이 사람의 광기와 열정은 딱 질색이야"라고 말했다네.

알키비아데스가 말했지, "아니오, 선생님과 저 사이엔 화해가 있을

---

49) 위급한 때를 당하여 힘센 장수의 이름을 불러 도움을 청한 것이다.

수 없어요! 지금 말씀하신 것에 대해서는 언젠가 나중에 복수하겠어요. 그러나 지금은 아가톤, 그 리본 오라기 몇 개만 주게. 이 분의 놀라운 머리를 장식하게 말이야. 여기 이렇게! 이렇게 하면 나하고 다툴 수 없을 거야. 또 자네 머리만 장식해 주고, 온 세상을 언변으로 때려눕히는 사람, 그것도 자네처럼 하루만 때려눕히는 게 아니라 항상 때려눕히는 사람의 머리를 장식해 주지 않았다고 말하지는 않을 테지"라고 했네. 이렇게 말하면서 그는 리본 몇 오라기를 떼어 소크라테스에게 감고는 자리에 기대었네.

이렇게 자리를 잡고 나서 하는 말이, "여러분, 여러분은 취하지 않으셨지요. 그럴 것 없습니다. 여러분은 마셔야 해요. 모두들 다 마시기로 처음에 약속했으니 말이에요. 그러면 여러분이 아주 취하게 될 때까지 내가 이 술 자리의 좌장이 되겠소. 자 아가톤, 이 집에 있는 가장 큰 잔을 가져오라고 하게! 아니야, 그 정도로는 안 되지. 애들아, 저 대접을 가져오너라"라고 하더군. 그 그릇이 보통 잔 여덟 개 이상은 들어가리라고 본 때문이야. 그는 먼저 그 그릇에 술을 철철 넘치도록 부어 혼자 다 들이키고 나서 사환아이더러 소크라테스에게 부어 드리라고 이르고는 이렇게 말했네. "여러분, 소크라테스에게는 내가 아무리 술책을 부려도 소용없어요. 권하면 권하는 대로 마시고도 절대로 취하는 법이 없으니까요."

그러자 소크라테스는 사환아이가 부어드린 술을 마셨다네. 그러자 에뤼크시마코스가 말했지 "그런데 오오 알키비아데스, 도대체 우리는 어떻게 하란 말인가? 우리는 잔을 들고 아무 말도 하지 말고, 노래도 부르지 말고, 그저 목마른 자처럼 들이키기만 하란 말인가?"

알키비아데스가 대답했지. "오오 에뤼크시마코스, 가장 훌륭하고 가장 절제심이 강한 아버지의 가장 훌륭한 아들이여, 재미가 어떤가?"
라고 하더군.
 "자네는 어떤가?"라고 에뤼크시마코스가 말했네. "그런데 우리는 어떻게 하라는 거지?"
 "뭣이든 자네 좋은 대로 하자구. 우린 그저 자네 말만 따라야 하니까.

 의사 한 사람이 문외한 백 명보다 나으니라.

 어떻게 하면 좋겠는지 명령만 하게."
 이 말을 듣고 에뤼크시마코스가 말했네. "그럼 말하지. 자네가 들어오기 전에 우리는 왼편에서 바른편으로 돌아가면서 각자 자기가 할 수 있는 가장 훌륭한 연설로 에로스를 찬미하기로 했었네. 그래서 모두 연설을 했다네. 그런데 자네는 아직 하지 않았고, 또 실컷 마셨으니, 이젠 자네 차례일세. 자네 이야기가 끝나면 자네가 원하는 제목으로 소크라테스에게 이야기를 시키게. 그 다음엔 그가 또 그 바른편 옆에 있는 사람에게 시키고 해서 쭈욱 돌이기면서 나머지 사람이 다 이야기를 하기로 하세."
 "좋아, 오오 에뤼크시마코스"라고 알키비아데스가 말했네. "그렇지만 이것 봐, 에뤼크시마코스, 취한 사람에게 연설을 하게 하고 정신이 말똥말똥한 사람의 연설과 비교한다면 불공평해! 그리고 이 순진한 사람아, 자넨 방금 소크라테스가 한 말이 소금이라도 징말이라고 생각하나? 사실은 그가 말한 것과 정반대라는 걸 모르나? 만일 내가 말이야, 그 분이 계신 데서 신이건 사람이건 그 분 이외의 누구를 찬양하기만 하면 날 가만 두지 않으실 거야."

"쓸데없는 소리 그만하게"라고 소크라테스가 말했네.

"포세이돈을 두고 맹세합니다마는" 하고 알키비아데스가 말했네. "아무리 아니라 해도 소용없습니다. 선생님 앞에서는 다른 어떤 사람도 절대 칭찬하지 않을 테니까요."

"좋도록 하게"라고 에뤼크시마코스가 말했네. "원하거든, 소크라테스를 찬양해 보게."

"뭐라구?"라고 알키비아데스가 말하더군. "하필 왜 내가 해야 해, 에뤼크시마코스? 내가 이 분에게 달려들어 자네들 앞에서 복수라도 하란 말인가?"

"여보게"라고 소크라테스가 말했어. "자네 도대체 무엇을 어떻게 하려는 건가? 나를 칭찬해서 웃음거리라도 만들려는 건가? 그렇지 않으면 무슨 다른 짓을 하려는 건가?"

"나는 진실을 말하렵니다! 어떻습니까? 말해 볼까요?"

"진실이라면 내 편에서 오히려 말해 달라고 청하겠네."

"그럼 즉석에서 해보겠습니다!"라고 알키비아데스가 말했네. "그리고 선생님은 이렇게 해 주셨으면 좋겠습니다. 만일 제가 진실이 아닌 말을 한 마디라도 하거든, 도중에 제 말을 막으시고 거짓말을 하고 있다고 말씀해 주세요. 거짓말을 할 수 있다고 하더라도 할 생각은 전혀 없으니까요. 그러나 제가 과거의 일을 머리에 떠오르는 대로 좀 뒤죽박죽 이야기하더라도 놀라지 마세요. 지금과 같은 상태에 있는 저로서는 선생님의 그 모든 괴벽을 질서 정연하게 늘어놓는다는 건 그렇게 쉬운 일이 아니니까요."

그러면 여러분, 소크라테스를 찬양하는 연설을 하겠습니다. 비유를 써가면서 말하려 합니다마는, 혹시 이 분은 그게 다만 농담에 지나지 않는다고 생각할지도 모르겠어요. 그러나 내 비유는 진실을 위한 것이지, 결코 농담을 위한 것이 아닙니다. 우선 내 주장은 이렇습니다. 즉 그는 조각가의 작업실에 쭉 앉아 있는 저 실레노스50)의 흉상과 흡사합니다. 조각가들은 그 흉상들을 만들 때, 목양신(牧羊神)의 피리나 클라리넷을 손에 들고 있게 하고 또 그 한복판을 뒤로 열어젖히면 그 안에 신들의 상이 드러나 보이게 하고 있지요. 그리고 그 다음에 내 주장은 이렇습니다. 즉 이 분은 사튀로스의 하나인 마르쉬아스51)를 닮았습니다. 어쨌든 소크라테스, 선생님의 얼굴은 이런 것들을 닮았어요. 그렇지 않다고는 말씀하실 수 없을 겁니다! 그 밖의 다른 모든 점에서 선생님은 그들을 닮았습니다마는, 또 어떤지 아세요? 선생님은 장난이 심해요. 안 그렇습니까? 만일 선생님이 이것을 인정하지 않는다면 증인을 여럿 댈 수 있어요. 또 선생님은 피리꾼이 아닙니까? 그렇구 말구요, 저 마르쉬아스보다도 더 놀라운 피리꾼이죠! 그는 입의 힘으로 사람들의 간장을 녹이곤 했습니다마는 거기엔 악기가 있었던 거죠. 그의 곡을 피리로 부는 이는 누구나 다 그렇게 사람의 간장을 녹입니다. 올륌포스52)가 분 곡들도 그의 스승인 마르쉬아스에게 배운 것이니까요. 사실 그가 지은 곡들은 능숙한 피리꾼이 불건 서투른 피리 부는 여자가 불건, 다른 것들이 지니지 못한 힘을

---

50) 실레노스(Silenos) : 디오뉘소스, 즉 박코스를 따라다니는 늙은이, 쾌활하고, 늘 취해 있다. 또 귀, 꼬리, 발톱은 말 모양을 하고 있다.

51) 사튀로스(Saturos) : 박코스의 종자들. 뿔, 꼬리, 귀, 발톱 등 산양의 몸을 가진 숲의 신. 마르쉬아스(Marsuas)는 그 중의 하나이다.

52) 올륌포스(Olumpos) : 피리의 명인. 프뤼기아 사람.

지니고 있어요. 그 곡들만이 우리를 황홀하게 하고, 신들과 그 신비를 갈망하는 자가 누구인지 분명히 드러내어 줍니다. 그 곡들은 그야말로 신적인 것이니 말이에요. 그와 다른 오직 한 가지는 선생님은 그와 똑같은 일을 악기 없이 순전히 언변으로만 하신다는 겁니다. 다른 어떤 사람이 다른 여러 가지 연설을 할 때에는, 아무리 훌륭한 웅변가라 할지라도, 적어도 우리는 아무도 그걸 신통하게 여기지 않습니다. 그러나 선생님의 말씀을 직접 듣거나 다른 사람을 통해서 전해 들을 때에는, 그 사람이 말을 아주 잘 못하는 사람일지라도, 또 듣는 사람이 부녀자이건 성인 남자이건 어린애이건, 우리는 그만 압도되고 정신이 사로잡히게 됩니다. 여러분, 내가 만일 아주 취한 것이 아니라 생각하신다면, 이 분 말이 나에게 어떤 느낌을 불러일으켰으며 또 지금도 일으키고 있는가에 대해서, 여러분 앞에서 엄숙하게 맹세하고 있는 그대로 말씀드리렵니다. 이 분의 말을 들을 때 내 심장은 미친 듯 춤추는 코뤼바스들53)의 심장보다 더 격렬하게 뛰고, 눈에서 눈물이 마구 쏟아져 내립니다. 그리고 나 이외에도 무수히 많은 사람들이 이와 똑같은 상태에 빠지는 것을 보았습니다. 페리클레스나 그 밖의 뛰어난 웅변가들의 연설을 들었을 때, 나는 그들이 훌륭한 연설가라고는 생각했지만, 지금 말한 바와 같이 느낀 적은 한 번도 없었고 또 마음이 뒤흔들리거나 노예가 된 것처럼 초조해진 적도 없었습니다. 그런데 여기 있는 이 마르쉬아스는 번번이 나를 그런 상태에 빠지게 했으므로 나는 지금의 내 생활이 살 만한 가치가 없다고 생각했습니다. 오오 소크라테스, 설마 이것이 참말이 아니라고는 하시지 않겠지요! 그리고 지금 이 순간도, 만일 내가 귀를 막지 않고 이 분의 말을

---

53) 코뤼바스(Korubas) : 복수는 Korubantes. 프뤼기아의 '대지의 여신' 퀴벨레의 사제이다.

듣는다면, 어쩔 수 없이 그와 똑같은 상태에 빠지리라는 것을 잘 알고 있어요. 이 분은 내가 아주 태만하여 나 자신의 여러 가지 결함은 돌보지 않고 아테나이의 국사 때문에 동분서주하고 있다는 것을 인정하지 않을 수 없게 하니 말이에요. 그래서 나는 마치 세이렌들54)로부터 도망치는 듯이 일부러 내 귀를 막고 이 분으로부터 멀찌감치 달음박질쳐 도망치는 겁니다. 만일 이렇게 하지 않는다면, 나는 이 분 곁을 떠나지 못하고 늙어 죽을 때까지 따라다니게 될 테니 말이에요. 나는 이 분에 대해서 아무도 내가 그러리라고 생각하지 못한 느낌, 즉 남 앞에서 부끄러워하는 느낌을 가지고 있습니다. 사실 나는 다른 어떤 사람 앞에서도 부끄러워 할 줄 모르지만, 이 분 앞에서만은 부끄러움을 느낍니다. 나는 이 분에게 반대할 수 없으며 또 이 분이 이르는 대로 행하는 것이 내 의무가 아니라고 말할 수 없다는 것을 양심 속에서 잘 알고 있어요. 하지만 그를 떠나면, 대중의 박수갈채가 나를 사로잡아 그를 저버리게 합니다. 그래서 나는 꽁무니를 빼고 이 분을 피하는 겁니다. 그리고 그 후에 다시 보게 되면, 그에게 고백했던 것을 부끄럽게 여기는 거예요. 아주 자주 나는 이 분이 인간 세상에서 없어졌으면 좋겠다고 생각합니다. 그러나 그런 일이 있게 되는 날엔, 더욱 슬퍼지리라는 것도 잘 알고 있어요. 그래서 나는 이 분을 어떻게 다루어야 할지 전혀 알 수가 없어요.

 이 사튀로스의 피리 소리는 나 이외에도 많은 사람을 나와 똑같은 상태에 빠지게 했습니다. 그러나 이제 그런 이야기는 그만하고 내 비유가 얼마나 이 분에게 들어맞는지, 그리고 이 분의 힘이 얼마나 놀라운지 밝히기 위해서 다른 이야기를 좀 하기로 하지요. 나는 여러분

---

54) 세이렌(Seirēn) : 이탈리아의 남해 연안에 사는 신화적 자매. 근처를 지나는 항해자들을 노래로 매혹했다고 전하는 요녀.

가운데 단 한 사람도 이 분을 이해하지 못한다고 단언합니다. 그러나 이왕 이야기를 시작했으니, 한 번 그 정체를 폭로해 보기로 하겠어요. 물론 여러분도 아시다시피, 소크라테스는 아름다움을 사랑하는 눈을 가지고 있으며, 늘 아름다운 사람들에게 흥미를 가지고 정신이 팔려, 다른 모든 것은 알지도 못하며 또 알려고도 하지 않습니다. 이게 바로 그의 자세지요. 이것이 바로 실레노스와 같은 점 아니겠어요? 말할 나위도 없겠지요. 그러나 그건 마치 저 조각된 실레노스의 외각처럼, 그가 걸친 옷에 지나지 않습니다. 그걸 열어젖히면 그 속에 무엇이 있는지, 여러분, 짐작이 가세요? 사려지요. 사실 이 분은 아름다움이나 부나 또 그 밖의 세상 사람들이 아주 대단하게 여기는 것에는 조금도 관심이 없습니다. 아니 아무도 믿을 수 없을 만큼, 그것들을 몹시 경멸합니다. 그는 이 모든 것이 가치가 없고, 또 우리가 아무것도 아니라고 생각하고 있습니다. 나는 이것이 사실이라 단언합니다. 무지를 가장하고서 친구들을 우롱하는 것, 이것이 이 분이 평생 하고 다니신 일이에요. 그러나 일단 이 분이 진심으로 돌아가 속내를 열어 내보일 때, 그 속에 있는 여러 모습을 본 사람이 있는지 자못 의심스럽습니다. 그러나 나는 언젠가 한 번 그것들을 보았습니다. 그리고 나는 그것들이 매우 신령스럽고 황금처럼 빛나는 아름답고 놀라운 것이라고 생각했지요. 그래서 소크라테스가 명령하는 것이면 무엇이든지 선뜻 해야 된다고 생각할 정도였어요. 나는 이 분이 진심으로 내 청춘의 꽃다운 아름다움에 반했다고 생각했고, 또 나로서는 신이 보내준 선물과 놀라운 행운을 찾았다고 생각했습니다. 따라서 이 분의 뜻을 순종하기만 하면 이 분이 알고 있는 모든 것을 들을 기회가 있을 것이라고 생각했던 것입니다. 그만큼 나는 나 자신의 아름다움에 자신이 있었습니다. 이렇게 되기 전에는 하인을 거느리지 않고 혼자서 그를 방문한 적은 한 번도 없습니다만, 이렇게 생각한 후로는 하인을 돌려보내고 언제나 혼자서 만났습니다. 나는 모두 있는 그대로 진실을 말씀드리는 겁니다. 소크라테스, 자세히 듣고 혹 제가 거짓말을 하거든 지적해 주십시오. 여러분, 이렇게 나는 이 분을 방문하여 단 둘이 있곤 하였습니다. 그리고 단 둘이 있으면 마치 사랑하는 자가 자신의 사랑하는 소년에게 하듯이 이 분이 함께 이야기해 주리라 생각하고 혼자 좋아했어요. 하지만 그런 일은 전혀 일어나지 않았습니다. 이 분은 그저 다른 때와 다름없이 이야기하면서 하루를 지내다가는 그냥 돌아가곤 했어요. 그 후 나는 이 분에게 함께 운동 경기를 하자고 유인했지요. 그리고 이렇게 하면 무얼 좀 얻을 수 있으리라 기대하고서 실제로 경기도 해봤어요. 사실 아무도 보지 않는 데서 그와 나는 체조도 했고, 또 자주 씨름도 했어요. 말할 필요도 없지요. 나는 그렇게 하고서도 아무것도 얻은 것이 없었습니다.

 이 모든 것이 아무 효과도 없었기 때문에, 나는 더 강렬한 방법을 강구하여 한 번 공격해 봐야겠다고 마음먹었어요. 또 일단 착수한 일을 단념하지 않고 끝까지 추궁하여 이 분의 정체를 알아보기로 결심했습니다. 그래서 나는 이 분을 만찬에 초대했습니다. 사랑하는 자가 그 사랑하는 소년을 초대할 때와 똑같은 의도에서였지요. 오랫동안 이 분은 청에 응하지 않았지만, 마침내 제가 설복하고 말았습니다. 처음으로 이 분이 왔을 때에는 식사만 마치고서 가려고 했습니다. 그때 나는 창피한 생각이 들었어요. 그래 그냥 가시게 했죠. 그러나 나는 다시 이 계교를 썼습니다. 그리고 식사가 끝난 후, 밤늦게까지 이야기를 계속했고, 그가 돌아가려 할 때 밤이 이미 깊었다는 핑계로 억지로 머무르게 했어요. 그래서 이 분은 식사한 자리에서 나하고 함께 누워 쉬었지요. 그 방에서 자는 사람이라고는 우리 두 사람 밖에 없었지요. 여기까지 말씀드린 이야기는 누구에게나 할 수 있어요. 그러나 이제부터 이야기하는 것은 여러분께서 지금까지 들으신 적이 한 번도 없을 겁니다. 지금 여기서 들으시는 것이 처음일 텐데, 이건 첫째로, 아이들은 어떻든 속담에 '술은 정직하다' 하고,55) 둘째로, 소크라테스를 찬미하기 시작하고서 그의 고매한 행적을 숨기는 것은 옳지 못하다고 생각하기 때문이에요. 더욱이, 나는 독사에 물린 것과 같은 고통을 맛보았어요. 세상에서는 이렇게들 말합니다. "뱀에 물려 본 일이 있는 사람 외는 그런 고통이 어떤 것인지를 말하고 싶어 하지 않는다"고 말이에요. 이런 사람들만이 고통을 못 이겨서 한 일이나 말을 이해해 주고 또 너그럽게 대해 주기 때문이래요. 그런데 나는 그보다도 더 아프게 무는 독사에게 물렸습니다. 그것도 제일 아픈 곳을 물렸지요. 즉 심장을, 아니 마음을 물렸어요. 명칭은 어떻든 상관없습니다. 무엇에 물렸느냐면, 그의 지혜를 사랑하는 그의 말에 물린 겁니다. 이 놈은 젊고 재질 있는 마음을 한 번 움켜잡는 날이면 독사보다도 더 지독하게 물고 늘어져 그 마음으로 하여금 무엇이든지 행하며 말하게 하는 거예요. 보아 하니 지금 여기에는 파이드로스, 아가톤, 에뤼크시마코스, 파우사니아스, 아리스토데모스 그리고 아리스토파네스 같은 분들이 있는데—소크라테스는 말할 것도 없고 말이에요—여러분은 모두 철학(愛知)하는 광기와 열정에 참여하고 있지요. 여러분 외에도 얼마나 많은 사람이 그런지 모릅니다. 그러니 여러분은 모두 내 말을 들어야지요. 여러분은 그 때 내가 한 것과 지

---

55) 속담에는 '술과 아이들은 정직하다'로 되어 있다.

금 내가 말하고 있는 것에 대해서 가혹하게 대하시지 않을 테니까. 그러나 너희들 종들과 그 밖의 너절하고 교양 없는 인간들은 귀를 꽉 막고 있으렸다!

그런데 여러분, 등불이 꺼지고 종들이 물러갔을 때, 나는 체면 불구하고 내가 느낀 것을 솔직히 말해야겠다고 생각했어요. 그래서 이 분을 흔들며, "주무세요, 소크라테스?"라고 말했지요.

"아니"라고 이 분은 대답하시더군요.

"지금 제가 무엇을 생각하고 있는지 아세요?"

"글쎄, 뭔데?"

"저는 선생님이, 지금까지 제가 가졌던 사랑하는 자 가운데 오직 한 분 저에게 합당한 사랑하는 자라고 생각해요. 그런데 지금 선생님은 저에게 한 마디 말씀도 하시려 하지 않는군요. 제가 어떻게 느끼고 있는지 좀 들어 보세요. 저는 지금 이와 같이 하는 일에 있어서나 또 그 밖에 혹 선생님이 저의 모든 재산, 저의 모든 친구를 요구하는 어떠한 일에 있어서나 선생님의 마음을 흡족케 해 드리지 않는 것은 어리석은 일이라고 생각하고 있어요. 저 자신으로서는, 높은 덕을 얻는 것보다 더 귀중한 일이란 없으며, 또 선생님보다 더 잘 도와주실 사람은 없다고 생각하고 있습니다. 그러므로 저는 선생님 같은 분의 뜻을 따르는 경우 어리석은 대중 앞에서는 부끄러워하지만, 현명한 사람들 앞에서는 그 뜻을 따르지 않는 경우 훨씬 더 부끄러워하지 않을 수 없어요."

이 말을 듣더니 이 분은 아주 이 분답게, 늘 하시던 버릇대로 조롱기 섞인 어조로 이렇게 말하더군요. "오오 친애하는 알키비아데스, 흥정 솜씨가 정말 보통이 아니군, 자네가 나에 관해서 말하는 것이 정말이고, 또 내 속에 자네를 좀더 훌륭하게 할 수 있는 어떤 힘이 정말 있다면 말이야. 자네는 내 속에 자네 자신의 미모보다도 훨씬 더 굉장한 무슨 형언할 수 없는 아름다움이 있다고 생각하는 모양일세그려. 그래서 자네가 그걸 나에게서 찾아내어, 나하고 거래하여 아름다움과 아름다움을 교환하려 한다면, 자네는 나에게서 더 많은 이득을 보려는 것이요, 가짜를 주고 진짜 아름다움을 받으려는 것이지. 아닌 게 아니라 **청동**을 **황금**으로 바꾸려는 걸세. 그러나 여보게, 좀더 잘 찾아보게. 그러면 내가 아무것도 아님을 알 걸세. 육안이 둔해지면 심안의 시력이 예리해지기 시작하는 법인데, 자넨 아직 거기까지 이르기는 멀었네.”

이 말을 듣고 나는 이렇게 말했지요. “제가 말씀드리고 싶었던 것을 그대로 말씀드렸어요. 그러니 선생님을 위해서나 저를 위해서 어떻게 하면 제일 좋겠는지 좀 생각해 주세요.”

“좋은 말이야”라고 이 분은 말했어요. “그럼 나중에 이 문제나 또 다른 여러 가지 문제에 대해서 우리 두 사람에게 제일 좋다고 여겨지는 것을 생각도 해보고 실행도 해보기로 하세.”

이런 말을 주고받으니, 마치 내가 쏜 화살이 이 분에게 상처를 입힌 듯 여겨졌습니다. 그래서 나는 일어나 이 분이 더 말할 새도 없이, 내 외투를 이 분에게 덮고, 이 분의 다 떨어진 외투 속으로 기어 들어갔지요— 때는 겨울이었으니까요. 그리고는 내 두 팔로 이 분, 이 정말 놀라운 괴물을 감고 그대로 하룻밤을 지냈습니다. 오오 소크라테스, 설마 이것이 거짓말이라고는 하시지 않을 테지요! 내가 이 모든 일을 했습니다마는, 이 분은 나보다도 훨씬 더 도도하여, 아주 나를 무시하고 내 꽃다운 아름다움을 비웃고, 또 스스로 잘났다고 생각한 나를 모욕했습니다. 오오 여러분 심판관들이여—사실 여러분은 소크라테스의 오만에 판결을 내릴 심판관이에요—나는 신들과 여신들께 맹세코 다음과 같이 확언합니다. 나는 그날 밤을 소크라테스와 함께 잤습니다마는, 아침에 일어나보니 아버지나 형과 함께 잔 것과 조금도 다름이 없었습니다.

 그 일이 있을 후 내가 어떻게 느꼈는지 아십니까? 나는 창피를 당했다고 생각했습니다마는, 그러면서도 이 분의 사람됨과 그 자제력과 용기에 대해 찬탄해 마지않았던 것입니다. 나는 이 세상에서 만나 볼 수 있으리라 기대조차 안 했던 지혜와 극기의 사람을 정말로 만난 것입니다. 그래서 나는 이 분과 다툴 수도 없었고 사귀기를 그만둘 수도 없었으며, 또 이 분의 마음을 나에게 붙들어둘 길도 전혀 찾지 못했습니다. 왜냐하면 나는 아이아스가 창검에 까딱하지 않았던 것56) 이상으로 이 분이 돈에 까딱도 하지 않는다는 것을 잘 알고 있었고, 또 내가 이 분을 사로잡을 수 있으리라 생각한 유일한 수단을 썼는데도 이 분은 나에게서 빠져 나갔기 때문입니다. 그래서 나는 어찌할 바를 모르고 그저 허전하게 헤매며 걸어 다녔습니다. 그렇게도 속속들이 노예가 되다시피 남에게 마음을 바친 일이 아마 지금까지 한 번도 없었을 거예요. 이 모든 일은 우리가 포테이다이아로 원정가기 전에 일어난 일입니다. 이 전쟁에 우리는 함께 출정하여 또 한 솥 밥을 먹었습니다. 그런데 거기서 첫째로, 여러 가지 고생을 참고 견디는데 나는 물론이지만 아무도 이 분을 당하는 자가 없었어요. 전쟁터에서 흔히 있는 일입니다마는, 어떤 곳에서 포위되어 식량 없이 지내지 않으면 안 되었을 때 아무도 이 분만큼 잘 참는 사람이 없었어요. 그

---

56) 아이아스(Aias) : 헬라스의 트로이아 원정군의 용장.

러다가도 음식이 많고 재미있게 지낼 만한 때에는 이 분만이 그걸 참으로 즐길 수 있는 사람이었어요. 특별히 말씀드릴 것은, 이 분이 술을 좋아하지 않았으나, 권하면 아무도 당할 수 없을 정도로 잘 마신 일입니다. 그리고 무엇보다도 놀라운 일은, 이 세상에서 아무도 소크라테스가 술에 취한 것을 보지 못한 일이지요. 그건 이제 곧 증명이 되리라 생각합니다. 그 다음에, 그곳 겨울은 끔찍이 추웠는데, 추운 겨울을 견디어내는 데도 이 분은 여러 가지로 놀라웠습니다. 예를 하나 들어 보지요. 어느 날 추위가 너무 지독하여, 아무도 문 밖으로 나가려 하지 않았고, 혹 나가는 사람이 있더라도 굉장히 두툼하게 껴입고 담요와 양피로 다리와 발을 감싸고서야 나갔죠, 이 분은 그 추운 날씨에도 늘 입고 다니던 외투만 걸치고 맨발로 얼음 위를, 남들이 신발을 신고 걷는 것보다도 더 수월하게 걸어갔어요. 병사들은 이 분이 자기들을 멸시하는 것이라 생각하여 노여운 눈초리로 노려보았습니다. 여기 대해서는 이 만큼만 이야기하기로 하지요. 그러나 그 전쟁 때에,

이 용사가 어떤 일을 했고 어떤 일을 견디었는지[57]

는 들을 만한 가치가 있는 이야기입니다. 언젠가 이른 아침에 이 분은 깊은 생각에 잠겨 있었어요. 이 분은 한 자리에서 그냥 서서 생각하고 있었죠. 해결이 되지 않았는지 그 자리를 뜨지 않고 계속해서 생각하시더군요. 정오가 되었을 때에도 그 자리에 있었기 때문에, 병사들도 그것을 알고 이상히 여기며, 소크라테스가 새벽부터 줄곧 무

---

57) ≪오뒷세이아≫ 제6가(歌) 242.

엇인가 생각하면서 서 있다고들 말하였죠. 마침내 저녁이 되자, 이오니아 출신 병사 몇 명이 식사를 마치고―때는 여름이었으므로―이불을 밖으로 가지고 나와 한데서 자기로 했습니다. 이 분이 밤새 서 있는지 가끔 쳐다보려고 해서였지요. 이 분은 새벽이 찾아들고 또 해가 떠오를 때까지 서 있었어요. 그리고는 해를 향하여 기도를 드린 후 어디론가 가 버렸습니다. 또 원하신다면 전투 중에 일어난 일도 말씀드리지요―이렇게 하는 것이 이 분에게 진 빚을 갚는 길이 될 테니까요―장군들이 내 용기를 찬양하여 표창한 저 전쟁에서 나를 구조해 주는 사람이 한 사람도 없었을 때, 오직 이 분만이 내 목숨을 구해 주셨습니다. 상처를 입은 나를 이 분은 버리고 가지 않았고, 오히려 내 무기와 나를 구해 주었습니다. 그 때 사실은 내가, 오오 소크라테스, 선생님을 표창하라고 장군들에게 간청했어요. 제가 잘못했다고는 생각하시지 않겠지요. 또 내가 거짓말을 하고 있다고도 말씀하시지 않을 줄 압니다. 그러나 사실은 그랬지요―즉 장군들이 제 신분을 보고 저에게 상을 주려고 했을 때, 선생님은 그 장군들보다도 더 열심히 상은 내가 받아야 하고 선생님이 받을 것이 아니라고 주장했지요. 또 여러분, 우리 부대가 델리온에서 패전하여 후퇴하고 있을 때의 소크라테스의 모습은 참 장관이었어요. 나는 그 때 말을 타고 있었고 이 분은 걷고 있었어요. 이 분과 라케스58)는 패주하는 군대 속에서 함께 후퇴하고 있었어요. 나는 뜻밖에 이 분들을 발견하여, 기운을 내라고 격려했고 또 이 분들을 버리고 가지는 않겠다고 말했습니다. 그때 나는 정말 포테이다이아에서 소크라테스를 더 잘 관찰할 수 있었어요.―내가 말을 타고 있었기 때문에 공포심이 덜했던

---

58) 라케스(Lachēs) : 아테나이의 무장. B.C. 418년, 만티네이아 전투에서 전사했다.

때문입니다— 첫째로 나는 어떻게 이 분이 라케스보다도 더 태연한가 보았습니다. 다음으로는 오오 아리스토파네스, 자네 말을 인용하자면, **오연한 걸음걸이로 눈을 굴리면서** 여기서 걷는 모습 그대로 걸어갔습니다. 그리고 조용히 우군과 적군을 둘러보았으며, 또 누가 그에게 손을 대기라도 하면 누구에게나 뚜렷이 나타나게 하고 있었습니다. 그래서 이 분과 그 전우는 둘 다 무사히 후퇴했습니다. 전투에서는 이러한 사람들은 건드리지 않고, 오히려 급히 도망치는 사람들을 뒤쫓는 것이 보통이니까요.

소크라테스를 찬양하려면 그 밖에도 많은 것을, 그것도 놀라운 여러 가지를 말할 수 있습니다. 이 분의 여러 가지 습관은 아마 다른 사람들과 별로 다를 것이 없다고 할 수 있을 겁니다. 그러나 이 분은 이 세상 다른 어떤 사람과도 닮은 데가 없다는 것, 옛 사람이나 지금 사람이나를 막론하고 이 분과 비슷한 사람이 없다는 것, 이것이야말로 가장 놀라운 일이지요. 가령, 아킬레우스와 비슷한 사람으로는 브라시다스와 그 밖의 몇몇 사람을 들 수 있고, 페리클레스와 비슷한 사람으로는 네스토오르나 안테노르, 그 밖에도 많은 사람을 들 수 있습니다.[59] 이런 비교는 얼마든지 할 수 있어요. 그러나 이 분은 그 사람됨이나 이야기하는 것이 하도 괴이하여, 요새 사람이나 옛 사람을 막론하고 아무도 그 근처에도 갈 수 없습니다. 도대체 이 분은 어떤 사람과도 비교할 수 없고 다만 실레노스와 사튀로스들하고나 비교할 수 있어요. 그 사람됨이나 그 이야기하는 것이 말이에요. 그래서 내

---

[59] 브라시다스(Brasidas) : 스파르타의 훌륭한 무장이자 정치가. B.C. 422년 암피폴리스에서 전사했다. 네스토오르(Nestor) : 트로이아 전쟁 때의 현명한 원로 장군으로서 헬라스 군에게 좋은 조언을 했다. 안테노르(Antēnor) : 사려 깊고 웅변에 뛰어난 트로이아의 무장.

가 이런 것들에 비겨본 것입니다.

 아닌 게 아니라, 내가 처음에 빠뜨린 것인데, 그가 이야기하는 품도 저 열려 있는 실레노스와 무척 닮은 데가 있습니다. 소크라테스의 이야기에 귀를 기울이고 있으면, 처음엔 아주 엉뚱한 말만 한다고 여겨질 겁니다. 사튀로스의 제멋대로의 털가죽 비슷한 낱말들과 어귀가 그 이야기의 바깥을 감싸고 있지요. 이 분이 늘 이야기하는 것은 짐 싣는 당나귀와 대장장이와 화공과 무두장이에 관한 거지요. 이 분은 늘 똑같은 말로 똑같은 소리를 하는 것 같으므로 무지하고 어리석은 사람은 누구나 그 이야기를 우습게 여겼던 것입니다. 그러나 그것이 열려 젖혀지고 그 속에 들어가 보면 먼저 세상의 말들 중에 그 말들만이 의미 있는 유일한 것임을 발견하게 되고, 그 다음으로는 그것들이 더할 나위 없이 신적인 말로서 덕의 가장 갸륵한 형상들을 많이 내포하고 있으며, 또 고상하고 선하게 되려는 사람에게 유익이 되는 무척 많은 것, 아니 모든 것에 미치고 있음을 발견하게 될 것입니다.

 여러분, 이것이 소크라테스를 예찬하는 나의 변입니다. 이 분이 나를 어떻게 모욕했는가를 말씀드리는 가운데 이 분을 비난하는 말도 했습니다. 이 분이 그렇게 대우한 사람은 나만이 아닙니다. 이 분은 똑같은 일을 글라우콘의 아들 카르미데스60)와 디오클레스의 아들 에우튀데모, 그리고 그밖에도 아주 많은 사람들에게 한 것입니다. 이들을 이 분은 사랑하는 자로서 속이고, 그리고는 이들로 하여금 오히려 자기를 소년으로 대우하게 한 것입니다. 그래서 이 분에게 속지 말라는 것이 오오 아가톤, 자네에게 주는 경고일세. 우리의 경험에서 배우는 바가 있어, 저 속담에 나오는 바보처럼 자신의 경험으로만 배워

---

60) 카르미데스(Charmidēs) : 30인 혁명 위원의 한 사람. 플라톤의 외삼촌.

아는 자가 되지 않도록 하게."

 알키비아데스가 말을 마치자, 그의 솔직한 말에 폭소가 터져 나왔다네. 그가 아직도 소크라테스를 사랑하고 있는 듯싶었기에 말이야. 이때 소크라테스가 말했네. "오오 알키비아데스, 자네는 취한 것 같지 않군 그래. 취했다면 그렇게 빙빙 돌려서 말쑥한 말을 꾸며내어 자네가 한 그 모든 말의 참 목적을 은폐하고 맨 마지막에 슬쩍 꺼내지는 않았을 터이니 말일세. 자네의 진정한 목적은 나와 아가톤을 이간한 것이지. 자네는 내가 자네의 사랑하는 자가 되고 아무도 다른 사람을 사랑해서는 안 되며, 또 아가톤은 자네의 사랑만 받고 다른 어떤 사람에게도 사랑을 받아서는 안 된다고 생각하는 거지. 하지만 나는 자네 속을 다 들여도 보았네. 자네의 그 사튀로스와 실레노스를 출연시킨 연극은 마각을 드러냈단 말이야. 자 친애하는 아가톤, 저 친구가 그것으로 무슨 이득을 보지 못하도록 하게. 그리고 아무도 자네와 나를 이간하지 못하도록 조심해야겠네."

 그러나 아가톤이 말했네. "정말 오오 소크라테스, 옳은 말씀입니다. 그가 우리 두 사람 사이에 자리를 잡은 것도 지금 보니 우리 두 사람을 이간하려 한 것이로군요. 그래 봤자 아무 소득도 없을 거예요. 저는 선생님의 저 편에 가서 자리 잡기로 하겠어요."

 "좋아" 라고 소크라테스가 말했네. "그렇게 하게. 나의 이 쪽에 자리 잡게."

 "오오 제우스신이여" 라고 알키비아데스가 말했네. "이 분이 또 나를 괴롭히시는군! 이 분은 어디서나 나한테 이기려고 한단 말이야. 달리 무슨 좋은 방도가 없다면, 오오 이상한 분이여, 그럼 아가톤을 우리 두 사람 사이에 앉힙시다."

"안 될 말이지"라고 소크라테스가 말했네. "자넨 나를 찬양하지 않았나? 이번엔 내가 바른편 옆에 있는 사람을 찬양할 차례야. 그러니 만일 아가톤이 자네 다음 자리로 간다면, 이번엔 내가 그를 찬양할 차례인데도 그가 다시 한 번 나를 찬양해야 되지 않겠나? 그러니 이상한 친구여, 이제 말썽은 그만 부리고, 내가 이 젊은이를 찬양하는 것을 심술 사납게 방해하지 말게. 정말 나는 이 젊은이를 찬양해 주고 싶어서 죽을 지경이니 말이야."

"잘해, 잘해"라고 아가톤이 말했네. "나는 여기 그냥 있을 수가 없네, 알키비아데스. 소크라테스가 나를 찬양해 준다면 난 어디로든 자리를 바꿔야 되고 또 바꿀 생각이라네."

"언제나 이 꼴이란 말이야. 소크라테스가 있는 곳에선 다른 사람은 아무도 아름다운 자를 차지하지 못한단 말이야! 자, 지금도 이 분이 얼마나 쉽사리 아가톤이 자기 곁에 있어야 한다는 그럴듯한 핑계를 끌어댔는지 좀 보세요!"

이리하여 아가톤은 소크라테스 곁에 가서 누우려고 일어났네. 그런데 그때 갑자기 많은 술주정꾼들이 문 쪽으로 몰려 왔네. 그들은 어떤 사람이 밖으로 나가는 바람에 문이 열린 것을 보고 곧 안으로 걸어 들어와 연석에 끼어들어 자리 잡고 앉았네. 그래서 집안이 온통 떠들썩하게 들끓었지. 이제는 질서도 없고 해서 자연히 술을 많이 마시게 됐다더군. 아리스토데모스의 말에 의하면, 에뤼크시마코스와 파이드로스와 다른 몇 사람은 밖으로 나가 버렸고 사신은 깊이 잠들어 한참 잤는데, 그땐 밤이 길던 때라 아주 오래 잤네. 새벽녘에 깨어 보니까 벌써 닭이 울고 있었지. 그래서 일어나 보니까 다른 사람들은 잠들고 있거나 가버리고 없는데, 아가톤과 아리스토파네스와 소크라테스만이 잠자지 않고, 왼편에서 바른편으로 돌려가면서 큰 사발로 술을 마시고 있었네. 소크라테스가 그들과 변론하면서. 아리스토데모스는 그 변론을 처음부터 듣지도 않았고, 또 졸음도 오고하여 그 때의 이야기를 잘 기억하지 못한다고 말했지만, 그 이야기의 요점은 동일한 한 사람이 희극도 지을 수 있고 비극도 지을 수 있으며, 희극 시인의 재주를 가진 사람은 또한 비극 시인의 재주도 가지고 있다는 것을 소크라테스가 그 두 사람으로 하여금 인정치 않을 수 없게 하고 있었네. 이걸 인정하지 않을 수 없는 지경에 이르면서 그들은 잘 납득하지 못하면서도 고개를 끄덕이기 시작하더니, 먼저 아리스토파네스가 깊이 잠들었고 그 다음에는 날이 다 밝아 아가톤도 잠들었네. 소크라테스는 그들을 편히 눕히고는 일어섰고, 아리스토데모스는 다른 때처럼 그 뒤를 따랐네. 소크라테스는 뤼케이온으로 가서 목욕을 하고, 평소와 같이 그날 하루를 보내고는 저녁에 집으로 가서 잠자리에 들었다더군.

## 플라톤의 대화편(개정판)

2008년 7월 10일 · 개정판 01판 발행
2024년 1월 10일 · 개정판 16쇄 발행

지은이 · 플라톤
옮긴이 · 최명관
펴낸이 · 이규인
펴낸곳 · 도서출판 창
등록번호 · 제15-454호
등록일자 · 2004년 3월 25일

주소 · 서울특별시 마포구 대흥로4길 49, 1층(용강동, 월명빌딩)
전화 · 322-2686, 2687 / 팩시밀리 · 326-3218
홈페이지 · http://www.changbook.co.kr
e-mail · changbook1@hanmail.net

ISBN 978-89-7453-151-5    04100

정가 13,000원

* 잘못 만들어진 책은 <도서출판 창>에서 바꾸어 드립니다.

    * 이 책의 저작권은 <도서출판 창>에 있습니다.
      저작권법에 의해 보호를 받는 저작물이므로
      무단 전재와 복제를 금합니다.

## 예수의 생애

에르네스뜨 르낭 지음 / 최명관 옮김

이 책이 1863년에 나오자 세상은 격찬과 매도(罵倒)로 들끓었으며, 굉장한 성공을 거두었다. 간행된 지 4개월 만에 6만 부가 판매되었고, 일 년 반이 채 안 되는 동안에 11개 국어로 번역되었다. 1863년과 1864년 동안에만 찬반 논문이 80편이나 나왔다.

이웃 일본에서는 늦게나마 1908년에 첫 번역이 나왔고 우리나라에서 이 책을 처음으로 1967년 훈복문화사에서 발행하였다. 이 책의 제목에 '신판'이 들어간 것은 지은이가 새 판본을 간행했다는 것은 아니고, 역자가 1967년에 옮긴 책을 처음 간행할 때에 원서에 있는 13판 머리말과 참고문헌을 넣지 않았던 것을 이번에 넣은 것이다.

## 소크라테스 영원한 인간상—진리의 첫 시민

코라 메이슨 지음 / 최명관 옮김

소크라테스의 사상에 관해 정확한 역사적 사실로 알려져 있는 것은 극히 적다. 이 책은 코라 메이슨의 『소크라테스 : 끊임없이 질문을 던진 자』(Socrates: The Man Who Dared to Ask)를 옮긴 것이다. 옮긴이가 원서를 처음 번역하여 출판한 것은 1967년이다. 이번에 다시 출판하게 되면서 용어나 표현 등을 현재의 언어 감각에 맞게 우리말로 매끄럽게 다듬었다.

### 존 스튜어트 밀 자서전

존 스튜어트 밀 지음 / 최명관 옮김

밀 자서전은 19세기 지성사의 가장 중요한 문서 중의 하나이다. 모든 이야기는 그의 정신의 성장과 사상의 발전을 중심삼아 전개되고 있다. 거기에는 19세기의 사회적 정세와 사상적 상황에 처하여 심각하게 고민하고 진지하게 사색한 그리고 인류의 복리를 위하여 분투한 하나의 뛰어난 정신의 모습이 그려져 있다.

### 방법서설·성찰·데카르트 연구

데카르트 지음 / 최명관 옮김

이 책에는 데카르트의 저서『방법서설』·『성찰』의 번역과 데카르트 연구로서『데카르트의 중심 사상과 현대적 정신의 형성』·『데카르트의 생애』가 수록되어 있다.『데카르트의 중심 사상과 현대적 정신의 형성』은 필자가 1972년 철학 박사 학위 논문으로 제출하여 1973년 2월에 학위를 받은 것이다. 나머지 셋, 즉『방법서설』·『성찰』·『데카르트의생애』는 1970년 9월『데카르트 選集1』이라 하여 출판되었다.

## 니코마코스 윤리학

아리스토텔레스 지음 / 최명관 옮김

인류문학의 최고봉의 하나를 이룩한 B.C. 5세기의 아테나이에서 소크라테스는 고매한 인격을 가지고 깊은 철학적 사색을 끈기 있게 전개하였다. 그의 철학적 사색은 플라톤에 의하여 극적(劇的) 형식(形式)으로 집대성되어 표현되었고, 아리스토텔레스에 의하여 학문적 체계가 갖추어지게 되었다. 소크라테스·플라톤·아리스토텔레스는 그리스 정신문화의 3대 지주이고 원천이었다. 아리스토텔레스 이후로는 그만한 학문적 체계가 13세기 내지 19세기까지 나타나지 못했다. 13세기의 토마스 아퀴나스에 이르러 서양 문화는 다시 한 번 아리스토텔레스의 그것에 못지않은 광범하고 심오한 학적 체계를 얻었다. 또한 아퀴나스는 아리스토텔레스의 철학 정신과 방법을 자기의 철학 및 신학의 기초로 삼았다.

 아리스토텔레스의 영향은 그 자신의 시대 이후 지금까지 끊임이 없었다. 이것은 무엇보다도 그의 철학 속에 여러 가지 학문적 술어의 정의와 구별 및 후대의 과학의 기초를 이루는 신념들이 내포된 때문이다.

## 인간이란 무엇인가
### 에른스트 캇시러 지음 / 최명관 옮김

이 책에서 캇시러는 먼저 인간이란 무엇인가라는 물음을 제기한다. 이 물음은 가장 오래된 그리고 언제나 새로운 의미와 중요성을 지니고 우리에게 해결을 촉구하는 물음이다. 캇시러는 초기 그리스 이후 현대까지의 인간관의 역사를 간결하게 개관한 후 인간을 상징의 동물(animal symbolicum)로 정의한다. 이 정의는 현대의 인류 발전에 커다란 기여를 할 수 있는 깊이있는 통찰을 간직하고 있다.

인간은 상징(symbol)의 세계에 산다. 상징의 세계는 의미의 세계이다. 인간은 끊임없이 자기와 세계의 의미를 찾는 동물이다. 의미있는 것을 찾고 이상을 바라보며 가능한 것을 추구하는 인간은 문화를 창조하였다. 문화의 세계야말로 인간에게 고유한 상징들의 세계이다. 문화를 떠나서 인간은 살 수 없고 또 인간의 본성을 이해할 수도 없다. 그러므로 인간이 무엇인가를 알기 위해서는 인간이 만들어낸 여러가지 형태의 문화를 이해해야만 한다. 그리하여 이 책에서는 캇시러는 신화와 종교, 언어, 예술, 역사, 과학 등 인간문화의 기본형식을 다루면서 그 여러 영역에서의 인간정신의 상징적 기능을 밝히고 있다.